2021 年江苏省高等学校重点教材立项建设
（编号：2021-2-082）

高等院校
会计学新形态系列教材
ACCOUNTING

会计学

微课版

何卫红 / 主编
洪爱梅 周月萍 / 副主编

ACCOUNTING

人民邮电出版社
北京

图书在版编目（CIP）数据

会计学 : 微课版 / 何卫红主编. -- 北京 : 人民邮电出版社，2022.8
高等院校会计学新形态系列教材
ISBN 978-7-115-59417-4

Ⅰ. ①会… Ⅱ. ①何… Ⅲ. ①会计学－高等学校－教材 Ⅳ. ①F230

中国版本图书馆CIP数据核字(2022)第096414号

内 容 提 要

本书共分十章，内容主要包括会计学的基本原理和以制造业企业为例的基本经济业务核算。本书首先系统阐述以借贷记账法为核心的会计学基本原理，其次分别介绍了经营活动、投资活动、筹资活动涉及的会计报表要素的会计核算，最后介绍了综合案例，展现会了计信息的生成过程。

本书每章设计学习目标、管理延伸、关键词、思考题、自测题等内容，特别适合学生由浅入深学习的需要。本书提供课件、习题答案等配套资源，用书教师可在人邮教育社区（www.ryjiaoyu.com）免费下载。

本书内容新颖，循序渐进地介绍会计学知识，是一本兼具理论性和实用性的教科书。本书可作为高等院校会计学、财务管理、审计学、经济学、工商管理等专业的教材，也可作为会计从业人员的参考用书。

◆ 主　　编　何卫红
副 主 编　洪爱梅　周月萍
责任编辑　刘向荣
责任印制　李　东　胡　南

◆ 人民邮电出版社出版发行　　北京市丰台区成寿寺路 11 号
邮编　100164　　电子邮件　315@ptpress.com.cn
网址　https://www.ptpress.com.cn
北京隆昌伟业印刷有限公司印刷

◆ 开本：787×1092　1/16
印张：14.25　　　　2022 年 8 月第 1 版
字数：411 千字　　　2022 年 8 月北京第 1 次印刷

定价：49.80 元

读者服务热线：(010)81055256　印装质量热线：(010)81055316
反盗版热线：(010)81055315
广告经营许可证：京东市监广登字 20170147 号

前　言 Foreword

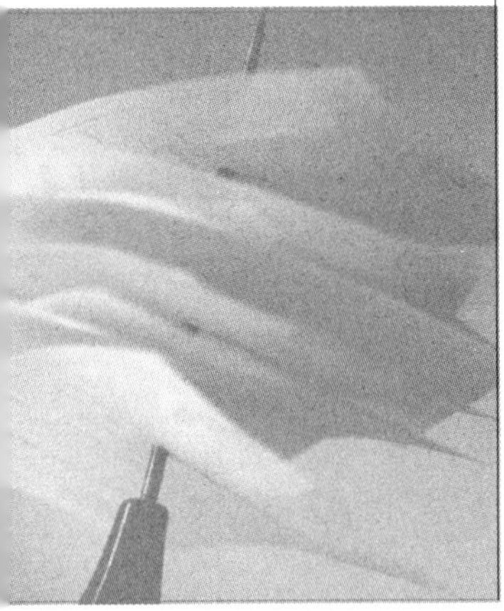

会计学是现代经济管理的重要组成部分，经济越发展，会计学越重要。2006 年我国企业会计准则迈出了与国际接轨的实质性一步，相关准则至今仍然处于不断的更新之中。我们的会计教育理应顺应形势，培养出高素养、高质量、高水平并能满足经济和社会发展需要的会计人才。会计人才的培养过程中，教材建设无比重要。

首先，大学教育的价值不在于“记住很多事实”，而是“训练大脑会思考”。创新人才的教育仅仅靠机械地传授知识是不够的，必须要“授之以渔”。其次，随着信息技术的发展，人们可以低成本地获得越来越多的知识，同时会计核算和反映的对象也在不断地创新，出现了新的盈利模式、业务流程。面对新环境，能够应对变化的始终是“不变”，也就是会计学最核心的基本原理。最后，时代和技术的变迁对于会计人才的职业道德素养和职业判断能力提出了更高的要求，会计人才在入门阶段树立良好的职业道德意识变得更加重要。基于上述的认识，编者结合基础性、系统性和必要的前瞻性，编制了本书。编者希望以本书为基础培养学生独立思考、终生学习的习惯，帮助学生逐步建立职业判断能力，以迎接技术环境、经济环境和行业制度环境变化的挑战。

本书的创新点主要体现在基于业财融合的理念设计篇章结构和会计思考的逻辑框架，具体表现为以下三点。

第一，在内容安排上按照业务循环谋篇布局。本书按照企业经营活动、投资活动和筹资活动的业务循环安排章节内容，有助于学生立足于经济活动的视角，了解和掌握经济业务对应的多个账户之间的逻辑关系，更好地理解报表项目的内在联系，不仅能够帮助学生根据业务进行会计处理，也能够帮助学生透过会计处理看业务，使学生理解企业经济活动引起的资金运动的本质和影响，从而树立一定的管理理念。

第二，在学习方法上注重业财融合的思维引导。与业务结合紧密的知识点旁设置了“业财融合视角下××××核算思维导航”，在介绍具体的会计核算之前，本书通过深入分析经济业务，运用基本原理推导相关会计科目的核算框架，逐步引导学生建立业务导向的会计分录推导流程，明确会计对经济业务的“如实反映”，从而在会计核算中体现业财融合的理念。这部分内容体现了本书作者近三十年的会计学教学经验，既帮助学生学会思考，提升自学能力，同时也给使用本书的老师提供一定的教学帮助。

第三，在内容体系中融入职业道德的要求。本书每章都安排了“引言”和“管理延伸”内容，将职业道德相关知识融入教学内容，有助于学生将视野拓展到实际生活和管理实践中，树立职业道德意识，培养职业判断能力。

本书内容全面新颖，章节安排合理，全书内容涵盖了《基础会计》和《中级财务会计》部分内容，反映了最新的理论知识、会计改革的最新动态，以及信息化环境下的会计新发展。全书结构清晰，便于学生按类掌握、归纳学习。本书对原理和会计处理方法的阐述注重揭示本质，力求使抽象的财务内容变得通俗易懂，激发学生的求知欲，提高学生的自学能力、分析解决问题的能力及综合运用知识的能力。

本书由何卫红担任主编，洪爱梅、周月萍担任副主编。本书共十章，第一章至第四章由何卫红编写，第五章至第七章由周月萍编写，第八章至第十章由洪爱梅编写，同时感谢硕士研究生周吉秀蕾、涂琦娟、李晓庆、黄国玟的参与。全书由何卫红统稿。

由于编者水平有限，书中难免存在不足之处，敬请读者批评指正。

编　者

2022 年 7 月

目 录 Contents

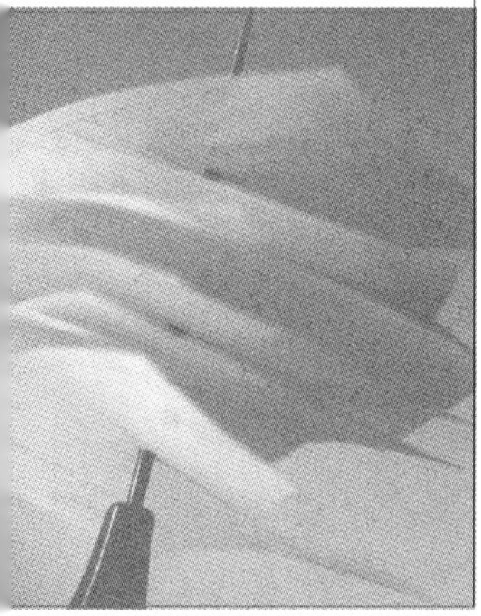

第六章 采购、存货与付款

第七章 投资

第八章 筹资

第九章 成本、费用及利润

第十章 综合案例与会计报表

附录

第一章 绪论

引言

2021年12月31日，财政部发布了《企业会计准则解释第15号》，这是截至2021年年底最新的会计准则政策，各大财经网站和财会学习考试类网站都迅速报道了这一新闻，“会计学”课程又有了新的内容。财务人员每年一度的后续教育中的规范性内容是管理类岗位中更新最频繁的，注定了会计知识的学习是一个终身学习的过程。追根溯源，会计之缘起与经济世界的变化密不可分，呈现持续发展的态势。

本章介绍了会计发展的历史和我国会计准则的变迁，尝试回答为什么“经济越发展，会计越重要”，强调了会计职业道德的重要性。大家可以关注我国财政部网站并查看最新准则信息。

学习目标

1. 了解会计的历史发展；
2. 了解会计信息的作用及会计学科体系；
3. 掌握会计的概念及职能；
4. 掌握会计法规及道德规范。

第一节 会计学历史及趋势

一、中国古代会计

这一阶段是从旧石器时代的中晚期至封建社会末期，采取的记录方式十分简单，属于会计的雏形时期。在我国历史上很长一段时间内，会计主要用来管理国家层次上的财政收入与支出，而民间所用的会计一直比较简单，直到元朝，会计在民间的应用才达到一定的程度。

会计的历史源远流长，在文字出现之前，我们就用符号、图画记录狩猎的收获。在距今 1 万年左右的新石器时代，原始会计的方式变得丰富，有绘图记事和刻画记事两种方式。在距今 5000 年左右的原始社会末期，会计方法有了更多的形式，其表现是：“黄钟黍”计量单位的出现、结绳记事法的运用和“刻契记数”的创造。刻契记数实际上是数码和实物计量的结合，是会计发展的一个重要的转折点。

中式会计被命名于西周，这一时期的青铜器铭文已经出现“会”和“计”这些形状的字体，此时出现了月计、岁会，也就是每月零星盘算为计，一年总盘算为会，两者合在一起即成“会计”一词。

单式记账法在秦朝时趋于成熟，这时的单式记账法的主要特征有以下三个：（1）单入单出，单笔出入之间并无对应关系；（2）按经济事件的发生日期流水记录，秦时规定不记日期禁止入账；（3）各簿籍之间无对应关系，无法相互稽核。两汉产生了编户制度、上计制度和盈利理论，为中式会计之后的发展奠定了基础。

唐朝会计的一个突破就是《长行旨条》的颁布，这是我国财政史上最早的财政预算制度，同时也是中式会计史上最早的全国统一会计科目。著名的“四柱结算法”也在唐朝中后期得以确立。这里的“四柱”指：“旧管”（上期结存）、“新收”（本期收入）、“开除”（本期支出）和“实在”（本期结余）。宋朝在中央设“三司”，第一次出现了会计司，这是组织形式上的突破。明末清初出现了“龙门账”，这是会计理论的一大突破。流水簿的账页分上下两方（收方、付方），每记录一笔业务都要同时在上下两方记录，而且金额相等，这事实上是一种复式记账法。清朝在此基础上发展出了“四脚账”。

二、近代会计

一般认为近代会计始于复式簿记形成前后，即从1494年开始，一直到20世纪40年代末。在这个阶段当中，复式记账法得以不断地完善，且成本会计也产生并发展起来。

1494年，数学家卢卡・帕乔利在《算术、几何、比及比例概要》一书中系统地介绍了复式记账法。复式记账理论的提出，实现了由簿记到会计的转化，是近代会计发展的主要标志，是会计发展史上第一个里程碑。

随着借贷记账法在工业企业中的应用，折旧、资本与收益的划分、成本计算、定期报告与报表审计制度也不断完善，使会计成为一门独立的学科。18世纪末至19世纪初，英国工业革命促成英国经济领先于世界其他国家和地区，股份有限公司的出现带动查账公司的出现，产生了职业会计师并出现了“注册会计师协会”。1854年，苏格兰成立了世界上第一家“特许会计师协会”，这被誉为是继复式簿记后会计发展史上的又一个里程碑。

三、现代会计

自20世纪20年代开始，便进入现代会计阶段，这一会计发展阶段，会计理论与会计实务都取得了长足的进展，标志着会计进入了成熟时期。“公认会计准则”（General Accepted Accounting Principles，GAAP）的“会计研究公报”（ARB）的出现被认为是该阶段的起点。管理会计从传统、单一的会计系统中分离出来，是会计发展史上的第三个里程碑。随着经济的发展，会计规范呈现国际化和全球趋同的趋势，管理会计的工具不断丰富。同时伴随着科学技术的进步，会计方法技术也得到了进一步的发展，信息技术在会计学中得到了普遍的应用。总体而言，现代会计是一个伴随着企业发展而不断更新的体系，主要为现代公司制企业服务。

现代会计程序及会计处理方法是为实现会计目标服务的，是在会计原则的指导下对某一经济业务或会计事项确认、计量、报告的技术方法。对某一企业来说，其会计程序及会计处理方法是根据其自身的生产经营业务特点，对一般公认的会计原则所提供的会计程序及会计处理方法进行选择的结果。

四、会计发展趋势及挑战

“经济越发展，会计越重要”，未来会计在企业管理和资本市场中的作用将进一步凸显，同时，单纯的会计记账功能及会计职业发展也面临着诸多挑战。

首先是技术环境的变化，例如电子发票、电子会计档案、无纸化报销、新型业财一体化软件、财税系统集成发展、财务共享中心兴起等减少了对手工和基本核算岗位人力的需求，而人工智能技术不断发展能够实现财务规划与预测、财务决策、财务预算、财务控制和财务分析功能，使得部分管理会计和财务管理的功能也被机器人所替代。

其次是经济环境的变化，出现了越来越多的新业态、新型企业组织形式、新型股权结构设计、新型盈利模式、新型经济业务，对既有的会计规则和原则等规范性体系提出了新的挑战。会计执业人员只有与时俱进，不断提高职业判断能力，才能在历史的长河中留有一席之地。

最后，自然科学的研究成果被广泛应用于社会科学领域的理论研究与实践，这是社会发展的必然趋势。计算机以及信息技术被运用于会计工作，就是很好的例证，也使得现代会计呈现出明显的信息化发展趋势。会计信息化是现代信息技术与会计的深度融合。这种融合，既会改变会计系统运行的具体方式，也会影响会计系统内部的结构模式。近几年不断涌现出的财务共享、大数据会计、云会计、财务机器人等，都是现代信息技术与会计结合的最新成果。信息化是现代会计发展的必然趋势。会计信息化发展的高级阶段，是通过现代信息技术使得会计信息系统与整个企业管理信息系统、会计业务与企业其他生产经营和管理业务有机融为一体，从而最大限度地提升企业管理效率，实现企业价值最大化目标。

我国的会计信息化起步于 20 世纪 70 年代后期至 80 年代初期的“计算机会计”。1979 年，财政部下拨专款支持长春第一汽车制造厂进行计算机辅助会计核算试点，标志着我国拉开了将现代信息技术应用于会计领域的序幕。20 世纪 80 年代，我国改革开放步入快车道，随着计划商品经济体制的建立以及经济环境与经济管理的客观需要，要求企业等单位提供及时、准确、完整的会计信息，这使得企业等单位的会计工作无论是形式还是内容都必须不断变革。与此同时，由于计算机硬件与软件技术的不断推出以及局域网技术的问世，会计信息化具备了必要的硬件环境。20 世纪 90 年代我国市场经济体制的确立与逐步建立，更是推动了会计信息化的进程。在这一时期，我国会计信息化的主要特征是利用计算机软件进行会计核算，会计信息化主要表现为单项会计电子数据处理（EDP），并开始逐步向部门级会计信息系统发展。

20 世纪 90 年代中后期，改革开放进入深化发展阶段，我国企业股份制、资本市场及经济贸易国际化都得到快速发展。特别是，随着我国加入世界贸易组织（WTO），企业面临着愈加剧烈的国际与国内市场竞争压力，导致企业对经营管理与决策以及外部市场的信息需求更加迫切，而传统的管理信息系统以及部门级会计信息系统所生产的管理信息与会计信息，由于其固有的“滞后性”和“孤立性”，已经无法满足企业管理决策的需求。因此，企业越来越深刻地认识到，信息系统、数字化管理已经成为提高企业市场竞争力的重要手段。同时，网络技术的发展为企业整体信息化提供了必要的互联网技术（IT）环境。这一时期，企业资源计划（ERP 系统）几乎席卷了整个信息化市场，也推动了企业整体管理信息化（包括会计信息化）的应用与发展。会计信息系统作为企业管理信息系统的一个子系统，其在功能、结构和性能上比传统的部门级会计信息系统更加完备。

进入 21 世纪以来，随着互联网、移动通信、物联网、云计算、大数据及人工智能等技术的应用，我们迎来了网络时代和知识经济时代。2008 年 11 月 12 日，财政部联合工业和信息化部、人民银行、国家税务总局、国资委、审计署、银监会、证监会和保监会成立了全国会计信息化委员会暨 XBRL 中国地区组织，并陆续发布了一系列会计信息化的指导意见、发展纲要、系列标准及其实施通知等，为发展和规范我国会计信息化事业起到了推动作用。这一时期，会计信息化开始步入以规范化、标准化、知识化、智能化、互联化、云化、社会化、产业化等为主要标志的深度变革时代，相继出现了财务共享、大数据会计、云会计、财务机器人等会计信息化新成果。

随着数字经济和数字社会的发展，数据已经成为五大生产要素之一。会计数据要素是单位经营管理的重要资源。通过将零散的、非结构化的会计数据转变为聚合的、结构化的会计数据要素，发挥其服务单位价值创造功能，是会计工作实现数字化转型的重要途径。进一步提升会计数据要素服务单位价值创造的能力是会计数字化转型面临的主要挑战。

第二节 会计概念及职能

一、会计概念

对于会计概念的认识历来有许多种提法，总括而言，不外乎以下三种观点。

（1）信息系统论；

（2）管理活动论；

（3）控制体系论。

我们认为通过不同的视角可以得到不同的观点。从外部非管理的股权投资人，以及债权人和内部信息使用者需求的视角来看，会计是一个可以满足他们投资决策需求的信息系统，由此就会产生对此信息系统的构成要素的进一步的探究，这是会计理论和大多数的财务会计的主流观点。对有控制权的外部人而言，会计是一个考核体系，具备了管理活动的特征。而在企业内部管理者看来，会计通过既定的流程和在内部控制中的核心地位达到了控制的目标。

和诸多教材类似，本书也是基于会计信息系统的视角，从信息需求出发，探讨会计学的基本原理、基本原则及信息产生流程，并着重探讨财务会计。

财务会计是当代企业会计的一个重要分支，它以货币为计量单位，这是其学科特点之一。财务会计通过一定的程序和方法，将企业生产经营活动中大量经常的业务数据，经过记录、分类和汇总，编制成会计报表，向企业外部与企业有利益关系的集团和个人提供，以反映企业财务状况和经营成果及其变动情况。它主要是对企业已经发生的、能用货币计量的经济业务进行记录和计量，是对过去的经营活动的客观反映和监督。财务会计必须按照一定的程序，遵循一定的会计准则、会计制度，符合一般公认会计原则的要求，以便满足对会计信息使用者提供有用信息的需要。

财务会计的特征可以归纳为以下几个方面。

（1）财务会计以传送历史的财务信息为主要目标

财务会计只对已经发生或者已经完成的、能用货币表现的经济事项予以确认、计量、记录和报告，因此，财务会计所提供的主要信息必然是历史的。从信息的性质角度看，主要是反映企业的整体状况；从信息的使用者角度看，主要是外部的使用者，包括投资人、债权人、政府机构、职工、税务部门、证券管理部门等；从信息的用途角度看，主要是了解企业的财务状况和经营成果，以便做出正确的决策。

（2）财务会计提供的财务信息主要由通用的财务会计报告加以揭示

财务会计作为一个会计信息系统，其最终的成果，也即它提供财务信息的主要形式和对外传递信息的主要手段是通用的财务会计报告，包括会计报表、会计报表附注和财务情况说明书。虽然，企业外部会计信息使用者众多，其决策也各不相同，对会计信息的要求也不尽相同，但是目前的财务会计还不能针对某个具体的会计信息使用者的特殊需求来提供财务会计报告，而是根据公认会计原则的要求来提供通用财务会计报告，以满足外部会计信息使用者的共同决策需要。

（3）财务会计必须遵循公认会计原则的要求

所谓公认会计原则，是指在特定时期对经济业务和会计事项进行确认、计量、账务处理，以及提供财务信息种类、报告格式等方面的一致意见。它是指站在所有利益集团的立场对财务会计做出的权威性指导规范，防止所提供的财务信息不一致引起不同使用者的利益冲突，并尽可能如实反映情况，以增进会计信息的可靠性和可比性。

（4）财务会计以复式簿记系统为基础

复式簿记是现代会计的一个重要基石，自意大利商人在中世纪发明复式簿记以来，它已经盛行 500 余年。复式簿记的基本原理是：对所有经济业务均要做出双重记录（借和贷），以便获得经济业务的全面反映。复式簿记包括凭证、日记账、明细分类账、试算平衡表、会计报表等完整的账务处理体系。财务会计的账务处理正是基于复式簿记系统进行记录、分类、调整、汇总和定期编制报表，以产生条理化和系统化的会计信息。

二、会计的基本职能

会计包括两个基本职能，即反映和监督。

（一）反映

会计的反映职能是其最基本的职能，也是监督职能的缘起。我国的《企业会计准则——基本准则》和国际会计准则理事会 2018 年颁布的《财务报告概念框架》都将“如实反映”作为会计信息两个基本质量特征之一。由此可见对“反映”这一职能的高度认同。那么，反映什么呢？由前述的会计信息系统的生产流程来看，财务会计报告最终反映的对象来自于企业的经济业务，因此，对于经济业务的分析和记录成为完成这一信息处理过程的起点，也是我们会计人员提升职业判断的出发点。“业财融合”理念也就有了理论之源头，也就是说，会计首先是要“反映”经济业务，其后才能发挥其一定的管理和控制的功能。所以，“不做假账”是会计系统自身的内在需求，否则它就丧失了其存在的价值和意义。

（二）监督

会计的监督职能一方面体现在会计信息系统的自身运转过程中，是由于其系统设计的科学性，自动带来的监督经济运转过程的职能，例如财务系统对于代表经济业务的原始凭证和记账凭证的事前、事中和事后的审核等；另一方面体现在企业管理者利用内部会计信息，进行预测、决策、评价、考核等。这是建立在如实反映的基础之上的。

三、现代会计学科体系

现代会计学科体系是一个围绕着信息产生和应用的紧密关联的系统，包括财务会计、成本管理会计以及审计。

其中，财务会计是对外会计，主要是提供给外部信息使用者进行决策时使用，遵循统一规范，有既定的记账规则；成本管理会计是对内会计，主要是为内部管理者进行成本、利润管理决策使用，有指导性的方法和体系，无统一的格式和要求，企业可以根据自己的情况建立适当的管理会计系统；审计是第三方参与者，对企业提供的财务会计信息发表规范性的意见，主要是为外部信息使用者尤其是资本市场的参与者提供鉴证服务。

第三节 会计规范及职业道德

我国企业会计核算法规体系主要包括《中华人民共和国会计法》《企业会计准则》《企业会计制度》等会计核算方面的法规，是以《中华人民共和国会计法》为主形成的一个比较完整的会计法规体系。

一、中华人民共和国会计法

《中华人民共和国会计法》（以下简称《会计法》）是我国会计工作的基本法规，是我国的会计工作的根本大法。《会计法》的制定，是为了规范会计行为，保证会计资料真实、完整，加强经济管理和财务管理，提高经济效益，维护社会主义经济秩序。

我国《会计法》于 1985 年 1 月 21 日第六届全国人民代表大会常务委员会第九次会议通过，1993 年 12 月 29 日第八届全国人民代表大会常务委员会第五次会议《关于修改〈中华人民共和国会计法〉的决定》进行修正，1999 年 10 月 31 日第九届全国人民代表大会常务委员会第十二次会议对《会计法》进行修订，2017 年 11 月 4 日第十二届全国人大常委会第三十次会议表决通过了《关于修改〈会计法〉的决定》，从 2017 年 11 月 5 日开始执行。

中华人民共和国会计法

《会计法》共七章 52 条，包括总则，会计核算，公司、企业会计核算的特别规定，会计监督，会计机构和会计人员，法律责任，附则等。

二、企业会计准则

会计准则是处理会计事项的标准，是会计核算工作的基本规范，其对会计核算的原则和会计处理方法及程序做出了规定，为会计制度的制定提供依据。

（一）我国企业会计准则的演进

我国的企业会计准则自 1988 年起开始研究起草，发展至今已经形成了完善的准则体系。建设进程中有两次重要事件，第一次是 1992 年颁布了我国《企业会计准则——基本准则》，标志着我国的会计规范的统一；第二次是 2006 年修订了《企业会计准则——基本准则》，并颁布了 38 个具体准则，这标志着我国企业会计准则与国际会计准则的全面趋同。除此之外，自 1993 年至今，我国又陆续出台或修订了企业会计准则，财政部也根据企业执行会计准则过程中出现的问题不定时发布《企业会计准则解释》，对于具体准则实施过程中出现的问题、具体准则条款规定不清楚或者尚未规定的问题做出补充说明。另外，针对企业会计准则应用过程中出现的新现象，财政部不定期发布相关准则的《应用案例》，用以指导企业应用准则。从 1992 年至今，几乎每年都会有新的规定出现，可参见表 1-1。所以学习会计学一定要保持终身学习，与时俱进，否则就跟不上准则更新的步伐。

表 1-1　我国会计规范大事记

年份	规范	执行时间	备注
1985 年	《会计法》		1993，1999，2017 分别修订
1992 年	**《企业会计准则》**	**1993 年**	**基本准则，第一个里程碑**
1993 年前	分行业会计制度		2015 年废止
1997—2006 年	具体准则颁布及修订		具体准则陆续颁布，时间不一致
2000 年	《企业会计制度》	2001 年	未明文废止，但已经基本不执行
2001 年	《金融企业会计制度》	2002 年	2011 年废止
2004 年	《小企业会计制度》	2005 年	2011 年废止
2006 年	**《企业会计准则》（新准则）**	**2007 年**	**1 项基本+38 项具体，第二个里程碑**
2006 年至今几乎每年	会计准则解释，会计准则实施问答、会计处理规定等	通常是发布后的年度报告	最新发布 2021 年 12 月 31 日的《会计准则解释第 15 号》
2014 年	新颁布 3 项及修订 5 项准则		各准则规定有差异
2017 年	修订 6 项准则，新发布 1 项		各准则规定有差异
2018 年	修订租赁准则		区分不同上市区域公司不同时间
2019 年	修订非货币性资产交换、债务重组准则	2019 年	
2021 年	《农民专业合作社会计制度》	2023 年	

准则不断修订的原因，一是与国际接轨，保持与国际会计准则持续趋同，所以会随着国际会计准则的变化而相应调整；二是适应企业经济发展的需要，这也是准则更新的持续的驱动力。我国企业会计准则变迁中的两大标志性事件都是适应经济环境的变化以及应对企业对于会计信息的需求而诞生的。

在 1992 年颁布《企业会计准则》之前，我国企业遵循的会计规范是分行业的会计制度，每个行业的科目不同、报表项目不同。自改革开放以来，尤其是1992年提出建设社会主义市场经济体制以后，我国经济实力明显增强。伴随着我国改革开放的进程，证券交易所诞生（上海证券交易所和深圳证券交易所都是1990年年底开始营业的），企业要在公开的资本市场筹集资金，就必须提供具有可比性的会计信息，这样投资者才能做出有效决策，以充分发挥资本市场资源配置功能。所以有了统一的规范，不再区分行业，所有上市公司都遵循《企业会计准则》，披露相同格式的财务报表，这就是第一个里程碑事件。

2001年12月，我国加入世贸组织。从微观层面说，很多企业走出国门参与国际竞争，境外融资与对外投资同时并存。而我国2006年之前的企业会计准则与国际会计准则还存在着较大差距，对境外发展的企业来说，国内准则和国际准则的差异给企业增加了成本。从宏观层面说，在全球化经济背景下，我国经济也日益融入世界经济体系，会计准则国际趋同已是大势所趋。这不仅有利于世界经济的繁荣与稳定，对于我国经济的持续、快速、协调、健康发展也十分有利。在此背景下，我国选择与国际会计准则趋同，这就是第二个里程碑事件。国际会计准则是由国际会计准则理事会（IASB）制定的国际财务报告准则（IFRS），西方许多国家直接采用IFRS编制上市公司的合并财务报表，也有不少国家制定了与IFRS等同的本国会计准则。我国的张为国教授在2007年被任命为国际会计准则理事会理事，作为代表亚洲和新兴市场的第二位理事，也是该理事会的首位中国代表，反映了我国在参与国际会计准则制定方面的影响力进一步增强。同时我们也要认识到，趋同是一个动态、渐进的过程，并不等于完全等同，也要根据国情适当保留富有我国特色的会计处理。

同时，根据现实生活中经济事项的新趋势，财政部也及时发布新的指导规范，例如，2021年12月31日发布的《会计准则解释第15号》，明确了关于“资金集中管理”的报告的问题，原因就在于近年来，以“资金池”为依托的资金集中管理方式已成为大型企业集团归集下级单位资金最主要的资金运作手段，实际操作中主要有结算中心和财务公司两种模式，因此该类资金与传统的货币资金以及债权在报告时应该有所区分。企业管理中的创新就会产生新的对会计信息反映经济业务的需求，因此，会计准则一定会持续更新。

（二）基本准则

企业会计准则——基本准则

我国的企业会计准则分为基木准则和具体准则两个层次。基本准则主要对会计核算的一般要求和主要方面做出原则性的规定，为具体准则和会计制度的制定提供基本框架。

基本准则适用面较广，对会计工作具有普遍的指导意义。基本准则包括11章50条，主要包括会计核算的基本前提；会计信息的质量特征；资产、负债、所有者权益、收入、费用、利润等会计要素准则；以及会计计量和会计报告的基本内容和要求。

（三）具体准则

具体准则是根据基本准则的要求，对会计基本核算业务和特殊业务的核算做出的具体规定。具体准则按照内容可以分为三类：一是共性业务会计准则，如收入、存货、无形资产、固定资产准则等；二是会计报表准则，如现金流量表、中期财务报告准则等；三是特殊行业特殊业务会计准则，如租赁、债务重组、金融工具相关准则等。

近几年随着经济发展和企业生态的变化，新的经济业务层出不穷，会计准则也不断被修订和增加，例如金融工具、收入准则等都是近几年的重点关注内容，其修订的方向是不断体现与业务的融合，重视对合同条款经济实质的判断。

三、职业道德规范

会计职业道德是指在会计职业活动中应当遵循的、体现会计职业特征的、调整会计职业关系的各种经济关系的职业行为准则和规范。

会计作为一种职业，可以细分为财务会计、管理会计、财务管理、内部审计和外部审计等。无论哪一种会计职业，其都有一个共同的特点是：会计人员（包括审计人员，下同）熟知企业的经营情况、管理和控制企业的资金和财产运行、为管理层提供决策支持等。如果对会计人员的行为没有一定的约束，出现泄露企业商业秘密、私自或合谋侵吞企业财产、不胜任本职工作等问题，都会给企业带来重大损失。因此，会计人员在工作中除了遵守相应的法律、法规、制度外，还要遵循一定的职业道德规范。归纳起来，会计职业道德的基本规范集中在敬业、廉洁、保密、独立、客观、公正、诚实、守信等方面。

我国关于会计行业人员的职业道德的规范在很多法律和规范中都有所体现，包括《中华人民共和国会计法》《会计基础工作规范》《中华人民共和国注册会计师法》《中国注册会计师职业道德基本准则》等。

企业财务会计工作人员的道德规范在我国是由《中华人民共和国会计法》和《会计基础工作规范》来规定的。《中华人民共和国会计法》第三十九条规定："会计人员应当遵守职业道德，提高业务素质。对会计人员的教育和培训工作应当加强。"而在《会计基础工作规范》第二章第二节会计人员职业道德中，对会计人员的职业道德进行了比较详细的规定，具体包括以下内容。

总体要求——第十七条：会计人员在会计工作中应当遵守职业道德，树立良好的职业品质、严谨的工作作风，严守工作纪律，努力提高工作效率和工作质量。

爱岗敬业——第十八条：会计人员应当热爱本职工作，努力钻研业务，使自己的知识和技能适应所从事工作的要求。

熟悉法规——第十九条：会计人员应当熟悉财经法律、法规、规章和国家统一会计制度，并结合会计工作进行广泛宣传。

依法办事——第二十条：会计人员应当按照会计法律、法规和国家统一会计制度规定的程序和要求进行会计工作，保证所提供的会计信息合法、真实、准确、及时、完整。

客观公正——第二十一条：会计人员办理会计事务应当实事求是、客观公正。

搞好服务——第二十二条：会计人员应当熟悉本单位的生产经营和业务管理情况，运用掌握的会计信息和会计方法，为改善单位内部管理、提高经济效益服务。

保守秘密——第二十三条：会计人员应当保守本单位的商业秘密。除法律规定和单位领导人同意外，不能私自向外界提供或者泄露单位的会计信息。

注册会计师作为对外提供鉴证服务的人员，对其职业道德要求的程度更高。在《中华人民共和国注册会计师法》（以下简称《注册会计师法》）和《中国注册会计师职业道德基本准则》中有专门的规定。《注册会计师法》第十八条规定：注册会计师与委托人有利害关系的，应当回避；委托人有权要求其回避。第十九条规定：注册会计师对在执行业务中知悉的商业秘密，负有保密义务。《中国注册会计师职业道德基本准则》对注册会计师从业的职业道德进行了全面系统的规范，包括一般原则、专业胜任能力与技术规范、对客户的责任、对同行的责任、其他责任等方面。其中，一般原则包括"注册会计师应当恪守独立、客观、公正的原则"和"注册会计师执行审计或其他鉴证业务，应当保持形式上和实质上的独立"等。

管理延伸

"经济越发展，会计越重要"，请从会计规范的发展历程理解这一理念，并思考作为财务人员应该如何适应这种变迁。

关键词

中国古代会计；近代会计；现代会计；会计职业道德

思考题

1. 会计的历史发展呈现什么样的趋势?
2. 我国现有的相关法规给会计从业人员的职业道德提出了什么要求?

自测题

一、单项选择题

1. 会计有别于统计等其他体系的特点在于（　　）。
   A. 以货币作为计量单位　　B. 综合记录
   C. 汇总数据　　D. 提供报表
2. 现代会计是随着（　　）的出现而逐步发展的。
   A. 封建社会　　B. 商业社会　　C. 股份制　　D. 经济
3. 会计规范的发展趋势是（　　）。
   A. 各行业不同　　B. 全球趋同　　C. 各国家不同　　D. 以上都对

二、多项选择题

1. 会计环境的变化包括（　　）。
   A. 信息化　　B. 经济环境变化
   C. 经济全球化　　D. 从业人员的变化
2. 会计学科主要包括（　　）。
   A. 财务会计　　B. 管理会计　　C. 审计　　D. 成本会计
3. 会计人员的职业道德包括（　　）。
   A. 诚实守信　　B. 不做假账　　C. 保守秘密　　D. 客观公正

三、判断题

1. 会计方法是从单式记账法逐步演变到复式记账方法。（　　）
2. 不做假账是会计从业人员基本的职业道德。（　　）
3. 会计准则修订的目的是适应经济环境和经济事项的变化。（　　）

四、简答题

1. 查找资料，简述会计发展史中对会计职业道德的要求。
2. 关注财政部网站，简述最新发布的会计准则相关规范。

五、综合练习

关注证监会网站，查找关于上市公司行政处罚的相关文件，谈谈从中得到的关于会计职业道德要求的启示。

第二章 会计信息及报告体系

引言

当今时代是一个信息的时代，好的决策依赖于有用的信息。我的企业盈利了吗？我该把资金投入哪个企业？对于此类问题的明智回答都以会计信息为基础。因此，要做出经济决策，必须依赖于会计信息。会计被誉为世界通用的商业语言，可见其在商业社会的重要地位。会计为什么能够起到商业语言的作用？它是如何做到的？通过本章的学习会发现，财务会计系统就像一个生产系统，财务会计报告是向信息使用者传递会计信息的载体。大家通过关注相关网站查看上市公司公开披露的定期财务报表，就可以看到最新的财务报表样式。

学习目标

1. 了解会计信息的需求者；
2. 了解会计信息的生产流程；
3. 掌握主要的会计报表内容；
4. 掌握会计要素及其主要内容；
5. 掌握会计信息质量特征。

第一节 会计信息需求及系统流程

如前章所述，会计是一个以货币为计量单位的反映和监督的系统。复式记账法在近代会计的时候就已经产生，而促使现代会计产生及会计职业大发展的因素是蓬勃的资本市场以及经济的国际化，此外，资本市场以及经济的国际化还催生了统一的会计规范、审计师的出现以及会计信息的管理学分支。

一、会计信息的需求者

现代企业制度是以公司制企业为主体的。企业的利益相关者包括顾客、债权人、投资人、员工及供应商，以及企业（管理者），如图 2-1 所示。当他们面临决策的时候，谁最需要会计信息呢？

很显然，在投资人做出投资决策、债权人做出借款决策时，他们需要了解企业的财产状况和经营成果方面的信息以帮助他们做出判断。

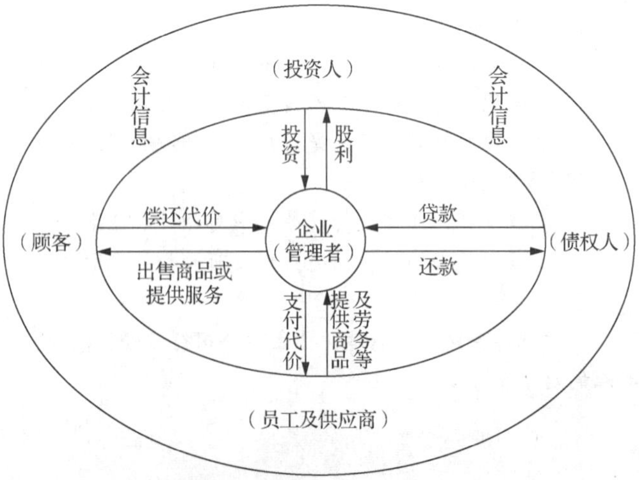

图 2-1 企业利益相关者与会计信息需求

我国会计准则规定，企业应当编制财务会计报告。财务会计报告使用者包括投资者、债权人、政府及其有关部门和社会公众等。财务会计报告的目标是向相关使用者提供与企业财务状况、经营成果和现金流量等有关的会计信息，反映企业管理层受托责任履行情况，有助于财务会计报告使用者做出经济决策。

二、会计信息生产流程

会计作为一个信息系统，其主要特征是将企业经济活动的各种经济活动数据转换为货币化的会计信息（即价值信息），这些信息是企业内部管理者和企业外部利益相关者进行相关经济决策的主要依据。会计信息系统的供应链如图 2-2 所示。

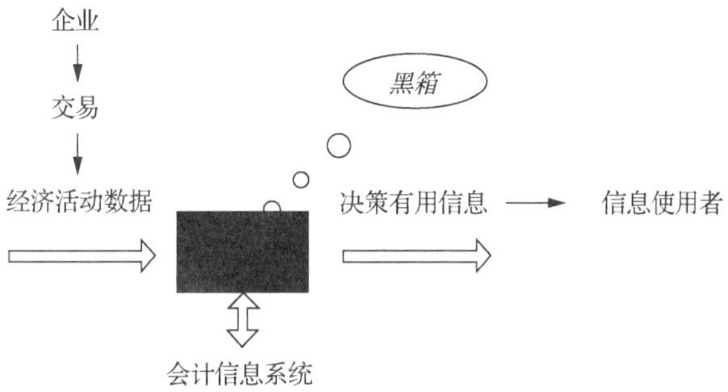

图 2-2　会计信息系统的供应链

如果将会计信息系统比作一个产品的生产过程，那么其“原材料”是企业发生的经济业务，经过会计信息系统的确认、计量、记录与报告的流程之后，最后的会计产品是财务会计报告，如图 2-3 所示。

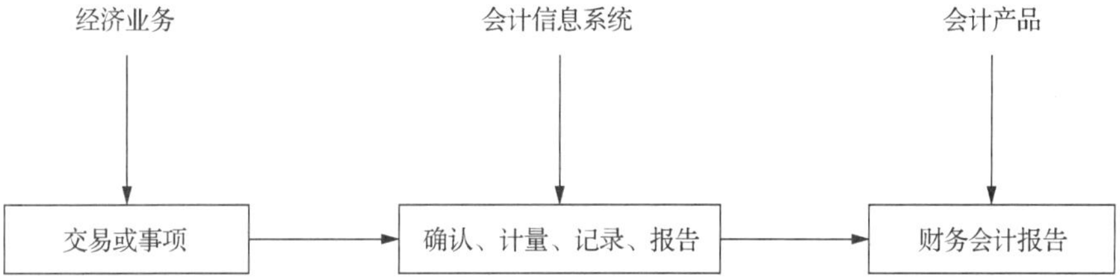

图 2-3　会计信息生产系统

不是所有的经济业务都能进入会计处理系统进行加工的。根据会计处理规则，会计人员要对这些“原材料”进行一定的筛选，而只有符合会计信息系统的确认标准的“原材料”才能进入记录的过程，这就涉及职业判断。

首先，与其他系统不同，会计是以货币作为计量单位的，所以不能够以货币计量的事项就不是合格的“原材料”；其次，要有合规性的审核的，符合标准的才能够作为“原材料”被输入会计信息系统。会计记录以复式簿记的方式进行，这是会计区别于其他工作（如统计、数学等）的最主要特征。

三、会计信息系统原材料——经济业务

（一）企业的主要经济活动

不管是什么行业的企业，其主要经济活动可以分为三种，一是投资活动，二是经营活动，三是筹资活动，如图 2-4 所示。

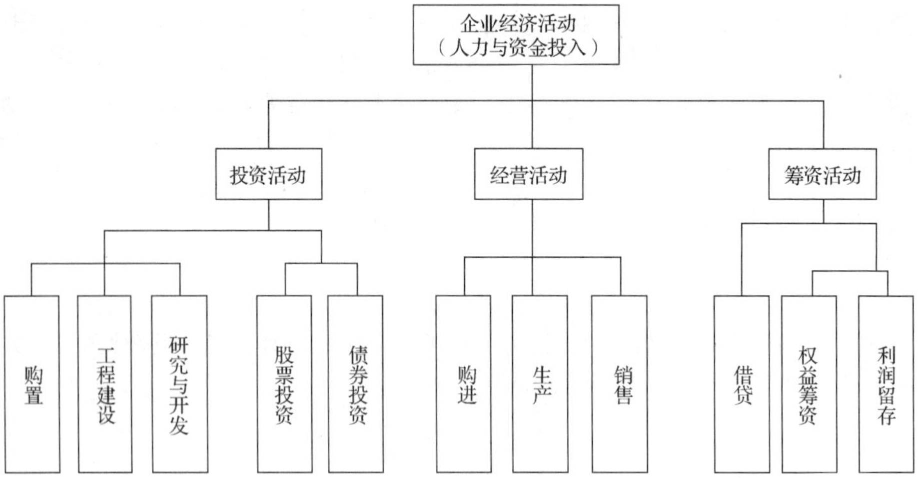

图 2-4　企业主要经济活动分类

从现金流的角度来说，企业从投资人和债权人那里通过筹资活动获得资金，进入经营环节，开始经营活动。经营活动的最终目的是获得新的资金，从而支持企业持续不断地经营下去。同时，企业的资金也会用于扩大市场经营规模，这是企业的一种投资活动；企业的资金也有可能投入金融资产等，这也是一种投资活动；这两种资金使用方式的目的都是获得更多的资金。收回的资金除了给投资人和债权人回报以外，剩余的部分就会进入下一个经营活动和投资活动，如图 2-5 所示。

（二）产品制造企业的经营活动循环

对产品制造企业而言，其生产经营活动由相互关联的供应、生产和销售三个环节（过程）构成。在产品供应过程，企业需要根据生产要求采购所需的原材料等消耗性物资，并对原材料等物资进行整理，以备产品生产之用。在产品生产过程，企业需要按产品生产的工艺流程投入原材料等物料，由生产人员与技术人员利用生产工具、设备等对其进行加工。设计的产品加工程序全部完成后，便生产出可以对外出售的完工产品即产成品。在产品销售过程，企业将其生产的完工产品（即商品）在商品市场上按市场规则销售给有需求的购货方，从而完成了企业的生产经营过程。实际上，企业的生产经营过程是周而复始、不间断、循环地进行的，即企业不断地投入原材料、不断地加工产品、不断地销售产品。产品制造企业的经营活动循环如图 2-6 所示。

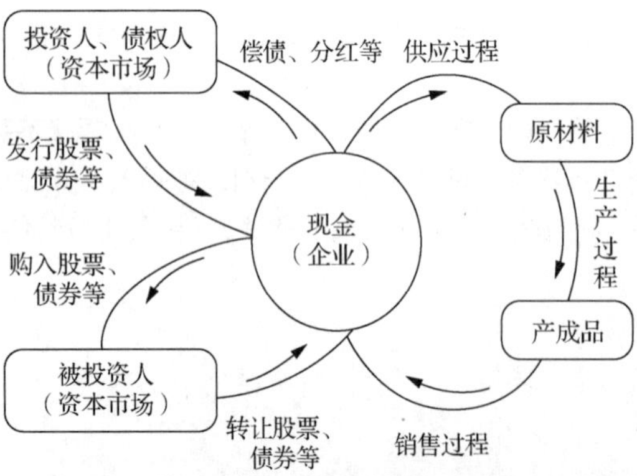

图 2-5　企业现金流动

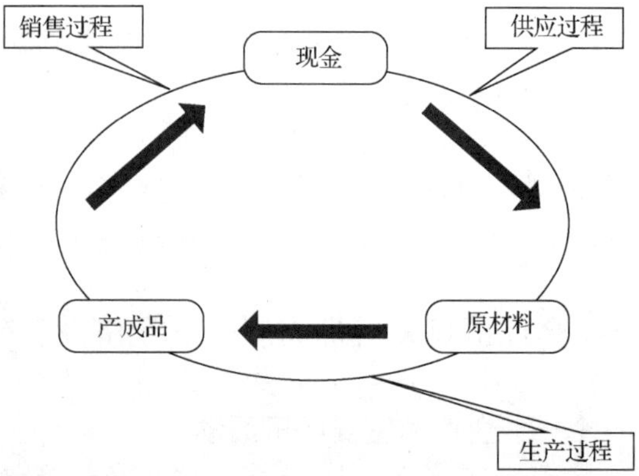

图 2-6　产品制造企业的经营活动循环

（三）商品流通企业的经营活动循环

商品流通企业的经营活动缺少产品生产过程，其主要包括商品采购和商品销售两个过程。在商品采购过程，企业需要根据市场需求和商品采购计划购进各种用于销售的商品，并对所购商品进行整理，以备销售。企业将其购入的商品销售给有需求的购货方或顾客，从而完成了企业的销售过程。商品流通企业的经营过程也是不间断、周而复始地进行的，即企业不断地购进商品、不断地销售商品。商品流通企业的经营活动循环如图 2-7 所示。

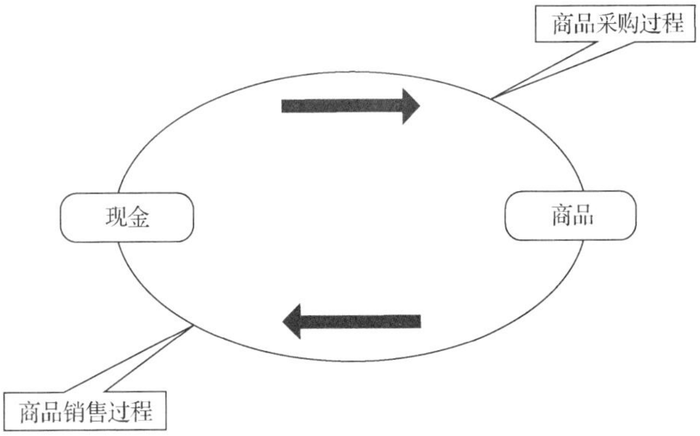

图 2-7　商品流通企业的经营活动循环

四、会计信息系统产品——会计报表

财务会计报告是指企业对外提供的反映企业某一特定日期的财务状况和某一会计期间的经营成果、现金流量等会计信息的文件。财务会计报告包括会计报表及其附注和其他应当在财务会计报告中披露的相关信息和资料。

会计报表是反映核算单位一定时期资金、利润状况的报表。会计给外部信息使用者提供有用的信息主要是以会计报表的形式展现的，包括资产负债表、利润表和现金流量表，便于他们了解企业的财产状况、经营成果和现金的流入和流出情况。所有者权益变动表是反映构成所有者权益的各组成部分当期增减变动情况的报表，本节内容不做介绍。

（一）资产负债表

1. 资产负债表的概念及作用

资产负债表是反映企业在某一特定日期财务状况的报表，是静态报表，它总括地反映企业资产、负债和所有者权益的基本情况。

资产负债表可以为企业管理者经营决策提供资料，同时为企业投资人、债权人和其他报表使用者提供所要掌握的关于企业的各种信息，它主要有以下作用。

（1）了解企业所掌握的经济资源

资产负债表反映了企业一定日期所拥有的总资产，以及相对于这些总资产的权益。

（2）分析企业的偿债能力

资产负债表可以提供企业流动资产和流动负债的数额，资产负债表中流动资产划分为货币性流动资产和非货币性流动资产。报表使用者通过将流动资产与流动负债、货币性流动资产（速动资产）与流动负债进行对比，可以看出企业的偿债能力。

（3）反映企业所承担的债务和投资者所持有的权益

资产负债表可以反映企业有多少负债以及投资者拥有的权益数额，并且可以进一步提供企业的流动负债和长期负债的数额以及所有者权益的构成和具体内容。

（4）分析企业的财务趋势

报表使用者通过对资产负债表年初数和年末数的对比分析，可以看出企业的财务趋势。报表使用者通过对企业资产、负债和所有者权益的增减数额的分析，可以看出企业总资产是否增加，企业的净资产即所有者权益是否增加，企业的财务状况是否呈现上升趋势。

2. 资产负债表的格式及内容

资产负债表的具体格式及内容如表 2-1 所示。

表 2-1　　资产负债表（简化）

会企 01 表

编制单位：××公司　　2021 年 12 月 31 日　　单位：元

资产	年末余额	年初余额	负债和所有者权益	年末余额	年初余额
流动资产：			流动负债：		
货币资金			短期借款		
交易性金融资产			应付票据		
应收票据			应付账款		
应收账款			应付职工薪酬		
减：坏账准备			应交税费		
其他应收款			应付利息		
存货			其他应付款		
其他流动资产			其他流动负债		
流动资产合计			流动负债合计		
非流动资产：			非流动负债：		
其他债权投资			长期借款		
债权投资			应付债券		
长期股权投资			预计负债		
固定资产			递延所得税负债		
减：累计折旧			非流动负债合计		
工程物资			负债合计		
在建工程			所有者权益：		
无形资产			股本		
长期待摊费用			资本公积		
递延所得税资产			盈余公积		
非流动资产合计			未分配利润		
			所有者权益合计		
资产总计			负债和所有者权益总计		

（二）利润表

1. 利润表的概念及作用

利润表是反映企业在一定会计期间经营成果的报表，是动态报表，它反映企业月度、年度内利润或亏损的情况。利润表要素包括收入、费用、利润三项。

利润作为企业经济效益的综合表现，不但是衡量企业经营业绩的主要指标，而且也是对企业经营成果进行分配的重要依据。利润确认、计量的正确与否直接影响各个利益集团的切身利益。利润表的作用如下。

（1）反映企业的盈利能力

利润表把一个会计期间的营业收入与同一会计期间的销售费用（成本）进行配比，从而求出净收益，为企业投资人、债权人和其他利害关系人提供有用的会计信息。

（2）预测未来经营成果

报表使用者通过与上年同期数据对比，可以看出企业的盈利能力的变化，从而分析企业今后利润的发展趋势及获利能力。

（3）增强企业管理

利润表中可以看出利润的构成，报表使用者可以分析利润增减变动的原因，研究如何改进企业生产经营管理，提高企业的经济效益。

2. 利润表的格式及内容

利润表基本格式及内容如表 2-2 所示。

表 2-2　　利润表（多步式）（简化）

会企 02 表

编制单位：××公司　　2021 年　　单位：元

项目	本年金额	上年金额
一、营业收入		
减：营业成本		
税金及附加		
销售费用		
管理费用		
财务费用		
信用减值损失		
加：公允价值变动收益		
投资收益		
资产处置收益		
二、营业利润		
加：营业外收入		
减：营业外支出		
三、利润总额		
减：所得税费用		
四、净利润		
五、基本每股收益（元/股）		

（三）现金流量表

1. 现金流量表的概念

现金流量表是反映企业一定时期现金和现金等价物流入和流出情况的报表，和利润表一样，它也是一张动态报表。编制现金流量表的主要目的，是为会计报表使用者提供企业一定会计期间内现金和现金等价物流入和流出的信息，以便于会计报表使用者了解和评价企业获取现金和现金等价物的能力，并据此预测企业未来现金流量。

2. 现金流量的分类

我国对现金流量的分类与世界大多数国家和国际会计准则基本相同，将现金流量分为三大类，即经营活动产生的现金流量、投资活动产生的现金流量和筹资活动产生的现金流量。

经营活动是指企业投资活动和筹资活动以外的所有交易和事项。在现金流量表中，经营活动的现金流量应当按照其经营活动的现金流入和流出的性质分项列示；银行、保险公司和非银行金融机构的经营活动按照其经营活动特点分项列示。经营活动主要包括销售商品、提供劳务收到的现金，收到的税费返还，收到的其他与经营活动有关的现金，购买商品、接受劳务支付的现金，支付给职工以及为职工支付的现金，支付的各项税费，支付的其他与经营活动有关的现金等项目。

投资活动是指企业长期资产的购建和不包括在现金等价物范围内的投资及其处置活动。在现金流量表中，投资活动的现金流量应当按照其投资活动的现金流入和流出的性质分项列示。投资活动主要包括收回投资所收到的现金，取得投资收益所收到的现金，处置固定资产、无形资产和其他长期资产所收到的现金净额，收到的其他与投资活动有关的现金，购建固定资产、无形资产和其他长期资产所支付的现金，投资所支付的现金，支付的其他与投资活动有关的现金等项目。

筹资活动是指导致企业资本及债务规模和构成发生变化的活动。在现金流量表中，筹资活动的现金流量应当按照其筹资活动的现金流入和流出的性质分项列示。筹资活动主要包括吸收投资所收到的现金，取得借款所收到的现金，收到的其他与筹资活动有关的现金，偿还债务所支付的现金，分配股利、利润或偿付利息所支付的现金，支付的其他与筹资活动有关的现金等项目。

3. 现金流量表的作用

在市场经济条件下，企业的现金流转情况在很大程度上影响着企业的生存和发展。企业现金充裕，就可以及时购入必要的材料物资和固定资产，及时支付工资、偿还债务、支付股利和利息；若企业现金不足则会影响企业的正常生产经营，甚至危及企业的生存。按照有关规定，公司因不能清偿到期债务，被依法宣告破产的，由人民法院依照有关法律的规定，组织股东、有关机构及有关专业人员成立清算组，对公司进行破产清算。现金管理已经成为企业财务管理的一个重要方面，受到企业管理人员、投资人、债权人以及政府监管部门的关注。现金流量表的作用，具体有以下三个方面。

（1）有助于评价企业支付能力、偿债能力和周转能力

通过现金流量表，并配合资产负债表和利润表，将现金类资产与流动负债进行比较，企业可计算出现金比率；将现金流量净额与发行在外的普通股加权平均股数进行比较，企业可计算出每股现金流量；将经营活动现金流量净额与净利润进行比较，计算出盈利现金比率，企业可以了解企业的现金能否偿还到期债务、支付股利和进行必要的固定资产投资，以及企业现金流转效率和效果等，从而便于投资者做出投资决策、债权人做出信贷决策。

（2）有助于预测企业未来现金流量

评价过去是为了预测未来。通过现金流量表所反映的企业过去一定期间的现金流量以及其他生产经营指标，企业可以了解现金的来源和用途是否合理，了解经营活动产生的现金流量有多少，在多大程度上依赖外部资金，据此预测未来现金流量，从而为编制现金流量计划、组织现金调度、合理节约地使用现金创造条件，为投资者和债权人评价企业的未来现金流量、做出投资和信贷决策提供必要信息。

（3）有助于分析企业收益质量及影响现金净流量的因素

利润表中列示的净利润指标，反映了企业的经营成果，这是体现企业经营业绩的最重要的指标之一。但是，利润表是按照权责发生制原则编制的，它不能反映企业经营活动产生了多少现金，且没有反映投资活动和筹资活动对企业财务状况的影响。通过编制现金流量表，企业可以掌握经营活动、投资活动和筹资活动的现金流量，将经营活动产生的现金流量与净利润相比较，可从现金流量的角度了解净利润的质量，进一步判断影响现金流入的因素，从而为分析和判断自身的财务前景提供信息。

4. 现金流量表的格式及内容

现金流量表正表项目的格式及内容如表 2-3 所示。

表 2-3　　现金流量表

会企 03 表

编制单位：××公司　　2021 年　　单位：元

项目	本期金额	上期金额
一、经营活动产生的现金流量		
销售商品、提供劳务收到的现金		
收到的税费返还		

续表

项目	本期金额	上期金额
收到的其他与经营活动有关的现金		
经营活动现金流入小计		
购买商品、接受劳务支付的现金		
支付给职工以及为职工支付的现金		
支付的各项税费		
支付其他与经营活动有关的现金		
经营活动现金流出小计		
经营活动产生的现金流量净额		
二、投资活动产生的现金流量		
收回投资收到的现金		
取得投资收益收到的现金		
处置固定资产、无形资产和其他长期资产收到的现金净额		
处置子公司及其他营业单位收到的现金净额		
收到其他与投资活动有关的现金		
投资活动现金流入小计		
购建固定资产、无形资产和其他长期资产支付的现金		
投资支付的现金		
取得子公司及其他营业单位支付的现金净额		
支付的其他与投资活动有关的现金		
投资活动现金流出小计		
投资活动产生的现金流量净额		
三、筹资活动产生的现金流量		
吸收投资收到的现金		
取得借款收到的现金		
收到的其他与筹资活动有关的现金		
筹资活动现金流入小计		
偿还债务支付的现金		
分配股利、利润或偿付利息支付的现金		
支付的其他与筹资活动有关的现金		
筹资活动现金流出小计		
筹资活动产生的现金流量净额		
四、汇率变动对现金及现金等价物的影响		
五、现金及现金等价物净增加额		
加：期初现金及现金等价物余额		
六、期末现金及现金等价物余额		

第二节 会计要素及主要内容

第一节我们介绍了会计报表，这一节我们继续介绍会计报表的大类项目——会计要素。

企业会计的核算对象是反映企业生产经营情况的资金运动，实质上就是企业各种经济资源的来源与运用。为了在会计报表中反映企业的经济资源和经营成果的状况，就必须按照一定的标准将企业的经济资源划分成不同的报表项目，以便向会计信息的使用者提供简单明了的信息，这种对会计对象的基本分类，是会计核算对象的具体化。会计用以反映会计主体财务状况、确定经营成果的基本单位，被称为会计要素。

会计要素又被称为会计报表要素。会计信息系统的产品是会计报表，而会计报表并不只是一个数字，每张报表都是由各个具体的项目所组成的，是各个构成项目的和或者差计算得出了报表的汇总结果。各类会计报表的具体构成又分为两个层面，第一个层面是大类，例如资产负债表的大类是资产、负债、所有者权益，利润表的大类是收入、费用和利润，现金流量表的大类是经营活动、投资活动和筹资活动的现金流量[①]。资产负债表和利润表的大类项目名称就是用会计要素来命名的。第二个层面是会计要素下设的具体项目，例如资产下面有货币资金、应收款项、交易性金融资产、存货、固定资产、无形资产等，负债下面有短期借款、应付账款、应交税费等，这些都是对会计要素的再分类，即会计核算的基本工具——会计科目。会计科目将在下一章中学习。

我国的《企业会计准则》列示了六大会计要素，即资产、负债、所有者权益、收入、费用和利润。它们分为两类，前三个为反映财务状况的要素，也称资产负债表要素；后三个为反映经营成果的要素，也称利润表要素。

一、反映财务状况的会计要素

反映财务状况的会计要素有资产、负债、所有者权益，它们是资产负债表的构成要素。

（一）资产

资产是指过去的交易、事项形成并由企业拥有或者控制的资源，该资源预期会给企业带来经济效益。企业过去的交易或者事项包括购买、生产、建造行为或其他交易或者事项。

1. 资产的基本特征

（1）资产是由过去的交易、事项而形成的。资产必须是现时的资产，是过去已经发生的交易或事项所产生的结果，而不能是预期的资产。未来交易或事项以及未发生的交易或事项可能产生的后果，不属于现在的资产，不能作为资产确认。同时过去发生的交易或事项也给资产的计量提供了可靠的依据，因为过去的交易或事项提供了资产取得的实际成本，使得该项资产可以以货币计量。

（2）资产是由企业拥有或者控制的资源。一般来说，一项财产要确认为企业的资产，企业应当拥有其所有权。但是，按照实质重于形式原则，对于一些特殊方式形成的财产，企业虽然不拥有所有权，但是能够实际控制，也应当作为企业的资产予以确认、计量和报告。

（3）资产应当能够给企业带来经济效益，是指直接或者间接导致现金或现金等价物流入企业的潜力。对资产的经济效益的强调，体现了对资产的本质的理解，同时也给资产的计量和报告提供了新的可供选择的思路。按照这一特征，已经不能给企业带来经济效益的项目，例如收回无望的应收账款、陈旧毁损且已无交换价值的实物财产等都不能再作为企业的资产报告，应根据制度的规定将其转入费用或损失。

符合资产定义的资源，在同时满足以下条件时，确认为资产。第一，与该资源有关的经济利益很可能流入企业；第二，该资源的成本或者价值能够可靠地计量。只有同时符合资产定义和资产确认条件的项目才可以列入资产负债表；符合资产定义、但不符合资产确认条件的项目，不应当列入资产负债表。

2. 资产的分类

企业的资产应按流动性分为流动资产和非流动资产。

① 需要指出的是，因为现金流量表的大类实际上是对资产负债表的“资产”要素中的现金及现金等价物的流入和流出的发生额的细分，所以本质上没有产生新的会计要素。同理适用于所有者权益变动表。

流动资产是指可以在 1 年以内（含）或者超过 1 年的一个营业周期内变现或耗用的资产，主要包括库存现金、银行存款、交易性金融资产、应收及预付款项、存货等。

非流动资产是指流动资产以外的资产，具有以下特点：第一，使用年限在 1 年以上；第二，企业拥有此资产的目的是企业自身使用而不是出售；第三，通过对它的使用能直接或间接地给企业带来经济利益。非流动资产包括长期股权投资、固定资产、无形资产等。

（二）负债

负债是指企业过去的交易或者事项形成的、预期会导致经济利益流出企业的现时义务。现时义务是指企业在现行条件下已承担的义务。未来发生的交易或者事项形成的义务，不属于现时义务，不应当确认为负债。

1. 负债的基本特征

（1）负债是由过去的交易、事项形成的现时义务。交易或事项必须已经发生，并且由企业现在来承担。

（2）偿还负债预期会导致经济利益流出企业。负债需要将来通过转移资产或者提供劳务予以清偿，例如交付资产、提供劳务、将一部分股权转给债权人等方式。

满足负债定义同时满足以下条件时，确认为负债：第一，与该义务有关的经济利益很可能流出企业；第二，未来流出的经济利益的金额能够可靠地计量。同时符合负债定义和负债确认条件的项目，才能够列入资产负债表；符合负债定义、但不符合负债确认条件的项目，不应当列入资产负债表。

2. 负债的分类

负债按照其流动性可以分为流动负债和非流动负债。

流动负债是指将在 1 年以内（含）或者超过 1 年的一个营业周期内偿还的债务，包括短期借款、应付票据、应付账款、应付职工薪酬、应交税费等。

非流动负债是指偿还期在 1 年以上或者超过 1 年的一个营业周期以上的负债，包括长期借款、应付债券、长期应付款等。

（三）所有者权益

所有者权益是指企业资产扣除负债后由所有者享有的剩余权益。公司的所有者权益又称为股东权益。所有者权益金额取决于资产和负债的计量。所有者权益的来源包括所有者投入的资本、直接计入所有者权益的利得和损失、留存收益等。

直接计入所有者权益的利得和损失，是指不应计入当期损益、会导致所有者权益发生增减变动的、与所有者投入资本或者向所有者分配利润无关的利得或者损失。利得是指由企业非日常活动所形成的、会导致所有者权益增加的、与所有者投入资本无关的经济利益的流入。损失是指由企业非日常活动所发生的、会导致所有者权益减少的、与向所有者分配利润无关的经济利益的流出。

所有者权益按照初始来源可以分为两大部分，一是来源于所有者对企业投入的资本，二是来源于企业生产经营过程中产生的留存收益，也就是实现的利润减去分配给投资者的利润后的差额。投入资本是企业资金来源的重要途径，也是创立企业的前提；同时我们也要认识到，所有者对企业的投资是期望有收益的，而所有者收益最终是要靠第二种来源——利润来实现。

二、反映经营成果的会计要素

反映经营成果的会计要素有收入、费用和利润，它们构成了利润表要素。

（一）收入

收入是指企业在日常活动中形成的、会导致所有者权益增加的、与所有者投入资本无关的经济利益的总流入。收入只有在经济利益很可能流入企业从而导致企业资产增加或者负债减少，且经济利益的流入额能够可靠计量时才能予以确认。

收入主要包括主营业务收入和其他业务收入。主营业务收入是指企业销售商品、提供劳务等主营业务所实现的收入；其他业务收入是指除主营业务活动以外的其他经营活动实现的收入，包括出租固定资产、出租无形资产、销售材料等实现的收入。

收入能导致企业所有者权益的增加，具体可能表现为企业资产的增加，如增加银行存款、应收账款等；也可能表现为企业负债的减少；或两者兼而有之，如商品销售货款部分抵偿债务，部分收取现金。

（二）费用

费用是指企业在日常活动中发生的、会导致所有者权益减少的、与向所有者分配利润无关的经济利益的总流出。费用只有在经济利益很可能流出企业从而导致企业资产减少或者负债增加，且经济利益的流出额能够可靠计量时才能予以确认。费用会导致经济利益流出企业，它可以表现为企业资产的减少，也可以表现为负债的增加，最终会导致企业的所有者权益减少。

企业为生产产品、提供劳务等发生的可归属于产品成本、劳务成本等的费用，应当在确认产品销售收入、劳务收入等时，将已销售产品、已提供劳务的成本等计入当期损益。企业发生的支出不产生经济利益的，或者即使能够产生经济利益但不符合或者不再符合资产确认条件的，应当在发生时确认为费用，计入当期损益。企业发生的交易或者事项导致其承担了一项负债而又不确认为一项资产的，应当在发生时确认为费用，计入当期损益。

费用主要包括主营业务成本、其他业务成本、管理费用、销售费用、财务费用、税金及附加等。

（三）利润

利润是指企业在一定会计期间的经营成果。利润包括收入减去费用后的净额、直接计入当期利润的利得和损失等。直接计入当期利润的利得和损失，是指应当计入当期损益、会导致所有者权益发生增减变动的、与所有者投入资本或者向所有者分配利润无关的利得或者损失。这部分在现行准则中分别计入营业外收入和营业外支出。

利润分为三个层次：营业利润、利润总额和净利润。营业利润是指主营业务收入减去主营业务成本和税金及附加，加上其他业务利润，减去销售费用、管理费用和财务费用等后的金额。利润总额是指营业利润加上营业外收入，减去营业外支出后的金额。净利润是指利润总额减去所得税后的金额。

三、会计要素之间的关系

会计要素之间通常有两组等式。

第一组公式是：资产=负债+所有者权益，反映资产负债表要素之间的关系。对一个企业而言，它所拥有的各种财产的货币表现的合计数就是企业的资产总额，也就代表了等式的左边。等式的右边是从另一个视角来看企业的这些财产的，即资产的来源，或者说权益的归属方。我们说，企业的任何资金都是有来源的，大类来看，有两种来源，一种是来源于负债，也就是债权人提供的，属于债权人的权益，债权人只拥有索取本金和利息（如有）的权利，但是没有参与管理决策的权利，也不能分享企业的利润；另一种是来源于所有者，他们是企业所有者，对于企业要求权不是固定的有保障的现金流，而是企业的剩余权益。所以企业的利润是归属于所有者的，是所有者权益的重要组成部分。

第二组公式是：收入-费用=利润，反映利润表要素之间的关系。但是由于利润概念的内涵范围较广，不仅包括收入与费用的差额，还包括直接计入利润的利得和损失，所以第二组公式准确的表述应该是：收入-费用=部分利润。

对会计要素的判断是我们学习会计学的基本处理方法的最基础的一步，在我们后续的学习中会不断地应用。最基本的判断依据是会计要素的定义，相对来说，资产、负债以及利润的判断会比较容易一些。

[例 2.1] 判断以下项目属于哪一种会计要素。

（1）银行存款

（2）应向客户收取的销售款

（3）应付给供应商的采购款

（4）生产设备

（5）属于所有者甲的投资

（6）向银行借入的3个月借款

（7）应该上交的税款

（8）专利权

[例题解答]

（1）、（2）、（4）、（8）属于资产，（3）、（6）、（7）属于负债，（5）属于所有者权益。

第三节 会计信息质量特征

第一节我们介绍了会计信息的载体是会计报表，第二节介绍了会计报表的大类项目（即会计要素），这两者都是会计信息的表现形式，相当于会计产品的外表形式。接下来我们介绍会计产品的质量特征，类似于企业生产的实质性产品的质量特征，也就是什么样的会计信息才是合格的会计信息系统的产品，这就是会计信息的质量特征，是会计信息系统产品的内在属性。

上市公司提供的会计信息是资本市场存在与正常运行的信息基础，因此其质量至关重要。不合格的甚至是“假冒伪劣”的会计信息进入市场，无疑会损害作为会计信息产品消费者的投资者、债权人等的切身利益。财务会计报告的使用者包括投资者、债权人、政府及其有关部门和社会公众等。财务会计报告的目标是向财务会计报告使用者提供与企业财务状况、经营成果和现金流量等有关的会计信息，反映企业管理层受托责任履行情况，有助于财务会计报告使用者做出经济决策。但不同的使用者会面临不同的问题，并需采用不同的决策方法。因此，在决定会计信息应具备哪些质量时，会计信息的使用者应优先加以确定。

一、会计信息质量特征

我国会计准则规定了如下的会计信息质量特征要求，其中“如实反映”和“相关性”是两个主要的会计信息质量特征，其他会计信息质量特征为次要信息质量或者被包含在两个主要信息质量之中。

（一）如实反映

企业应当以实际发生的交易或者事项为依据进行会计确认、计量和报告，如实反映符合确认和计量要求的各项会计要素及其他相关信息，保证会计信息真实可靠、内容完整。

如实反映包括三层含义：真实性、可靠性和可验证性。真实性是指会计核算应当真实反映企业的经营成果和财务状况，会计记录和会计报告不能够弄虚作假；可靠性是指对于经济业务的记录和报告应当以客观事实为依据，而不能以主观判断为依据，同时应避免错误和减少误差；可验证性是指会计信息应当经得起复核和验证，凡是过去发生的经济业务，应当有合法的凭证来证明其发生并且为以后的检查提供依据。

会计作为一个信息系统，它所提供的信息如果不能够满足如实反映特征的要求，那么，会计信息就不能作为信息使用者据以决策的依据。如实反映特征要求在会计核算的各个阶段，如会计确认、计量、记录和报告时都必须符合会计信息真实客观的要求，以实际经济活动为依据，如实反映情况。

（二）相关性

企业提供的会计信息应当与信息使用者的经济决策需要相关，这有助于信息使用者对企业过去、现在或者未来的情况做出评价或者预测。

相关性是指会计信息与信息使用者的决策相关，也就是说是否提供该项信息可能会改变或影响信息使用者的决策。会计的目标就是要为有关各方面提供会计信息，为信息使用者做出正确的决策服务。这就要求企业所提供的会计信息必须与信息使用者的需求相关联，在会计核算中就必须遵循相关性特征。相关性特征要求企业在收集、加工、处理和传递会计信息的过程中，要充分考虑有关各方信息使用者的需求，要能够兼顾到不同的使用者对会计信息的不同需求。相关性特征要求会计信息必须符合国家宏观经济管理的要求，满足有关各方了解企业财务状况和经营成果的需要，满足企业加强内部经营管理的需要。

（三）明晰性

企业提供的会计信息应当清晰明了，便于信息使用者理解和使用。

明晰性要求企业所提供的会计信息必须是容易让人理解和使用的，架起信息提供者和使用者之间的桥梁。这就要求通用会计报表的项目必须简明易懂，对于难以理解或者比较专业的项目要有说明。对于企业的会计人员来说，就是要用专业的会计方法产生出大众化的通俗易懂的会计信息。

（四）可比性

可比性包括两个方面，一是纵向可比。同一企业不同时期发生的相同或者相似的交易或者事项，应当采用一致的会计政策，不得随意变更。确需变更的，应当在附注中说明。二是横向可比。不同企业发生的相同或者相似的交易或者事项，应当采用规定的会计政策，确保会计信息口径一致、相互可比。

为了使得不同企业之间的会计信息可比，就必须对相同的经济事项采用相同的会计原则和处理方法，这是通过制定统一的会计准则和会计制度来实现的。

可比性并不意味着企业所采取的会计政策不能改变。如果由于法律或会计准则等行政法规、经济环境变化等原因，使得原有的会计政策已经不符合会计法规的规定或者已经不能恰当地反映企业的财务状况、经营成果和现金流量，就必须改变原有的会计政策。但是必须将变更的内容和理由、变更的累积影响数，以及累计影响数不能合理确定的理由等，在会计报表中予以说明，以增强会计信息的有用性。

（五）实质重于形式

企业应当按照交易或者事项的经济实质进行会计确认、计量和报告，不应仅以交易或者事项的法律形式为依据。会计作为一个信息系统，总是服务于处于一定经济环境之下的经济主体的。而经济主体所面临的经济环境是处于不断发展和变化之中的，这就导致了经济业务的形式越来越多种多样，有的时候就可能出现经济业务所采取的法律形式与其内在所包含的经济实质不相吻合的情况。会计处理时必须按照经济业务的本质而不是其法律形式来反映该项经济业务。

随着社会和经济的发展，新的经济业务形式将不断涌现，实质重于形式特征将得到越来越多的体现，这同时也对会计人员的职业判断能力提出了更高的要求。对于一个经济事项，判断不同，做出的会计处理就不一样，报告出来的会计信息就截然不同。遵循实质重于形式特征体现了对于会计目标的重视，对经济实质的尊重，从一定程度上保证了会计信息反映与经济事实的相符，能够更好地达到会计的目标。在我国很多准则中都体现了本项会计信息质量特征，例如租赁准则、收入准则以及金融工具相关准则等。

[例 2.2] 经济业务实质的判断。

甲企业和乙企业签署了一份销售合同，甲企业将一台设备以 50 万元转让给乙企业，并且双方约定 3 年后甲企业以 70 万元再从乙企业购回该设备。以甲企业为会计主体，这个业务的本质我们如何判断？

[例题解答]

从会计要素的跨期的最终变化来看，对比现在和 3 年后的状态，甲企业拥有的设备不变，但是货币资金减少了 20 万元，也就是损失了 20 万元。为什么会损失 20 万元呢？是因为现在从乙企业那里获得了 50 万元，3 年后要偿还 70 万元，由此我们可以判断，这个 20 万元就是甲企业为了现在得到 50 万元并使用 3 年而付出的代价，即利息，所以这个业务不管形式上签署什么销售合同，其本质上是一个融资协议。

（六）重要性

企业提供的会计信息应当反映与企业财务状况、经营成果和现金流量等有关的所有重要交易或者事项。

成本效益关系是会计信息提供过程中一个普遍性的约束条件，即归集和呈报会计信息的成本不能高于提供或使用该信息所能产生的效益。企业的经济业务纷繁复杂，要将企业所有的经济业务事无巨细地按照会计原则的要求进行确认、计量和报告，对企业来说将耗费太多的人力、物力和财力。尤其是对于次要的经济事项形成的会计信息，虽然耗费了很多的成本，但是并未取得相应的经济效益。因此，会计事项如果不具有重要性，即不会导致信息使用者的决策失误或误解，就可以简化会计处理，以节省提供信息的成本；同时也避免了次要信息冲淡重要信息，降低信息的有用性。

要正确运用重要性特征，最重要的就是对经济业务或会计事项的重要性的判断问题。对于不同的会计主体或不同经济业务来说，重要与否是相对的，这就对会计人员的职业判断能力提出了很高的要求。一般来说，重要性可以从两个方面进行判断，一是性质，二是数量。从性质方面看，只要该会计事项发生就可能对信息使用者的决策有重大影响时，就属于重要事项；从数量方面看，当某一会计事项的发生达到总资产的一定比例时，一般认为其具有重要性。在我国的会计核算中，重要性特征体现在确认、计量和报告等方面。

（七）谨慎性

企业对交易或者事项进行会计确认、计量和报告应当保持应有的谨慎，不应高估资产或者收益、低估负债或者费用。

谨慎性特征又称稳健性，或称保守主义，萌生于会计受托责任盛行的 19 世纪，它是针对于经济活动中的不确定性因素和会计估计的风险。谨慎性特征要求会计人员在进行会计核算时，如果某些经济业务或会计事项存在可供选择的不同会计处理方法和程序，在不影响合理选择的前提下，会计人员应当尽可能选择一种不多计资产或收益、不少计负债或费用的会计处理方法和程序。谨慎性特征并不意味着企业可以设置秘密准备，否则将影响会计核算客观性特征的要求，造成会计核算秩序的混乱。

谨慎性特征要求体现在会计核算的全过程，包括会计确认、计量和报告等方面。从会计确认角度来说，要求会计确认标准建立在稳妥合理的基础上；从会计计量角度来说，要求会计计量不得高估资产、所有者权益和利润的数额，不得低估负债、费用的数额；从财务会计报告来说，要求财务会计报告向会计信息的使用者提供尽可能全面的会计信息，特别是应当报告有关可能发生的风险损失。

在我国的会计核算中，谨慎性特征体现在很多方面。例如，对于应收账款计提坏账准备、对固定资产采用加速折旧法计提折旧、存货的期末计量采用成本与可变现净值孰低等。

（八）及时性

企业对于已经发生的交易或者事项，应当及时进行会计确认、计量和报告，不得提前或者延后。

过时的信息不管是多么客观可靠，具有多高的质量，对于信息的使用者来说都是无用的。特别是在信息时代，市场瞬息万变，企业所面临的经济环境日益复杂，企业之间的竞争也日趋激烈，谁先掌握了信息谁就拥有了竞争优势，这导致信息的使用者对于信息的及时性要求越来越高，也就越发体现了及时性特征的重要性。在会计核算中体现及时性特征，就要求会计人员及时进行收集、处理、传递会计信息的整个过程。我国的企业会计法规和制度中对企业提供会计报表的时间做出了规定，就是为了体现及时性特征的要求。

二、会计信息质量特征与会计职业道德

会计信息的质量特征，包含了诚实守信、踏实谨慎等职业道德要求。例如“如实反映”“相关性”等，“假账”既不是企业状况的如实反映，也不与投资者的决策相关，因此，会计系统原本就与“假账”有明显的界线，“谨慎性”则是一个极为特殊的加了人为因素的信息质量特征，深刻体现了财务会计报告体系对于企业经济业务状况的立场，也是对财务人员不受管理者的主观倾向影响保持冷静判断的一个明文的支持。同时，会计信息质量的特征也体现了对于专业能力的要求，例如“重要性”“实质重于形式”等，都要求财务人员对于企业的经济活动及相关业务有较为深入的认识，不受业务外在形式的影响，而要透过现象看本质，做出正确的判断。

管理延伸

1. 有了资产负债表和利润表，为什么还需要现金流量表？请根据三张报表，从外部投资者和内部管理者角度分别进行分析。

2. 如何理解会计信息质量特征中的“如实反映”和“相关性”？它们与会计职业道德有什么关系？这对财务人员提出了什么要求？

关键词

资产负债表；利润表；现金流量表；会计要素；会计信息质量特征

思考题

1. 简述会计信息质量特征及其之间的关系。
2. 简述会计要素之间的关系。
3. 负债与所有者权益的主要区别是什么？
4. 企业对外发布的主要会计报表有哪几种？各报表的目的何在？
5. 简述现金流量表反映的三种活动。

自测题

一、单项选择题

1. 利润表和资产负债表（　　）。
   A. 反映业务对现金的影响　　B. 不能反映当期现金为什么变化
   C. 反映当期现金的来源和使用　　D. 可以分为经营活动、投资活动和筹资活动
2. 现金流量表的主要目的是（　　）。
   A. 预测未来现金流量　　B. 评价管理决策
   C. 确定支付股利和利息的能力　　D. 以上三项
3. 成功企业的现金主要来源应该是（　　）。
   A. 经营活动　　B. 投资活动
   C. 筹资活动　　D. 以上三种活动
4. 以下属于会计信息质量主要特征的是（　　）。
   A. 相关性　　B. 可比性　　C. 重要性　　D. 历史成本

二、多项选择题

1. 利润表（　　）。
   A. 反映企业的经营成果　　B. 不能反映当期现金为什么变化
   C. 反映收入和费用　　D. 反映利润
2. 资产负债表的主要内容包括（　　）。
   A. 资产　　B. 负债　　C. 现金流　　D. 所有者权益
3. 会计信息的质量特征包括（　　）。
   A. 相关性　　B. 如实反映　　C. 重要性　　D. 可比性
4. 以下属于企业资产的有（　　）。
   A. 银行存款　　B. 应收账款　　C. 应付账款　　D. 固定资产

三、判断题

1. 企业账面有利润，但是现金不足可能是因为投资了大量资金在固定资产上。（　　）
2. 不管现金从哪里来，只要现金充裕就是好的。（　　）
3. 某一会计事项是否具有重要性，在很大程度上取决于会计人员的职业判断。对于同一会计事项，在某一企业具有重要性，在另一企业则不一定具有重要性。（　　）
4. 某一财产物资要成为企业的资产，其所有权必须是属于企业。（　　）
5. 企业对预期将要发生的经济业务可能产生的债务，应当作为负债处理。（　　）
6. 企业一定期间发生亏损，则其所有者权益必定减少。（　　）

7. 在特定的情况下，企业改变现行的会计处理方法并不一定违背可比性原则。（ ）

四、简答题

判断以下各项属于哪个会计要素？

（1）放在保险柜里的现金

（2）存在银行的存款

（3）仓库储存的准备用于生产的材料

（4）生产完工可以出售的产成品

（5）应向客户收取的货款

（6）厂房建筑物及各种设备

（7）所有者投入的资本

（8）向银行借入的短期借款

（9）应付未付材料供应商的货款

（10）应交未交的企业所得税

五、综合练习

1. 鸿运公司的高级管理人员审查 2020 年的业务。损益表报告净利润增长 15%，这是连续第 5 年净利润每年增长超过 10%。资产负债表反映资产、负债和所有者权益的适度增长。增加幅度最大的是固定资产，因为公司正处于一个 5 年扩展计划执行期间。其他资产和负债无过多增加。现金流量表的总体信息如下：

经营活动的现金流量净额	620 000 元
投资活动的现金流量净额	-780 000 元
筹资活动的现金流量净额	140 000 元
2020 年现金流量净增加额	-20 000 元

要求：

（1）为什么企业的利润在增长，而 2020 年的企业现金流量净增加额却是负数？

（2）利用上述的信息，说说你对公司 2020 年的评价及对公司未来的看法。

2. 鸿运公司和凯达公司要求你向客户推荐他们的股票。两家公司的净利润相同，投资状况也大致相同，所以你的决策只能依靠现金流量表，如表 2-4 所示。

表 2-4 现金流量表

	鸿运公司	凯达公司
经营活动净现金流入	140 000	60 000
投资活动净现金流入（流出）		
购买固定资产	（200 000）	（40 000）
出售固定资产	20 000	80 000
投资活动净现金流入（流出）	（180 000）	40 000
筹资活动净现金流入（流出）		
发行普通股	60 000	
偿还长期负债		（80 000）
现金净增加额	20 000	20 000

要求：根据两家公司的现金流量，判断投资哪个公司更好？说出理由。

第三章

会计核算基本原理

引言

小李近期在一个公司实习，他发现公司 2021 年 12 月 20 日预付了 2022 年一年的房租费用 120 万元，并计入了 2021 年的租金费用。他认为这是不对的，应该分次计入 2022 年的费用。小李的观点和企业的做法哪一个更能反映企业真实绩效呢？

本章将学习会计核算的基本前提、会计确认与计量的基本原则、会计等式、账户等基本工具，最后学习建立在前述概念基础上的借贷记账法。

学习目标

1. 掌握会计核算的基本前提；
2. 掌握会计确认与计量的基本概念；
3. 掌握会计等式；
4. 熟悉会计科目及账户名称；
5. 掌握借贷记账法。

第一节 会计核算的基本前提

本章将介绍会计核算的基本原理，也就是会计信息系统的生产理论基础。具体内容主要包括基本前提、确认与计量、会计等式、科目及账户和借贷记账法。

首先是会计核算的基本前提，它是指会计人员为了实现会计目标而对所面临的变化不定、错综复杂的会计环境做出的合乎情理的判断，也称基本假设。称之为基本前提，是因为如果没有这些判断，人们对很多经济业务就不能进行适当的处理，就不能达到会计的目的，以满足信息使用者的需要。称之为基本假设，是因为虽然这些前提就像数学中的公理一样，是显而易见的，但是由于人们目前的认识水平有限，还难以对这些客观存在的基本前提做出严格的证明。

会计核算的基本前提包括会计主体、持续经营、会计分期和货币计量。这四个前提的关系如图 3-1 所示。其中，会计主体界定了会计核算的空间范围，持续经营和会计分期界定了会计核算的时间范围，这三个基本前提共同构造了企业正常会计核算的时空界限。而货币计量则规定了会计的独特的计量单位。

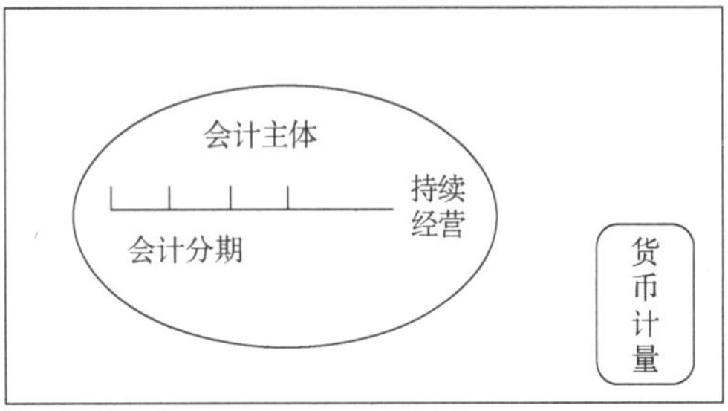

图 3-1　会计核算的基本前提

一、会计主体

我国会计准则规定，企业应当对其本身发生的交易或者事项进行会计确认、计量和报告。

这就界定了会计核算的空间范围，也就是会计主体。

会计主体是指会计工作为其服务的特定单位或组织。会计核算的对象是企业的生产经营活动，生产经营活动又是由各项具体的经济业务所构成的，而每项经济业务又都是与其他的相关经济业务联系在一起的。由于社会经济关系的错综复杂，企业本身的经济业务也总是与其他企业或单位的经济活动相联系。即使是同一项经济业务，也会存在因为企业的不同而对交易双方意义不同的情况。例如，甲企业销售货物给乙企业，对交易双方来说，甲企业是销售，而乙企业是采购。因此，对于会计人员来说，首先就需要确定会计核算的空间范围，明确为谁服务，明确哪些经济活动应当予以确认、计量和报告，明确哪些经济活动不应当包括在其会计核算的范围内，也就是要确定会计主体。

会计主体是随着社会生产力的发展和经营活动组织形式的发展变化而产生和发展的。在生产经营规模很小，业主独资经营的情况下，经营活动和业主本身的活动是合二为一的，会计主体的概念并不是很迫切需要。而当几个人合伙经营时，合伙企业的经营收支活动就必须与各个业主的个人收支活动相区分，明确合伙经营企业与合伙人个人收支的界限，即合伙会计的核算范围。

会计主体的作用在于界定不同会计主体会计核算的范围。对企业来说，它要求会计核算区分自身的经济活动与其他企业的经济活动；区分企业的经济活动与企业投资者的经济活动。会计核算范围的界定，能够为提供会计信息使用者所需要的会计信息明确空间范围。

会计主体与法律主体并不是同一概念。一般来说，法律主体必然是可以作为独立的会计主体的。但是会计主体并不一定就是法律主体。会计主体可以是独立的法人，也可以是非法人（如独资企业和合伙企业）；可以是一个企业，也可以是企业内部的某一单位或企业内部的为管理需要而设立的某一个特定的部分；可以是单一企业，也可以是由几个企业组成的企业集团。例如，我们在看上市公司的会计报表时，绝大多数的公司有两套报表，分别是母公司报表和合并报表，其中的合并报表的会计主体就是由母公司和子公司组成的企业集团。

二、持续经营

我国会计准则规定，企业会计确认、计量和报告应当以持续经营为前提。

持续经营是指假定会计主体的生产经营活动将无限期地延续下去，在可以预见的将来，会计主体不会因为进行清算、解散、倒闭而不复存在。它界定了会计核算的时间范围。它使得会计人员以会计主体持续、正常的经营活动为前提，选择和确定会计程序和会计处理方法，进行会计核算。

现行的会计处理方法大多是建立在持续经营的基础之上的。如果没有持续经营这一核算前提，一些公认的会计处理方法将不能被采用，企业也就不能按照现在的会计原则和会计处理方法进行会计核算和对外提供会计信息。例如，历史成本就是假定企业在正常经营的情况下，运用它所拥有的各种经济资源和依照原来的偿还条件偿付其所负担的各种债务的前提下，才运用于会计核算之中的。如果没有持续经营这一假设，也就不能存在所谓的长期资产，我们熟悉的很多概念也就没有了依存的基础，例如固定资产折旧，从理论上来说，机器设备等固定资产的价值只能采用可变现价值来予以计量；负债就不可能按照原来规定的条件偿还，而必须按照资产变现后的实际负担能力来清偿；以及会计处理原则和程序就必须按照清算条件下的情形来进行。

三、会计分期

会计分期是指将企业持续不断的经营活动人为地划分为一个一个的期间，以便会计主体据以结算账目、编制财务会计报告，从而及时地向会计信息的使用者提供反映其经营成果和财务状况及其变动情况的信息。在假定企业为持续经营的条件下，要想计算会计主体的盈亏情况，反映其生产经营成果，从理论上来说只有等到企业所有的生产经营活动完全结束时，才能够通过收入与其相关的成本费用的比较，进行准确的计算。但是这显然是行不通的。因为这就意味着信息的使用者无法得到及时的会计信息，自然也得不到决策有用的信息，无法满足会计目的。这就必须将企业持续不断的生产经营活动人为地划分为一个一个相等的会计期间，以分期反映企业的经营成果和财务状况。

会计期间的划分的最重要的意义就是使得及时向信息的使用者提供信息成为可能。同时，有了会计期间，才产生了本期与非本期的区别，由此又产生了权责发生制与收付实现制两种确认基础、流动项目与非流动项目的区别等。而当企业采用了权责发生制以后，才需要按照权责要求在本期和以后各个会计期间进行分配收入和费用，确定其应当归属的会计期间，才会在会计处理上出现预提、摊销等一些特殊的会计方法。

企业通常以自然年度作为划分会计期间的标准，也可以是其他的标准，例如，可以是企业的一个营业周期。按照我国企业会计准则的规定，我国企业的会计核算应当划分会计期间，分期结算账目和编制财务会计报告。会计期间分为年度、半年度、季度和月度。年度、半年度、季度和月度均按公历起讫日期决定。其中，半年度、季度和月度均称为会计中期。

持续经营和会计分期共同界定了会计核算的时间范围。

四、货币计量

我国会计准则规定，企业会计应当以货币计量。

货币计量是指在会计核算过程中采用货币作为计量单位，记录、反映企业的经营情况。在企业错综复杂的经营活动中，涉及的实物形态多种多样，如机器设备、现金、材料、库存商品等；涉及的计量单位也多种多样，如台、吨、公斤、元、米、件等。为了对外提供的会计信息能够以简洁明了和统一的方式表现出来，必须统一计量单位。因为企业的经济活动大多可以以“元”来计量，所以，会计核算就选择了货币作为会计核算上的计量单位，以货币形式来反映企业的生产经营成果和财务状况。因此产生了货币计量这一核算前提。而一旦货币被选择为计量单位，就意味着隐含了另一个假定，即币值是稳定不变的，因为只有币值是稳定不变的，才能够作为计量单位。

有了货币计量这一核算前提和币值稳定这一假设，在会计核算中才能够使用历史成本作为会计要素的计量属性，也才能使得不同会计期间所提供的会计信息具有可比性，在物价水平比较平稳的时候，也能够满足会计信息的客观性。但是在持续通货膨胀或者通货紧缩的情况下，币值稳定这一假设就受到极大的挑战和批评。但无论如何，货币计量仍然是会计核算的基本前提。

我国《企业会计准则》中规定，我国的记账本位币为人民币。业务收支以人民币以外的货币为主的企业，可以选定其中一种货币作为记账本位币，但是编报的财务会计报告应当折算为人民币。在境外设立的中国企业向国内报送的财务会计报告，应当折算为人民币。

第二节 会计确认与计量

一、会计确认与计量的基础

我国会计准则规定，企业应当以权责发生制为基础进行会计确认、计量和报告。

（一）权责发生制

权责发生制原则是指“企业的会计核算应当以权责发生制原则为基础。凡是当期已经实现的收入和已经发生或应当负担的费用，不论款项是否收付，都应当作为当期的收入和费用；凡是不属于当期的收入和费用，即使款项已在当期收付，也不应当作为当期的收入和费用”。

权责发生制是与收付实现制相对应的概念。权责发生制的核心是根据权责关系的实际发生和影响期间来确认收入和费用。按照权责发生制原则的要求，对于收入的确认以实现为原则，而不管款项是否已经收到；对于费用的确认，以已经发生或应当负担为原则，而不管款项是否已经支付。权责发生制产生了应收、应付等项目，同时也导致了利润的实现与营业现金流量不相吻合的现象。企业以权责发生制为基础而非收付实现制来进行收入与费用的核算，能够更加准确地反映企业特定会计期间真实的财务状况和经营成果。

需要强调的是，正是因为有了持续经营和会计分期两个基本前提，才有了“当期”的概念，这就为权责发生制奠定了理论基础。

（二）收付实现制

在收付实现制下，企业对于收入和费用的确认，完全是按照款项的实际收到或付出的日期为基础来确定其应当归属于哪个会计期间。因此，在现实生活中，如果现金的流入和流出与收入和费用的确认期间一致，那么权责发生制与收付实现制没有区别。但是，一旦两者发生的会计期间不一致，两个确认基础得到的结果就截然不同，例如企业在 12 月发生表 3-1 所示的经济业务，分别按照权责发生制和收付实现制确认收入和费用，其结果如表 3-1 所示。

表 3-1　　权责发生制与收付实现制的收入与费用　　单位：元

经济业务	权责发生制		收付实现制	
	收入	费用	收入	费用
（1）赊销商品，价款 30 000 元	30 000			
（2）以银行存款支付全年报刊费用 12 000 元		1 000		12 000
（3）预收购货款 50 000 元			50 000	
（4）预提本月银行借款利息 4 000 元		4 000		
（5）收到上月销售商品货款 60 000 元			60 000	
（6）发出商品一批，货款 20 000 元，已于上月预收	20 000			
（7）计提本月固定资产折旧 8 000 元		8 000		

从表 3-1 可以看出，在权责发生制和收付实现制下，收入和费用的确认是不一样的，因此计算出的利润也存在差异。所以会计准则必须确定确认与计量的理论基础。

回到我们在本章导言中看到的例子。按照权责发生制，租金费用应该在 2022 年 1 月至 12 月每月计入当期费用，而在 2021 年 12 月则没有费用，因为是获得了一项可以租住一年的权利，这个权利是一项资产，然后这个资产的效用在 2022 年 1 月至 12 月每月耗用 1/12，那么这个会计记录就会相对比较复杂，在付款的时候，记录一项资产，不付款的时候，要记录费用。按照收付实现制，付款的时点与确认费用的时点一致，会计记录就会比较简单，只要在 2021 年 12 月一次性记录这个业务就可以了。所以，从会计确认与计量的角度来说，权责发生制比收付实现制要复杂，但是，它更好地体现了权利与义务对等、费用与收入相配比的原则，有利于企业进行绩效考核、分清管理责任，同时也提供了更为真实可靠的会计信息。所以，企业会计确认与计量的基础是权责发生制。

二、会计确认与计量

会计确认，是将经济业务事项是否作为资产、负债等会计要素加以记录和列入报表的过程；会计计量，是用货币或其他度量单位计算各项经济业务事项和结果的过程。

不是所有的事项都能进入会计处理系统的。会计人员要对这些经济业务进行一定的筛选，选择适当的时间，以恰当的会计名目进行登记，这一程序称为“会计确认”。确定了要登记的会计要素项目，还要进一步解决是以什么金额进行登记的问题，这一步称为“会计计量”。所以，会计确认主要解决某项经济业务事项“是什么，是否应当在会计上反映”的问题；会计计量主要解决某项经济业务事项在会计上“反映多少”的问题。

在会计准则中，不管哪个会计要素，其确认标准都包括两个方面，一方面要符合会计要素的定义，另一方面要能够可靠的计量。因此，从这一点来说，会计确认包括会计计量，会计确认某个经济事项是否能够作为会计要素在会计报表中列示的时候，既要确定其文字项目，也要确定其金额。

三、会计计量属性

就企业而言，会计计量的核心内容主要是资产价值计量和利润计量（收益决定）。我国会计准则规定，企业在将符合确认条件的会计要素登记入账并列报于会计报表及其附注时，应当按照规定的会计计量属性进行计量，确定其金额。会计计量属性的选择必须符合会计信息质量特征要求，以确保会计目标的实现。

会计计量属性主要包括以下内容。

（一）历史成本

在历史成本计量下，资产按照购置时支付的现金或者现金等价物的金额，或者按照购置资产时所付出的对价的公允价值计量。负债按照因承担现时义务而实际收到的款项或者资产的金额，或者承担现时义务的合同金额，或者按照日常活动中为偿还负债预期需要支付的现金或者现金等价物的金额计量。

（二）重置成本

在重置成本计量下，资产按照现在购买相同或者相似资产所需支付的现金或者现金等价物的金额计量。负债按照现在偿付该项债务所需支付的现金或者现金等价物的金额计量。

（三）可变现净值

在可变现净值计量下，资产按照其正常对外销售所能收到现金或者现金等价物的金额扣减该资产至完工时估计将要发生的成本、估计的销售费用以及相关税费后的金额计量。

（四）现值

在现值计量下，资产按照预计从其持续使用和最终处置中所产生的未来净现金流入量的折现金额计量。负债按照预计期限内需要偿还的未来净现金流出量的折现金额计量。

（五）公允价值

在公允价值计量下，资产和负债按照市场参与者在计量日发生的有序交易中，出售资产所能收到或者转移负债所需支付的价格计量。

企业在对会计要素进行计量时，一般应当采用历史成本，而采用重置成本、可变现净值、现值、公允价值计量的，应当保证所确定的会计要素金额能够取得并可靠计量。

经济业务第一次进入会计处理系统被称为初始会计确认和会计计量，初始会计计量通常有代表经济业务发生的原始凭证作为支撑，因此，通常以经济业务发生时的金额予以计量，这就是我们常说的“历史成本”。进入会计处理系统后，还存在后续会计确认和会计计量的问题，这个时候的会计确认是指判定该项目是否还符合相关要素的界定，如果发现不符合，就要调整其账面记录。例如，如果发现应收客户 A 公司的货款因为 A 公司破产无法收回，这时这个应收账款就不再符合资产能够给企业带来经济利益的定义，那么就需要将该项应收账款从资产中调整出去，这就是我们日常生活中所说的坏账。后续会计计量是指按照合适的会计计量属性对该项目进行再次计量，按照项目对企业的价值以及相关性的要求，这时的会计计量属性的选择就可能不再是历史成本。例如，我们购买库存商品时，账面记录的是当时的采购成本；期末如果该库存商品还在仓库中，我们就要采用“成本与可变现净值孰低”的方法对存货进行重新计量。

合适的会计计量属性的选择是通过会计信息质量的主要特征来权衡的。从如实反映的特征角度来说，历史成本因为具有可验证性，在初始会计计量时其地位是不可替代的。但是，由于准则同时强调会计信息的相关性，后续会计计量的计量属性就多种多样，尤其是资产。同时，在后续会计计量属性的选择过程中，哪个是更相关的会计计量属性还与该资产对于企业的价值有关，例如，物质形态是房屋，如果其对企业的价值是出租取得收益，那么市场的公允价值就与该资产更相关；如果是企业的厂房，那么它的价值就是为企业生产产品服务，其更相关的价值应该是未来收益的折现值，但是由于这个价值的确定过程中致信息不可靠的因素非常多，会计准则仍然采用可靠性更强的历史成本进行计量。

第三节 会计等式

一、会计等式形式

会计等式是会计学的一个非常重要的平衡式，也是我们后续学习记账的基础。

基本的会计等式，也是静态的会计等式，表现为：

资产=负债+所有者权益　　等式（1）

同时还有两个动态会计等式，表现为：

资产=负债+所有者权益+收入−费用　　等式（2）

资产=负债+所有者权益+利润　　等式（3）

等式（1）的含义是在某一时点上，企业的资金占用（具体表现为各种资产）和其资金来源（从债权人那获得的负债+从所有者那获得的所有者权益）是一致的，这个等式一般出现在会计期初和会计期末结账以后。

等式（2）出现在企业正常运营的会计期间，此时会计账面上记录了平时发生的收入和与之相配比的费用。

等式（3）出现在收入和费用计算得出利润之后，账面结账之前，是根据“利润=收入−费用”这个计算公式得到。

在期末账面结账后，如前所述，企业实现的利润或亏损属于谁呢？答案是属于所有者，因此，确定利润或亏损的归属，是属于所有者权益的重要组成部分，通过结账流程之后，沿着“利润→留存收益→所有者权益”的路径转化，就恢复成了静态会计等式，也就是等式（1），如图 3-2 所示。三种等式的形态周而复始，循环往复。

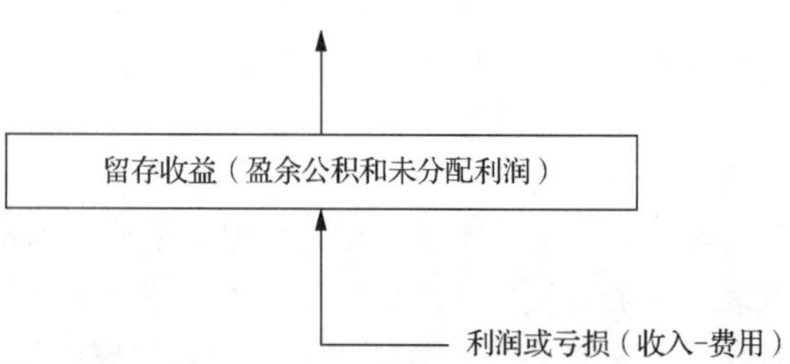

图 3-2　动态会计等式到静态会计等式的转化过程

二、会计等式的验证

我们如何验证会计等式的恒等关系呢？是通过分析经济业务对于会计等式的影响来进行的。

类似于数学中的数学归纳法，我们首先验证在企业从无到有时，也就是初始创建时，我们通常会说某投资人投入一种资产，投资人的出资方式就构成了企业的资金占用的形态，比较常见的有货币资金、固定资产、无形资产出资等，这些就是企业的资产；与之相对应，这些资产来自哪个投资人就是归属于这个投资人的所有者权益。

我们要验证企业发生的经营活动，也就是会计上所说的经济事项，不会影响会计等式的平衡。下面通过[例 3.1]～[例 3.3]进行说明。

[例 3.1] 小明的花店成立了，他共投入本金 110 000 元。我们以这个花店为会计主体，进行独立核算。

[例题解答]

花店成立时，拥有资产 110 000 元货币资金，这 110 000 元来源于小明这个所有者的投资，资产和所有者权益一一对应。此时的会计等式为：

资产	=	负债	+	所有者权益
现金 110 000 元		0		小明的投资 110 000 元
资产合计 110 000 元				负债和所有者权益合计 110 000 元

[例 3.2] 接[例 3.1]，小明买了门面，花了 100 000 元，买了一台电脑花了 5 000 元，进了一些花架，花了 1 500 元，批发了鲜花，花了 2 000 元，买了些包装纸和包装袋，花了 500 元。

[例题解答]

此时，我们看一下花店的情况，现金减少了 109 000 元，剩下 1 000 元，同时增加了门店 100 000 元，电脑 5 000 元，花架 1 500 元，包装纸等 500 元，鲜花 2 000 元。没有借款，没有新的投资，因此权益保持原状，仍然是小明的投资 110 000 元。会计等式为：

资产	=	负债	+	所有者权益
现金 1 000 元		0		小明的投资 110 000 元
门店 100 000 元				
电脑 5 000 元				
花架 1 500 元				
包装纸等 500 元				
鲜花 2 000 元				
资产合计 110 000 元				负债和所有者权益合计 110 000 元

我们可以看到，这些工作是企业运营所做的准备工作，在这个过程中，资产从单一的货币资金的形式，转换成了门店、花架、鲜花等资产，其中门店、电脑、花架等是为了持续经营花店而储备的，不用于销售，可以使用较长的时间，这就是我们以后会学习到的固定资产。而鲜花是为了销售而储备的，我们将其称之为存货（细分类别是库存商品）。这些储备的过程中仅仅是资产形式的变化，既不影响会计等式的平衡关系，也不影响企业的总资产，也就是企业规模。

[例 3.3] 接[例 3.1]和[例 3.2]，小明卖掉了所有的花，共获得现金 2 600 元。

[例题解答]

这个例题说明花店开始营业了。这个问题的分析就稍微复杂一些。我们先从资产形式的转换来看，花店的现金增加了 2 600 元，鲜花没有了，从账面上看它的成本是 2 000 元，因此，资产总额发生了变化，增加了 600 元。接下来，我们分析这增加的 600 元的来源是什么呢？来源于卖花。因为花的售价 2 600 元超过了买花付出的成本 2 000 元，这就是收入（2 600 元）减去费用（2 000 元），也就是会计上所说的利润（600 元）。最后，我们从权益的归属来看，企业赚取的利润属于谁呢？债权人还是所有者？答案是明显的，属于小明，也就是所有者权益中的留存收益增加了 600 元。因此，小明的所有者权益增加了 600 元。会计等式为：

资产	=	负债	+	所有者权益
现金 3 600 元		0		小明的投资 110 000 元+留存收益 600 元
门店 100 000 元				
电脑 5 000 元				
花架 1 500 元				
包装纸等 500 元				
资产合计 110 600 元				负债和所有者权益合计 110 600 元

从这个例子可以看出，企业因为实现了利润，导致了其资产总额的增加。

所以此时就有了收入和费用，也就有了利润，这一次的利润是 600 元，从而我们可以得到花店的财产状况如上面所示，这就是资产负债表的雏形，同时也可以得到简单的利润表，如下所示：

收入	2 600
费用	2 000
利润	600

如果这个花店就这样周而复始地经营下去，不借款，也不追加投资，那么就是[例 3.2]和[例 3.3]的循环往复。可以看到，上述的业务不会影响会计等式的平衡关系。

三、经济业务类型与会计等式

经济业务的分析是我们进行会计核算的起点，而经济业务分析的起点是对会计要素的认识和理解。所以经济业务、会计要素和会计等式是相关联的知识链。

经过数年的企业实践，我们发现在企业实务中，会计等式是始终成立的。我们对现实中的经济业务进行了总结，按照其对会计要素和会计等式的影响分为以下九种类型，如图 3-3 所示。

	资产	=	负债	+	所有者权益
（一）	+ −				
（二）			+ −		
（三）					+ −
（四）	+		+		
（五）	−		−		
（六）	+				+
（七）	−				−
（八）			+		−
（九）			−		+

图 3-3 经济业务类型与会计等式

（一）资产内部一增一减

这一类的经济业务很常见，例如，从银行提取现金，这个经济业务涉及的现金和银行存款都是资产，这个经济业务的发生使得资产要素里面的现金增加，资产要素里面的银行存款减少；再如，用银行存款购买原材料，这个经济业务涉及的原材料和银行存款都是资产，这个经济业务的发生使得资产要素里面的原材料增加，资产要素里面的银行存款减少。会计等式保持平衡。

（二）负债内部一增一减

这一类的经济业务相对较少，主要出现在以一种负债来偿还另一种负债的时候，例如，借新债还旧债，新债旧债都是负债，这个经济业务的发生使得负债要素里面的新债增加，负债要素里面的旧债减少。会计等式保持平衡。

（三）所有者权益内部一增一减

这一类的经济业务主要涉及所有者权益各个项目之间的互相转化，例如有些企业将资本公积转增实收资本，这会导致所有者权益要素里面的实收资本增加，所有者权益要素里面的资本公积减少。再如，企业宣布的利润分配方案是发放股权股利，每 10 股发行在外的普通股送 3 股普通股。分配利润会导致所有者权益中的留存收益减少，而股权股利会导致发行在外的股份数增加，也就是所有者权益中的股本（实收资本）增加。会计等式保持平衡。

（四）资产和负债同时增加

这是非常常见的经济业务，例如企业采购原材料，但是货款未付。这个经济业务涉及的原材料是资产，应付未付的材料款是一个负债，这个经济业务的发生使得资产要素里面的原材料增加，负债要素里面的应付账款增加。再如，企业借入短期借款，存入银行。这个经济业务同样涉及资产和负债，这个经济业务的发生使得资产要素里面的银行存款增加，负债要素里面的短期借款增加，会计等式保持平衡。

（五）资产和负债同时减少

这一类经济业务也非常常见。例如，用银行存款偿还以前欠的原材料供应商的货款，这个经济业务涉及的银行存款是资产，应付未付的材料款是一个负债，这个经济业务的发生使得资产要素里面的银行存款减少，负债要素里面的应付账款减少。再如，企业偿还短期借款。这个经济业务同样涉及资产和负债，这个经济业务的发生使得资产要素里面的银行存款减少，负债要素里面的短期借款减少，会计等式保持平衡。

（六）资产和所有者权益同时增加

这一类经济业务通常发生在两种情形下，一是在企业吸收投资者投入资本的时候，例如企业受到投资者投入企业的资本金 50 000 元（存入银行存款），涉及的银行存款是资产，投资者投入的资本金是所有者权益。这个经济业务的发生使得资产要素里面的银行存款增加，所有者权益要素里面的实收资本增加。二是企业实现了收入，例如销售产品，售价 80 000 元，货款尚未收到。我们还是在静态会计等式的状态下来看这个经济业务，它涉及的应收但是还未收到的货款是资产，收入在静态状态下归入所有者权益，这个经济业务的发生使得资产要素里面的应收账款增加，所有者权益要素里面的留存收益增加。会计等式保持平衡。

（七）资产和所有者权益同时减少

这一类经济也有两种情况，一是投资者减资，虽然按照规定这种情形较少，但是一旦发生，其对会计要素及会计等式的影响与接受投资情况相反，这个经济业务的发生使得资产要素里面的银行存款减少，所有者权益要素里面的实收资本减少。二是发生费用，同样从静态会计等式的角度，费用的发生导致利润减少，最终导致所有者权益中的留存收益减少。例如，企业支付了广告费 10 000 元，它涉及的银行存款是资产，广告费在静态状态下归入所有者权益，这个业务的发生使得资产要素里面的银行存款减少，所有者权益要素里面的留存收益减少。与第 6 种情况相比，这种类型的经济业务还多一种，就是企业宣告利润分配方案为分发现金股利，同时股利已经发放，利润分配会导致所有者权益中的留存收益减少，资产要素里面的银行存款减少，会计等式保持平衡。

（八）负债增加，所有者权益减少

这一类的经济业务发生频次较少，如企业宣告利润分配方案为分发现金股利，但是股利并没有同时发放，这时候利润分配依然会导致所有者权益中的留存收益减少，但是，股利因为尚未发放，应发而未发的股利就形成了企业的一项负债，所以负债要素中的应付股利增加。会计等式保持平衡。

（九）负债减少，所有者权益增加

这一类的经济业务发生频次比较少，例如，“债转股”这样一个经济业务就涉及负债和所有者权益，债权人将持有的对企业的债权转为对企业的投资，对企业而言，导致所有者权益要素中的实收资本增加，负债要素中的原有的负债减少。会计等式保持平衡。

由此，我们可以看到，不管是企业进行生产经营的储备、开展销售、发生费用、筹集资金还是分配利润，都不会影响会计等式的平衡关系。

[例 3.4] 甲公司 1 月初资产总额等于负债和所有者权益总额，为 77 万元，1 月发生如下经济业务：

（1）用银行存款购买原材料 10 万元；

（2）向供应商丙赊购原材料 18 万元，货款未付；

（3）偿还前欠供应商甲的货款 13 万元；

（4）收到客户乙偿还的应收销货款 16 万元；

（5）收到投资者 A 新投入的资金 30 万元，已到账。

问：（1）会计等式仍成立吗？

（2）甲公司 1 月末资产总额为多少？

[例题解答] 单位：万元

	资产	=	负债	+	所有者权益
月初资产总额	77	=		77	
（1）	+10−10				
（2）	+18		+18		
（3）	−13		−13		
（4）	+16−16				
（5）	+30				+30
月末资产总额	112	=		112	

会计等式依然成立，月末资产总额为 112 万元，比期初增加了 35 万元。

这里重点分析的是第（4）个经济业务。要注意应收款是一项债权，本身是一个资产；收回应收款，就是应收账款变成了银行存款。

第四节 会计科目及会计账户

一、会计科目和会计账户名称

如前面会计等式的分析，任何一笔经济业务的发生都会引起相关会计要素的增减变动。企业的经济活动错综复杂，而会计等式仅涉及六大会计要素，无法全面反映出各种不同类型的经济活动。例如，同样为资产和负债一增一减的业务，从银行提取现金与用银行存款购买设备，单从会计要素层面无法反映出它们之间的差别。为了能更为全面、系统、连续、综合地反映企业所有经济业务的实质，必须将会计要素具体化并进一步分类。

会计科目是对会计要素的具体内容进一步进行科学分类的项目。而会计账户除了对会计要素的内容进行科学的分类，并给每一类都赋予标准的名称（会计科目）以外，还具有一定的结构，以便完成经济业务的记录。这样进一步的分类以后，从银行提取现金与用银行存款购买设备两个经济业务，从会计科目和会计账户层面就有了差异。从银行存款提取现金涉及的是银行存款和库存现金两个科目（账户），而用银行存款购买设备涉及的是银行存款与固定资产这两个科目（账户）。

在会计核算中，会计科目发挥着重要的作用，它是设置账户的依据，也是编制记账凭证和会计报表的基础。企业常用的会计科目包括：库存现金、银行存款、交易性金融资产、应收账款、原材料、合同资产、库存商品、固定资产、无形资产、短期借款、应付账款、合同负债、应付职工薪酬、应交税费、长期借款、应付债券、实收资本（股本）、资本公积、盈余公积、其他综合收益、未分配利润、主营业务收入、主营业务成本、税金及附加、管理费用、财务费用、销售费用、资产减值损失、投资收益、资产处置损益、公允价值变动损益、营业外收入、营业外支出等。

会计科目与账户之间既有联系，又有区别。会计科目就是会计账户的名称，因此很多时候我们并不严格区分会计科目和会计账户的用语。而会计账户除了名称之外，还有一定的格式和结构；会计科目只能反映会计要素的具体内容，而会计账户还能反映经济业务所引起会计要素的增减变动及其结果。会计准则会对基本的会计科目名称、代码以及核算内容进行规定。需要说明的是，随着经济环境的变化，会计准则也处于不断地修订和完善的过程中，一些会计科目也会随之改变，例如，随着“营改增”的变化，原有的“营业税金及附加”这个费用科目名称改为了“税金及附加”，同时，其核算内容与原来相比也有了扩展。再如，2017 年新收入准则颁布后，企业的资产负债表就增加了“合同资产”和“合同负债”两个科目。我们现在看到的上市公司的年度报告的科目与 2006 年新准则刚刚实施时已经有了很大的不同，所以学习会计学一定要与时俱进，这也是对会计职业人员的素质要求。

在《企业会计准则——应用指南》（2006）的附录中，依据企业会计准则中确认和计量的规定制定了会计科目的名称、编号和每一会计科目的主要账务处理，如表 3-2 所示。

表 3-2　　会计科目表

顺序号	编号	会计科目名称	顺序号	编号	会计科目名称
		一、资产类	19	1461	融资租赁资产
1	1001	库存现金	20	1471	存货跌价准备
2	1002	银行存款	21	1501	持有至到期投资
3	1012	其他货币资金	22	1503	可供出售金融资产
4	1101	交易性金融资产	23	1511	长期股权投资
5	1121	应收票据	24	1512	长期股权投资减值准备
6	1122	应收账款	25	1531	长期应收款
7	1123	预付账款	26	1601	固定资产
8	1131	应收股利	27	1602	累计折旧
9	1132	应收利息	28	1603	固定资产减值准备
10	1221	其他应收款	29	1604	在建工程
11	1231	坏账准备	30	1605	工程物资
12	1401	材料采购	31	1606	固定资产清理
13	1402	在途物资	32	1701	无形资产
14	1403	原材料	33	1702	累计摊销
15	1404	材料成本差异	34	1703	无形资产减值准备
16	1405	库存商品	35	1711	商誉
17	1406	发出商品	36	1801	长期待摊费用
18	1411	周转材料	37	1811	递延所得税资产

续表

顺序号	编号	会计科目名称	顺序号	编号	会计科目名称
38	1901	待处理财产损溢	62	5101	制造费用
		二、负债类	63	5201	劳务成本
39	2001	短期借款	64	5301	研发支出
40	2201	应付票据	65	5401	工程施工
41	2202	应付账款	66	5402	工程结算
42	2203	预收账款			六、损益类
43	2211	应付职工薪酬	67	6001	主营业务收入
44	2221	应交税费	68	6011	利息收入
45	2231	应付利息	69	6021	手续费及佣金收入
46	2232	应付股利	70	6041	租赁收入
47	2241	其他应付款	71	6051	其他业务收入
48	2501	长期借款	72	6061	汇兑收益
49	2502	应付债券	73	6101	公允价值变动损益
50	2701	长期应付款	74	6111	投资收益
51	2801	预计负债	75	6301	营业外收入
52	2901	递延所得税负债	76	6401	主营业务成本
		三、共同类	77	6402	其他业务成本
53	3001	清算资金往来	78	6403	营业税金及附加
54	3101	衍生工具	79	6411	利息支出
		四、所有者权益类	80	6421	手续费及佣金支出
55	4001	实收资本	81	6601	销售费用
56	4002	资本公积	82	6602	管理费用
57	4101	盈余公积	83	6603	财务费用
58	4103	本年利润	84	6701	资产减值损失
59	4104	利润分配	85	6711	营业外支出
60	4201	库存股	86	6801	所得税费用
		五、成本类	87	6901	以前年度损益调整
61	5001	生产成本			

2017年财政部新修订和发布了一系列会计准则，会计科目相应调整如下：(1) 新修订的《企业会计准则第14号——收入》增加“合同资产”和“合同负债”科目等；(2) 新修订的《企业会计准则第16号——政府补助》新增“其他收益”项目；(3) 新修订的《企业会计准则第22号——金融工具确认和计量》中，“可供出售金融资产”债权投资部分改为“其他债权投资”，股权投资部分分别改为“交易性金融资产”(以公允价值计量变动计入当期损益的非交易性权益工具)和“其他权益工具投资”(指定以公允价值计量变动计入其他综合收益的非交易性权益工具)。“持有至到期投资”改为“债权投资”等；(4) 新发布的《企业会计准则第42号——持有待售的非流动资产、处置组和终止经营》增加“持有待售资产”“持有待售负债”“资产处置损益”等科目；(5) 由于营业税改为增值税，原有的“营业税金及附加”科目改为“税金及附加”科目。

二、会计账户结构及等式关系

设置会计账户的目的是记录经济业务，因此，必须按照经济业务对于会计要素的影响来设计会计账户结构。尽管经济业务种类繁多，但从其引起的会计要素的变化方向看，不外乎两种：

一是导致会计要素“增加”；二是导致会计要素“减少”。所以会计账户的结构首先就必须包含这两方面，也就是要能够记录“增加”和“减少”，为此，会计账户就设计为分左右两方，一方登记增加金额，另一方登记减少金额。其中，本期增加的金额称为本期增加发生额，本期减少的金额称为本期减少发生额，这两者合称为“本期发生额”，发生额是一个期间的概念，表示某个会计要素的变化，是对经济业务影响会计要素的如实记录。

会计账户增加方金额与减少方金额相抵后的差额称为余额。余额是一个存量的概念，它代表了在一定时点上的某个会计要素的金额状态。余额按其表示的时点不同，分为期初余额和期末余额，俗称为“原来有多少”和“现在有多少”。同时，余额也是一个连续的概念，本期的期末余额就是下一期的期初余额。因此，一个会计账户中就会出现四个金额，分别是：期初余额、期末余额、本期增加发生额和本期减少发生额四项。这四项金额的基本关系如下：

期末余额=期初余额+本期增加发生额−本期减少发生额

以原材料账户为例，假设期初余额为0元。1月10日购进5 000元，1月20日购进6 000元，1月25日生产使用9 000元。那么，本期增加两笔，一是5 000元，二是6 000元，合计增加11 000元；本期减少一笔9 000元。在1月31日时，余额=11 000−9 000=2 000元，也就是1月末库存材料的期末余额为2 000元。那么2月初的库存材料也就是2 000元，这就是期初余额。如此继续2月份的采购和出库，例如，采购6 000元，生产领用7 000元，此时，在计算2月份的期末余额的时候就有了期初余额2 000元，期末余额=2 000+6 000−7 000=1 000元，同样，2月份的期末余额1 000元在3月份就是期初余额。所以，在我们的记账体系中，每一期的期初余额是已知数，每一期的增加发生额和减少发生额是经济业务发生以后运用会计学的基本原理和记账方法确定并记录下来的，期末余额通常是运用账户四个金额之间的等式关系计算出来的。

至于在左右两方中，哪一方登记增加，哪一方登记减少，则取决于所采用的记账方法和所记录的经济业务的内容。会计账户基本样式如图3-4所示。

左方 会计账户的名称（会计科目）	右方
增加（或减少）	减少（或增加）

图3-4 会计账户基本样式

图3-4所表示的会计账户结构是会计账户结构的简化形式，一般多用于教学当中。由于它的形状像英文字母“T”，故在英语系国家被称为“T”字型账户。在我国，由于会计账户结构与中文文字“丁”字的形状相似，所以我国实务工作中有人称之为“丁”字型账户。

三、会计账户的分类

按照不同的标准，会计账户可以分为不同类别。

（一）总分类账户与明细分类账户

按照会计账户的层级，会计账户可以分为总分类账户（简称总账）和明细分类账户（简称明细账）。这是为了企业核算和各种财产物资管理的需要。以“原材料”为例，仅有总账是不够的，我们还需要知道各种类别的原材料分别是多少金额，这就产生了对于明细账的需求。

根据会计要素及其具体内容所设的基本账户，称为“总分类账户”或“一级账户”，简称为“总账”，如“库存现金”“原材料”“短期借款”“实收资本”等，总分类账户基本是按照科目表设置的，要符合会计准则的要求，同时决定了账户的性质和记账的方向。

按企业经营管理的要求对某一总分类账户的内容进行细分所设立的账户，称为“明细分类账户”，简称为“明细账”，如对“原材料”账户按照具体材料的种类设置的“原材料——甲材料”，按照债务人设置的“应收账款——应收A公司账款”等。明细分类账户是企业自行设置的，通常符合企业自身核算和管理的需求，因此相对比较灵活多样，可以根据具体情况设置多层明细，各级明细之间用“——”连接，如“股本——普通股（B投资者）”等。

总分类账是所属明细分类账的总括，对所属明细分类账起统驭作用；而明细分类账则是总分类账的明细记录，对总分类账起补充说明作用。它们所反映的对象和登记的依据是相同的，因此提供的核算资料是相互补充、相互制约的。会计人员便可根据总分类账和明细分类账有关数字之间的相等关系来核对总分类账及明细分类账的数据是否正确、完整，以及时纠正登记时可能发生的错误，保持账账相符。

（二）会计要素与会计账户

按照会计账户的会计要素性质，也就是其属于会计要素的哪一类别，我们将会计账户分为资产类、负债类、所有者权益类、收入类、费用类、成本类等。资产类账户包括库存现金、银行存款、交易性金融资产、应收账款、原材料、库存商品、固定资产、无形资产等，负债类账户包括短期借款、应付账款、应付职工薪酬、应交税费、长期借款、应付债券等，所有者权益类账户包括实收资本（股本）、资本公积、盈余公积、其他综合收益、未分配利润等，收入类账户包括主营业务收入等，费用类账户包括主营业务成本、税金及附加、管理费用、财务费用、销售费用、资产减值损失、投资收益、资产处置损益、公允价值变动损益等，成本类账户包括生产成本、制造费用等。

（三）实账户与虚账户

按照会计账户在期末结账后是否有余额将账户分为实账户与虚账户，其中，实账户是有期末余额的，而虚账户在结账后余额为零。资产类账户、负债类账户、所有者权益类账户和成本类账户是实账户。收入类账户、费用类账户是虚账户，虚账户的设置与会计分期有着密切的关系，是为了确定每一期的损益而设计的，会计科目表中将其合称为损益类账户，它们在会计期间的时候有发生额，也可以计算出余额，但是，在年度结账后，它们的余额要全部结转到有关利润计算的账户中去，通过结账流程，最终转化为所有者权益中的“未分配利润”的一部分，下一期再从零开始记录。

第五节 借贷记账法

一、记账方法

会计账户是专门用来记录经济业务的工具，而在会计账户中应如何记录经济业务，则取决于记账方法。记账方法是指在会计账户中记录经济业务的方式、方法。在会计学的发展历程中，记账方法总体上经历了从简单到复杂、从单式到复式、从不完善到完善和科学的发展过程。记账方法按照历史发展可以分为单式记账法和复式记账法。

单式记账法是指对发生的经济业务一般只在一个账户中进行单方面记录的一种记账方法，主要记录重要的财产物资的变化情况，例如货币资金。在单式记账法下，企业销售获得收入并取得银行存款，则只记录“银行存款”的增加，而不对因为什么原因增加（也就是导致“银行存款”增加的来源是实现了销售收入）同时进行记录。因此，在单式记账法下，账户之间不能形成互相对应的关系，要核实账簿记录的正确性，通常只能通过账实核对的方式进行。

复式记账法是指对每一项经济业务，都以相等的金额，同时在相互对应的两个或两个以上的账户中进行记录的记账方法。例如前述的销售获得收入并取得银行存款，一方面要记录“银行存款”的增加，另一方面也要对增加的原因（也就是导致“银行存款”增加的来源）同时进行记录，这个往往是“主营业务收入”。通过账户之间的这种对应关系，全面、清晰地反映经济业务的来龙去脉，从而能够了解经济业务的具体内容。同时，由于经济业务发生后，复式记账法是以相等的金额在有关账户中进行记录的，所以便于用试算平衡的原理来检查账户记录的正确性。

二、借贷记账法基本原理

借贷记账法是以“借”和“贷”作为记账符号，以“有借必有贷，借贷必相等”作为记账规则，以“资产=负债+所有者权益”为平衡式的复式记账方法。它产生于12～13世纪资本主义开始萌芽的意大利。1494年，意大利人卢卡•帕乔利在其《算术、几何、比及比例概要》（也称《算术大全》）一书中第一次系统阐述了借贷记账法。这种记账方法20世纪初传入我国，是目前世界各国通用的一种记账方法。

借贷记账法是以“借”（debit，简写为Dr）、“贷”（credit，简写为Cr）作为记账符号。“借”“贷”两字最初是从借贷资本家的角度来解释的，即用来表示债权（应收款）和债务（应付款）的增减变动。借贷资本家把放出的款项称为“借”，表示“人欠”，把吸收的款项称为“贷”，表示“欠人”。随着社会经济的发展，经济业务的内容日趋复杂，“借”“贷”也就逐渐失去了其原有的含义，成为纯粹的记账符号，其意义随账户的性质而异。

三、借贷记账法与会计账户结构

如前所述，每一个会计账户都有左、右两方。但究竟用哪一方来登记金额的增加，哪一方登记金额的减少，期初或期末余额又在哪一方，则和记账方法有关。

（一）会计账户的基本结构

在借贷记账法下，会计账户的基本结构是左方为借方，右方为贷方。

（二）会计账户的分类

借贷记账法下，不管是总分类账账户还是明细分类账户，都要按照会计要素的类别，分为“资产类”“负债类”“所有者权益类”“收入类（广义）”“成本费用类（广义）”五大类别。

（三）会计账户的登记规则

将借贷记账法和前面所说的会计账户结构相结合，就形成了借贷记账法下的分类别的会计账户发生额的登记规则和余额方向，如表3-3所示。

（1）资产类账户，借方登记增加发生额，贷方登记减少发生额，余额在借方；

（2）负债类账户，借方登记减少发生额，贷方登记增加发生额，余额在贷方；

（3）所有者权益类账户，借方登记减少发生额，贷方登记增加发生额，余额在贷方；

（4）收入类账户，借方登记减少发生额，贷方登记增加发生额，期末结账后无余额；

（5）费用类账户，借方登记增加发生额，贷方登记减少发生额，期末结账后无余额；

（6）成本类账户，借方登记增加发生额，贷方登记减少发生额，余额在借方。

表3-3 各类账户的结构

账户类别	借方	贷方	余额
资产类账户	增加	减少	借方
负债、所有者权益类账户	减少	增加	贷方
收入类账户	减少	增加	期间在贷方，期末结账后无余额
费用类账户	增加	减少	期间在借方，期末结账后无余额
成本类账户	增加	减少	借方

（四）会计账户金额之间的关系

资产类、成本类账户：

期末借方余额=期初借方余额+本期借方发生额-本期贷方发生额

负债类、所有者权益类账户：

期末贷方余额=期初贷方余额+本期贷方发生额-本期借方发生额

收入类账户会计期间的金额计算同负债类和所有者权益总账户的金额计算，费用类账户的金额计算同资产类账户的金额的计算，结账后期末无余额。

四、会计分录及借贷记账法例示

会计分录是指针对每项经济交易与事项确定其应当登记的会计账户名称、借贷方向及其金额的书面记录。其基本样式为：

借：会计账户名称　　金额

　　贷：会计账户名称　　金额

运用借贷记账法编制会计分录时，基本记账步骤如下：

第一，分析经济业务，确定其对会计要素的影响，进一步明确经济业务发生后受影响会计账户的名称和类别，以及这些会计账户的变动方向是增加还是减少；

第二，根据会计账户的性质，结合变化的方向，确定应记入会计账户的借方还是贷方；

第三，确定相应的金额。

[例 3.5] 根据[例 3.4]做出会计分录。

[例题解答]

（1）借：原材料　　100 000

　　　　贷：银行存款　　100 000

（2）借：原材料　　180 000

　　　　贷：应付账款　　180 000

（3）借：应付账款　　130 000

　　　　贷：银行存款　　130 000

（4）借：银行存款　　160 000

　　　　贷：应收账款　　160 000

（5）借：银行存款　　300 000

　　　　贷：实收资本　　300 000

[例 3.6] 接[例 3.5]，假设期初银行存款的余额是 50 万元，要求登记“银行存款”账户，并计算其发生额合计和期末余额。

[例题解答]

银行存款开设 T 型账户并登记如下：

银行存款

期初余额	500 000		
（4）	160 000	（1）	100 000
（5）	300 000	（3）	130 000
发生额合计	460 000	发生额合计	230 000
期末余额	730 000		

同样，根据借贷记账法的基本原理和步骤，我们也可以倒推经济业务，也就是基于会计分录，经过分析，判断出企业发生了什么经济业务。这对于管理者来说，是尤其重要的。我们来看一下例子。

[例 3.7] 企业会计分录如下：

（1）借：银行存款	10 000	
贷：库存现金		10 000
（2）借：银行存款	30 000	
贷：应收账款		30 000
（3）借：固定资产	200 000	
贷：实收资本		200 000
（4）借：银行存款	100 000	
贷：短期借款		100 000
（5）借：管理费用——办公费	5 000	
贷：银行存款		5 000

要求：据此倒推出企业发生的经济业务。

[例题解答]

（1）将现金 10 000 元存入银行。

（2）收回应收款 30 000 元。

（3）收到投资者投入的固定资产 200 000 元。

（4）向银行借入短期借款 100 000 元。

（5）以银行存款支付办公费 5 000 元。

五、试算平衡

借贷记账法由于其独特的记账原理的设计，自身存在内在的平衡关系，可以帮助我们检查记账过程中出现的不平衡错误，这在手工记账的情况下尤为有效。试算平衡分为余额试算平衡和发生额试算平衡两种。

（一）余额试算平衡

所有账户借方余额合计数=所有账户贷方余额合计数，依据的原理是会计等式。

根据会计等式“资产=负债+所有者权益”的平衡关系可知，期末所有资产类账户余额的总和与所有权益（负债和所有者权益）类账户余额的总和必定相等。而在借贷记账法下，所有资产类账户的余额在借方，所有权益类（负债和所有者权益）账户的余额在贷方，因此，全部账户的借方余额合计数必等于全部账户贷方余额合计数。

（二）发生额试算平衡

所有账户借方发生额合计数=所有账户贷方发生额合计数，依据的原理是记账规则。

在借贷记账法下，根据其记账规则，每一笔经济业务必须是“有借必有贷，借贷必相等”。也就是说，每项经济业务发生后，相关会计账户的借方与贷方（发生额）都被同时、等量地予以记录，因此，将一定时期内全部经济业务登记入账后，所有会计账户的本期借方发生额合计数与所有账户的本期贷方发生额合计数必相等。

余额试算平衡和发生额试算平衡都是通过编制试算平衡表来进行的。试算平衡表的格式有两种：一是根据各个账户的本期发生额编制的“总分类账户本期发生额试算平衡表”；二是根据各个账户的期末余额进行编制的“总分类账户期末余额试算平衡表”。在会计实务中，也可将两表合一，通过编制“总分类账户本期发生额及余额试算平衡表”进行试算平衡。

需要说明的有两点，第一，试算平衡只是通过借贷金额是否平衡来检查会计账户记录是否正确。如果试算不平衡，也就是借贷不相等，则会计账户的记录或计算肯定有错，应查明原因并予以更正。如果试算平衡，则可能存在两种情况：一是会计账户记录正确；二是会计账户记录有错，但借贷两方的金额相等。出现这种不影响借贷平衡关系的错误有重记、漏记、记账方向相反、记错账户但方向正确等情况。第二，在目前信息化环境下，计算错误出现的概率几乎为零，因此，仅靠试算平衡来检查会计记录的错误的方法具有局限性，它必须和其他的内在勾稽关系互相对照才能够发挥查错的功能。

[例 3.8] 甲公司 1 月初的各账户余额如下：银行存款 50 万元，应收账款 16 万元，应付账款 13 万元，原材料 7 万元，短期借款 20 万元，实收资本 40 万元。

1 月份发生经济业务如下：

（1）用银行存款购买原材料 10 万元；

（2）向供应商丙赊购原材料 18 万元，货款未付；

（3）偿还前欠供应商甲的货款 13 万元；

（4）收到客户乙偿还的应收销货款 16 万元；

（5）收到投资者 A 新投入的资金 30 万元，已到账。

要求：（1）做出会计分录；（2）开设 T 型账户，将会计分录登记入账，计算各个会计账户的本期发生额合计和期末余额；（3）进行试算平衡；（4）编制期初和期末资产负债表。

[例题解答]

（1）会计分录如下。

借：原材料　　100 000
　　贷：银行存款　　100 000

借：原材料　　180 000
　　贷：应付账款　　180 000

借：应付账款　　130 000
　　贷：银行存款　　130 000

借：银行存款　　160 000
　　贷：应收账款　　160 000

借：银行存款　　300 000
　　贷：实收资本——A　　300 000

（2）登记 T 型账户并计算本期发生额合计和期末余额如下。

银行存款

期初余额	500 000		
（4）	160 000	（1）	100 000
（5）	300 000	（3）	130 000
发生额合计	460 000	发生额合计	230 000
期末余额	730 000		

应收账款

期初余额	160 000		
		（4）	160 000
		发生额合计	160 000
期末余额	0		

原材料

期初余额	70 000		
（1）	100 000		
（2）	180 000		
发生额合计	280 000		
期末余额	350 000		

应付账款

		期初余额	130 000
（3）	130 000	（2）	180 000
发生额合计	130 000	发生额合计	180 000
		期末余额	180 000

短期借款

	期初余额	200 000
	发生额合计	0
	期末余额	200 000

实收资本

	期初余额	400 000
	（5）	300 000
	发生额合计	300 000
	期末余额	700 000

（3）试算平衡，如表 3-4 所示。

表 3-4　　试算平衡表　　单位：元

账户名称	期初余额		本期发生额		期末余额	
	借方	贷方	借方	贷方	借方	贷方
库存现金						
银行存款	500 000		460 000	230 000	730 000	
应收账款	160 000		0	160 000	0	
原材料	70 000		280 000	0	350 000	
固定资产						
短期借款		200 000	0	0		200 000
应付账款		130 000	130 000	180 000		180 000
长期借款						
实收资本		400 000	0	300 000		700 000
合计	730 000	730 000	870 000	870 000	1 080 000	1 080 000

（4）期初和期末资产负债表如表 3-5 所示。

表 3-5　　甲公司资产负债表（1 月 31 日）　　单位：元

资产	期末余额	期初余额	负债和所有者权益	期末余额	期初余额
流动资产：			流动负债：		
货币资金	730 000	500 000	短期借款	200 000	200 000
交易性金融资产			交易性金融负债		
应收票据			应付票据		
应收账款	0	160 000	应付账款	180 000	130 000
预付账款			合同负债		
其他应收款			应付职工薪酬		
存货	350 000	70 000	应交税费		
其中：原材料	350 000	70 000	其他应付款		
其他流动资产			其他流动负债		
一年内到期的非流动资产			一年内到期的非流动负债		
流动资产合计	1 080 000	730 000	流动负债合计	380 000	330 000
非流动资产：			非流动负债：		
长期应收款			长期借款		
长期股权投资			应付债券		
固定资产			长期应付款		
在建工程			递延所得税负债		
无形资产			非流动负债合计	0	0

续表

资产	期末余额	期初余额	负债和所有者权益	期末余额	期初余额
长期待摊费用			负债合计	380 000	330 000
递延所得税资产			所有者权益：		
其他非流动资产			实收资本	700 000	400 000
非流动资产合计	0	0	资本公积		
			盈余公积		
			未分配利润		
			所有者权益合计	700 000	400 000
资产总计	1 080 000	730 000	负债和所有者权益总计	1 080 000	730 000

[例3.8]给我们展示了一个简单的资产负债表的生成过程，让我们看到甲公司1月初的财产状况经过了发生的5个经济业务之后，通过分析经济业务、运用借贷记账法编制会计分录、登记会计账户，并期末分类汇总后，变成了1月31日的状况，形成了1月31日的资产负债表。如果甲公司有收入、费用等经济事项的发生，我们的记录和报告的流程也是一样的，不过那时就会有利润表，以及结账将利润转化为所有者权益的过程，所以这部分知识我们将在学习完利润科目之后再进行讲解，因此，本章节仅以资产负债表为例。

管理延伸

通过学习经济业务对于会计等式的影响，总结企业扩大资产规模的路径有哪些？各自利弊是什么？

关键词

会计核算的基本前提；会计确认与计量；权责发生制；会计等式；会计账户；借贷记账法

思考题

1. 举例说明会计主体的概念以及它与法律主体的关系。
2. 会计科目的作用是什么？主要有哪几类会计科目？
3. 简述账户的作用与结构。
4. 简述借贷记账法下账户结构。
5. 比较收付实现制与权责发生制的异同。

自测题

一、单项选择题

1. 对会计核算所处的时间、空间环境所作的合理设定是（　　）。

A. 会计目标　　B. 会计核算的基本前提

C. 会计要素　　D. 会计原则

2. 会计核算上所采用的一系列会计处理方法都是建立在（　　）前提的基础上。

A. 会计方法　　B. 持续经营　　C. 会计分期　　D. 货币计量

3. 导致权责发生制产生等会计处理方法的运用的基本前提或原则是（　　）。

A. 谨慎性原则　　B. 历史成本原则　　C. 会计分期　　D. 货币计量

4. 企业月初总资产 300 万元，当月企业的负债增加 20 万元，所有者权益增加 30 万元，则月末企业总资产为（　　）万元。

A. 310　　B. 290　　C. 350　　D. 250

二、多项选择题

1. 下列组织可以作为一个会计主体，进行会计核算的有（　　）。

A. 企业生产车间　　B. 销售部门

C. 分公司　　D. 母公司及其子公司组成的企业集团

2. 会计核算的基本前提包括（　　）。

A. 会计主体　　B. 持续经营　　C. 会计分期　　D. 货币计量

3. 资产的计量属性有（　　）。

A. 历史成本　　B. 重置成本　　C. 现值

D. 可变现价值　　E. 公允价值

三、判断题

1. 经济业务的发生不会影响会计等式的平衡。（　　）

2. 法律主体必定是会计主体，会计主体也必定是法律主体。（　　）

3. 所有账户的期末余额都等于“期初余额+本期增加发生额-本期减少发生额”。（　　）

4. 企业改变现行的会计处理方法一定违背可比性原则。（　　）

5. 试算平衡成立意味着记账没有错误。（　　）

四、简答题

1. 分析以下经济业务对会计等式的影响。

（1）向银行借入短期借款 64 000 元存入银行存款户。

（2）从银行提取现金 2 000 元。

（3）以银行存款 2 400 元偿还应付账款。

（4）投资者投入全新设备一台，价值 20 000 元。

（5）以银行存款 4 000 元购入材料。

（6）购入材料一批，计价 2 800 元，材料已入库货款未付。

（7）向银行借入短期借款 8 000 元，直接偿还前欠银行的长期借款。

（8）收到客户前欠货款 3 000 元，存入银行。

2. 将简答题的第 1 题中的经济业务做出会计分录。

3. 假设简答题的第 1 题中的银行存款期初余额为 100 000 元，应付账款的期初余额为 5 000 元，计算银行存款和应付账款的期末余额。

五、综合练习

1. 企业规模大小是我们尤其是债权人评价企业的重要指标，这个规模我们通常用企业的总资产来表示。在学习了会计等式和经济业务的关系后，思考什么样的业务会导致企业资产规模发生变化？为了扩大企业经营规模，企业可以有哪些路径？

2. 鸿运公司 4 月发生以下经济业务：

（1）4 月 2 日，从银行提取现金 2 000 元，以备零用。

（2）4 月 5 日，投资人投入资金 50 000 元，存入银行。

（3）4 月 10 日，以银行存款 2 000 元，缴纳应交税金。

（4）4 月 12 日，购买材料一批 5 000 元，已入库，料款暂欠。

（5）4 月 15 日，以银行存款偿还前欠料款 6 000 元。

（6）4 月 18 日，收到购货单位偿付的前欠货款 5 000 元，存入银行。

（7）4 月 21 日，从银行取得借款 20 000 元，存入银行。

（8）4 月 26 日，以银行存款 10 000 元购买设备一台。

（9）4 月 28 日，采购员预借差旅费 1 000 元，以现金付讫。

（10）4 月 30 日，将资本公积 4 000 元转增实收资本。

要求：

（1）做出该公司的会计分录；

（2）开设 T 型账户并登账。

第四章

会计循环

引言

费用报销是企业常见的事情，很多人与财务人员打交道都是从报销开始的。有过财务处报销经验的同学会发现，每到月底的时候，尤其是年底，财务处是最忙的，财务处甚至会停止一段时间的报销工作。那么，月底或者年底，也就是我们会计术语中的会计期末，财务人员在忙什么呢？本章将介绍会计处理流程，解释这个现象。

学习目标

1. 熟悉会计循环；
2. 掌握试算平衡；
3. 掌握调整与结账；
4. 熟悉会计凭证、会计账簿；
5. 了解对账和结账基本流程；
6. 了解会计信息化流程及未来发展趋势。

第一节 会计循环概述

一、会计循环的步骤

所谓会计循环，是指企业在一个会计期间所需要经历的会计工作环节，一般包括编审凭证、编制会计分录、记账、试算、调整、核对、结账和编制财务报表等一系列程序。由于这些程序和方法在每一会计期间循环往复、周而复始，故称之为会计循环。

总体而言，我们的会计循环分为以下步骤。

（1）审核或编制原始凭证。会计人员需首先取得、编制并审核原始凭证，以证明经济事项的发生，这是会计循环的起点。

（2）编制会计分录（或记账凭证）。根据审核的原始凭证对经济业务进行分析，按照借贷记账法确定应借和应贷账户及金额，并将结果填入记账凭证（编制分录）。这一步骤要求会计人员运用会计概念知识进行专业判断。

（3）登记会计账户（或会计账簿）。记账也称过账，是将根据记账凭证填制的会计分录登记到总分类账户和明细分类账户的过程。这是较为机械的一步。

（4）试算平衡[①]。对分类账各账户借方、贷方余额或发生额汇总列表，以验证会计分录或者过账是否准确。事实上，试算平衡分为两步，一是调整前试算平衡，发生在期末调整会计分录之前；二是调整后试算平衡，发生在期末调整会计分录之后，两者的原理和作用相同。本章将

① 广义来说，试算平衡也是属于对账中的账账核对的一种形式，是利用会计分录中的对应账户之间的关系进行的。因此，也可以将其纳入步骤（6）。

对此进行学习。

（5）编制调整会计分录并登账。在会计期末，根据权责发生制，对调整事项进行调整。它们同其他事项一样，也需要编制会计分录并过账。调整会计分录是财务会计学习的难点，我们现在接触不多，将在学习具体会计要素核算的时候深入讲解。

（6）核对账目。为了保证会计记录的正确性，通常在会计期末还要进行对账工作，主要包括账账核对、账证核对和账实核对，具体内容将在本章后续章节学习。

（7）结账并登账。会计期末，需结清收入、费用类虚账户，并将利润或亏损结转至所有者权益。这个流程是一个固定的步骤，是为了定期计算利润而设置的，同时也是动态会计等式转化为静态会计等式的关键步骤，我们将在学习完利润及其分配后深入讲解。

（8）编制会计报表。根据结账结果，分类汇总并按一定的格式要求编制资产负债表、利润表、现金流量表等报表，以反映企业的财务状况、经营成果和现金流量等。我们将在本书最后用案例形式展示。

在整个会计循环中，从经济业务到会计分录的过程是一个需要职业判断和专业知识的环节，尤其是后续将要学习的调整会计分录的编制原理和方法相对于前面所学的原理来说有一定差异和难度，所以学习编制会计分录我们学习财务会计的核心内容。

理论上是直接根据记账凭证登记会计账簿的，但是在实务中，由于经济业务繁多，企业会在登记明细分类账的时候根据记账凭证登记，而在登记总账的时候，可能会根据代表了当期各个账户发生额合计的科目汇总表、汇总记账凭证等来登记，而不是直接根据记账凭证登记。因此，在会计实务中，按照登记总账的依据不同，可以分为记账凭证账务处理程序、汇总记账凭证账务处理程序、科目汇总表账务处理程序等。企业在实务中根据采用的账务处理程序，可以在其总账账页中查看登记总账的凭证种类，以区分是记账凭证还是汇总记账凭证或者是科目汇总表。

上述的流程中，从步骤（4）试算平衡开始，一直到编制财务报表，都是在期末完成的，也就是要在期末将该会计期间的所有经济事项都入账之后才能进行上述流程，看到这里，我们就可以理解为什么财务人员在会计期末会比较忙碌了。

二、书面的会计循环

因为实务中所涉及的一些簿记资料格式比较繁杂，为简化起见，书面的环节截取了实务中代表经济业务和会计处理的核心部分，这就是我们前面所学的会计分录和 T 型账户，书面的会计循环如图 4-1 所示。

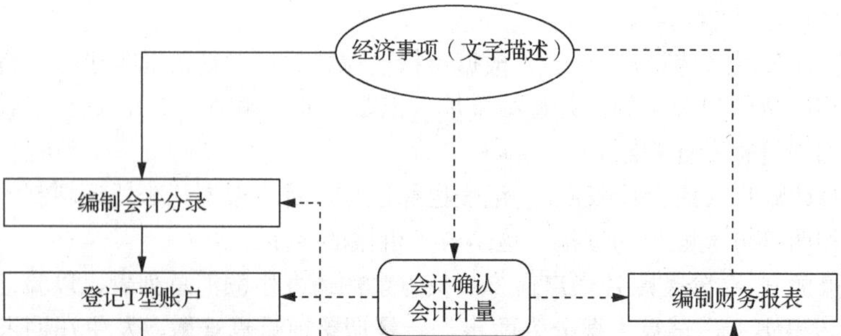

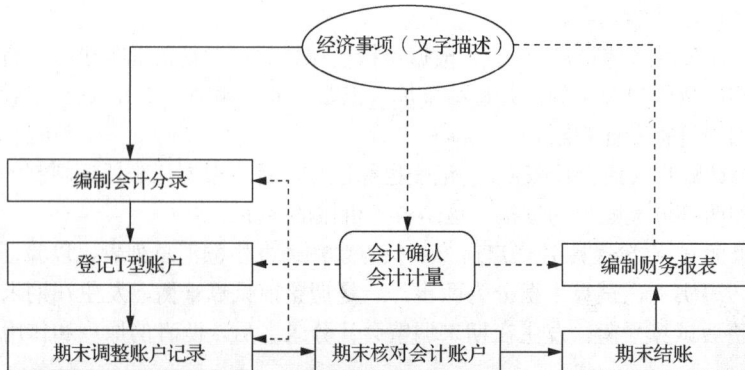

图 4-1　书面的会计循环

所有的会计循环都始于经济事项，书面的经济事项是我们用文字描述出来的，实际上是对会计实务中的原始凭证记载的经济业务的概述，也称摘要。我们通过对经济事项的分析，根据借贷记账法编制会计分录，然后登记到各个相关的 T 型账户中，期末进行账项调整、对账、结账后，根据各个会计账户的本期发生额和期末余额，编制会计报表。这就是书面的会计循环。

三、实务的会计循环

实务的会计循环与书面的会计循环的不同主要体现在三个环节，第一是经济事项，实务中的经济事项不是直接用文字表示的，而是记载在一定的单据上的，这种记录经济业务的单据我们称之为原始凭证；第二是会计分录，实务中会计分录不是像我们书面上这样写出借什么、贷什么，而是记载在一定格式要求的记账凭证上面，其记录的内容的核心抽取出来是会计分录，但是记账凭证本身内容丰富，是衔接经济事项和会计账簿记录的重要桥梁；第三是 T 型账户，实务中是会计账簿，由于账簿种类不同，其内在的账页格式也存在差异，记录的内容也不仅仅是增加和减少的金额。

实务的会计循环如图 4-2 所示。

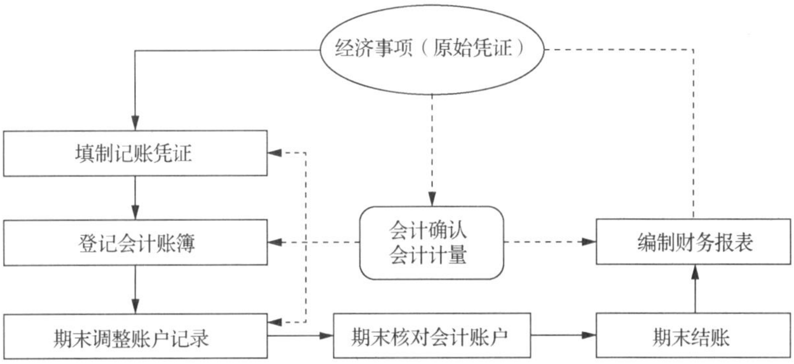

图 4-2　实务的会计循环

需要说明的是，尽管图 4-1 和图 4-2 中从期末调整账户记录开始没有写明差异，但是，实务中，不管是期末调整，还是核对会计账户以及期末结账，都有编制会计分录的过程，也就必然有登账的过程，也就意味着从“经济事项→会计记录→登账”的差异仍然是存在的。为突出会计循环的主线，图中省略了这些差异。下面几节将分别学习实务中的会计凭证、会计账簿以及对账、结账的基本流程。

四、信息化环境下的会计循环

（一）系统构成

会计信息化系统是以计算机为主要信息处理手段的人机系统，由会计人员、计算机硬件、计算机软件以及系统运行规范等要素组成。会计信息化系统和手工系统一样，它们遵守相同的会计理论与会计处理方法，遵循相同的会计准则规范，为会计信息使用者提供有助于经济决策的财务会计信息。因此，会计人员都要对会计信息进行收集、记录、加工处理、保存、传输和输出，其基本的流程环节与手工记账下的是一样的。只是会计循环中那些不涉及专业判断、较机械的步骤可由计算机来进行处理。通过向该系统输入会计凭证上的数据（部分会计凭证也可以设置为系统自动生成），由计算机自动完成总分类账、明细分类账的记录和财务报表的编制，并提供数据的查询、更新、存储等功能。

会计信息化系统通常是通过几个相互关联的软件程序组成，每一程序就是一个模块，一般包括账务处理系统（又称核心子系统）和专业核算子系统（又称外围子系统）两个部分。其中账务处理系统一般包括系统一般管理、凭证管理、出纳管理、账簿管理、报表管理五个子系统模块；专业核算子系统一般则由工资管理、固定资产管理、成本管理、采购管理、销售管理等模块构成。

会计信息化系统由于使用计算机作为信息处理的工具，在计算能力和存储空间上都远远优于人工系统，因此，会计人员运用会计信息化系统可以克服原来手工做账下因为信息处理成本过高带来的很多局限，例如，在计算机环境下，对账尤其是账账核对变得更为快捷，资产负债表、利润表甚至现金流量表都可以自动生成，试算平衡的重要性相对于手工环境有所下降；同时，会计信息化系统也是企业 ERP 系统的有机组成部分，其不仅可以直接从业务系统中获得原始数据，也可以将会计信息化系统生成的信息及时传输反馈给业务系统，从而实现数据的共享和优化；此外，企业可以根据自身管理的需求，在会计信息化系统中增设管理层级数据的收集和记录，从而更好地将会计融于管理之中，为企业创造新的价值。

在利用计算机和互联网技术上，我国很多大型企业都建立了财务共享中心，集中处理企业的经济业务的核算工作，大大降低了企业会计核算的人工成本。同时，会计信息化发展的新阶段体现在人工智能进入会计领域，这一变化对提高会计业务工作的效率、减少工作失误、防控企业风险、提升会计人员效能等方面将起到重要作用。

（二）我国会计信息化发展展望

财政部 2021 年 12 月 31 日发布的《会计信息化发展规划（2021—2025 年）》指出，要“加快建立会计数据标准体系，推动会计数据治理能力建设。统筹规划、制定和实施覆盖会计信息系统输入、处理和输出等环节的会计数据标准，为会计数字化转型奠定基础。”

我国会计信息化未来发展具体分为三个方面：（1）在输入环节，加快制定、试点和推广电子凭证会计数据标准，统筹解决电子票据接收、入账和归档全流程的自动化、无纸化问题。到“十四五”时期末，实现电子凭证会计数据标准对主要电子票据类型的有效覆盖；（2）在处理环节，探索制定财务会计软件底层会计数据标准，规范会计核算系统的业务规则和技术标准，并在一定范围内进行试点，满足各单位对会计信息标准化的需求，提升相关监管部门获取会计数据生产系统底层数据的能力；（3）在输出环节，推广实施企业财务报表会计数据标准，推动企业向不同监管部门报送的各种报表中的会计数据口径尽可能实现统一，降低编制及报送成本、提高报表信息质量，增强会计数据共享水平，提升监管效能。

规划同时明确提出了“十四五”时期会计信息化发展指标，其中“应用电子凭证会计数据标准的原始凭证类型占所有原始凭证类型的比例达到 50%；应用电子凭证会计数据标准的单位数量占非手工会计核算单位数量的比例达到 50%；数字化银行函证数量占所有银行函证数量的比例达到 60%；纳入审计报告防伪系统的审计报告数量占所有审计报告数量的比例达到 100%”。

（三）信息化对会计学学习的挑战

信息化环境下，只需根据会计准则将经济业务以会计分录形式反映出来的、简单的、重复性的数据收集与处理的工作将会逐渐被机器所替代。作为一个学习会计学的学生，首先要明确理解所编制的会计分录是如何影响最终会计报表的，只有在充分了解会计处理全过程的基础上，才能预知最初的输入最终会产生怎样的结果。其次，计算机的运行本质上是由人编制的程序来控制的，财务人员只有精通会计处理的全过程，才能提出针对性的建议，使信息系统良好地运行。同时，为使自己不被社会所淘汰，首先必须实现自身的转型，即由普通的核算型会计人员转向管理型的复合型会计人员，把时间与精力投放到人工智能所不能完成的工作上，培养和发展未来所需具备的技能——专业判断能力、沟通技能以及懂得如何运用科技来处理数据等。

第二节 会计凭证

一、会计凭证的概念及意义

会计凭证就是记录经济业务的发生情况、明确经济责任、作为记账依据的书面证明。填制或取得并审核会计凭证是保证会计核算按照交易、事项的实际发生情况进行如实记录的基础，也是确保财务报告如实反映企业真实状况的前提条件。会计凭证按其填制的顺序和用途可分为原始凭证和记账凭证。

二、原始凭证

原始凭证是在交易、事项发生或完成时取得或填制的，用来证明交易或事项已发生、明确经济责任并作为记账依据的最初书面证明文件，是会计核算的重要依据。在会计实务中，原始凭证就是代表了经济业务。例如，购买商品时由供货方开具的发票就代表企业发生了采购业务，企业开出的支票代表企业发生了支付银行存款的业务，材料验收入库单代表企业发生了原材料验收入库的业务等。原始凭证必须真实、完整、清楚、正确，并有经办人员的签字。

（一）原始凭证的分类

原始凭证按其来源，可分为自制凭证和外来凭证。自制凭证是由本单位的经办人员，在执行或完成某项交易或事项时所填制的原始凭证，如材料验收入库单、材料领用单等；外来凭证是在交易、事项完成时从其他单位或个人取得的原始凭证，如购货发票等。无论是自制凭证还是外来凭证，其都能证明交易、事项已经完成，审核后均可作为记账的依据。许多企业往往将原始凭证种类、格式、内容与移动路径（传递过程）等的设计，与对经济活动过程的控制方式有机结合起来，以达到有效控制经济活动、实施严格内部控制的目的。

（二）原始凭证的格式

为达到原始凭证的证据目标，原始凭证一般一式三联，交易双方各保留一联作为经济事项发生的凭据和记账依据，另有一联为存根联。比较特殊的是增值税专用发票，因为需要作为企业到税务机关纳税申报抵扣时的依据，多了一联抵扣联，所以增值税专用发票是一式四联。表 4-1～表 4-3 分别列示了几种原始凭证的样式。

表 4-1　　增值税普通发票

发票联　　开票日期：

<table>
<tr><td>购买方</td><td colspan="2">名称：
纳税人识别号：
地址、电话：
开户银行及账号：</td><td>密码区</td><td colspan="5"></td></tr>
<tr><td colspan="2">货物或应税劳务、服务名称
合计</td><td>规格型号</td><td>单位</td><td>数量</td><td>单价</td><td>金额</td><td>税率</td><td>税额</td></tr>
<tr><td colspan="7">价税合计（大写）</td><td colspan="2">（小写）</td></tr>
<tr><td>销售方</td><td colspan="2">名称：
纳税人识别号：
地址、电话：
开户银行及账号：</td><td>备注</td><td colspan="5"></td></tr>
</table>

第二联 发票联 购买方记账凭证

收款人：　　复核：　　开票人：　　销售方：（章）

表4-2 收款收据

收据联 No

年 月 日

今收到______
人民币（大写）______
系付______
收款单位盖章有效：

第二联：收据

开票人： 收款人： 审核人：

表4-3 限额领料单

年 月 日

领料部门： 计划产量：
用途： 单纯定额：
材料名称： 领料限额：
计量单位： 单价：
发料仓库： 编号：

日期	请领		实发					备注
	数量	领料单位盖章	数量	发料人	领料人	累计	限额结余	
累计实发金额								

供应部门负责人： 生产部门负责人： 仓库负责人：

（三）原始凭证的基本内容

尽管原始凭证的格式多种多样，所反映的交易或事项的内容也包罗万象，但任何一种原始凭证都必须起着证明交易或事项已发生或已完成的作用，并能明确经济责任。因此，每一原始凭证都应具备以下基本内容。

（1）原始凭证名称；

（2）填制原始凭证的日期和编号；

（3）接受原始凭证单位名称；

（4）事项、交易的内容（含数量、单价、金额等）；

（5）原始凭证填制单位签章；

（6）有关经办人员的签名、盖章。

（四）原始凭证的审核

只有经过审核无误的原始凭证才能进入会计信息系统。为了明确原始凭证是否真实地反映了交易或事项、是否遵循了有关法规和本单位相应制度的要求，一切原始凭证在填制或取得后，都应按规定的程序及时送交会计部门，由会计主管或具体处理该交易或事项的会计人员进行审核。原始凭证的审核主要包括以下两个方面。

（1）形式上的审核。即审核原始凭证的填制是否符合规定的要求，所应具备的内容是否填列齐全。尤其是审核数字计算是否正确，有关人员是否都已签章。

（2）实质上的审核。实质上的审核主要是：第一，原始凭证所反映的交易或事项是否真实，其来源是否可靠；第二，原始凭证所反映的交易或事项是否符合有关政策、法令、制度、合同以及计划等的要求，是否符合规定的审核权限和手续。

经审核不合格的原始凭证均不能作为记账的依据。通过对原始凭证进行审核，可确保输入会计信息系统的数据真实、合法，从而为会计信息系统最终所提供的财务会计报告信息的质量提供有效保证。

三、记账凭证

交易、事项发生时所产生的财务信息是由原始凭证直接接收（记录）下来的，但并没有用会计语言来描述所发生的交易、事项。原始凭证经审核合格后即可据以编制记账凭证（会计分录）。记账凭证是会计人员根据审核无误的原始凭证编制的、用来确定会计分录、作为记账直接依据的会计凭证。记账凭证又被称为记账凭单，因为记账凭证是根据借贷记账法的基本原理，确定了应借、应贷的会计科目及其金额，将原始凭证中的一般数据化的财务信息转化为会计语言，是介于原始凭证与账簿之间的中间环节，是据以登记账簿的直接依据。我们学习的会计分录就是从记账凭证上提取出来的，是记账凭证的核心内容。

记账凭证可以根据每一张原始凭证直接编制，也可以根据同类原始凭证汇总编制或根据原始凭证汇总表编制。其作用是便于登记账簿，减少差错，保证账簿记录的质量；另外，在汇总编制或根据原始凭证汇总表编制的情况下，还可以简化记账工作。

（一）记账凭证的分类及格式

记账凭证按其用途可分为专用记账凭证和通用记账凭证两种。专用记账凭证按其反映的经济业务内容是否与现金和银行存款有关分为收款凭证、付款凭证和转账凭证三种。收款凭证是用来记录库存现金与银行存款收款业务的记账凭证，其格式如表 4-4 所示；付款凭证是记录库存现金与银行存款付款业务的记账凭证，其格式如表 4-5 所示；转账凭证是用来记录不涉及库存现金与银行存款收付业务的记账凭证，其格式如表 4-6 所示。通用记账凭证是指对不同性质的经济业务均采用同一格式的记账凭证来进行记录的记账凭证。通用记账凭证的格式与转账凭证的格式基本相同，只是凭证的名称统称为“记账凭证”，其格式如表 4-7 所示。

表 4-4　　　　收款凭证

年　月　日　　　　收字第　号

摘要	贷方科目				金额
	一级科目	账页	二级或明细科目	账页	
附件：　张			合计		

会计主管：　记账：　出纳：　审核：　制单：

表 4-5　　　　付款凭证

年　月　日　　　　付字第　号

摘要	借方科目				金额
	一级科目	账页	二级或明细科目	账页	
附件：　张			合计		

会计主管：　记账：　出纳：　审核：　制单：

表 4-6　　　　转账凭证

年　月　日　　　　转字第　号

摘要	会计科目				借方金额	贷方金额
	一级科目	账页	二级或明细科目	账页		
附件：　张			合计			

会计主管：　记账：　出纳：　审核：　制单：

表4-7　　　　　　　　　　　　记账凭证

年　月　日　　　　　　　　　　第　号

摘要	会计科目				借方金额	贷方金额
	一级科目	账页	二级或明细科目	账页		
附件：　张			合计			

会计主管：　　　记账：　　　出纳：　　　审核：　　　制单：

值得注意的是，在使用收款凭证和付款凭证时，如果发生的经济业务同时涉及库存现金与银行存款的收付，如从银行提取现金或将现金送存银行等，为了避免重复记录，则只填制付款凭证。例如，从银行提取现金时，只编制银行存款付款凭证。

专用记账凭证一般适用于规模较大、收付款业务较多的企业。而在经济业务较简单、规模较小、收付款业务较少的企业，一般采用通用记账凭证。

（二）记账凭证的基本内容

记账凭证是据以登记账簿的依据，尽管其反映的经济业务内容不同、格式也不同，但记账凭证一般包括以下几个方面的内容。

（1）记账凭证的名称；

（2）填制记账凭证的日期；

（3）记账凭证的编号；

（4）经济业务内容摘要；

（5）经济业务所涉及的会计科目、记账方向和金额；

（6）记账标记；

（7）所附原始凭证张数；

（8）有关人员的签章。

（三）记账凭证的审核

为了保证账簿记录的正确性，除了应当正确填制记账凭证外，还应对其进行严肃、认真的审核。记账凭证的审核包括以下内容。

完整性审核。即逐项审核记账凭证的内容是否按规定要求填制、完整无缺，各项目是否按规定填写齐全并按规定手续办理。

真实性审核。即审核记账凭证是否依据审核无误的原始凭证填制。

正确性审核。即审核记账凭证应借、应贷科目（一级、二级或明细科目）和金额是否正确；借贷双方金额是否相等。

只有经过审核无误后的记账凭证才能据以登记账簿。审核中若发现差错，应查明原因并及时更正。更正应根据不同的情况进行处理，具体更正方法将在后面进行详细的阐述。

四、原始凭证的信息化——电子发票

随着信息化技术的发展，我国会计循环的起点、原始凭证重要成员——发票，也在2011年开始了电子化的进程。发展至今，电子发票已经是我们生活中很常见的事项了，除了网络购物以外，很多公共服务领域也取消了纸质发票，代之以电子发票，如医院、市政、公共交通等。我国电子发票的进程如表4-8所示。

表 4-8 我国电子发票的发展进程

时间	事项
2011 年 6 月 28 日	中国物流与采购联合会发布《中国电子发票蓝皮书》，迈出了我国电子发票的第一步，标志着在我国推广使用电子发票的基本条件已具备
2012 年 2 月 6 日	国家发改委发布《关于促进电子商务健康快速发展有关工作的通知》，指出要开展网络（电子）发票应用试点
2012 年 5 月 8 日	国家发改委办公厅发布《关于组织开展国家电子商务示范城市电子商务试点专项的通知》，并根据城市申请最终决定在重庆、杭州、青岛、深圳和南京等 5 个城市开展电子发票试点
2013 年 5 月	经北京市政府批准，电子发票项目在北京启动，选取京东作为电子发票项目的试点单位
2013 年 6 月 27 日	京东商城开出我国内地第一张电子发票
2014 年 6 月 27 日	人保财险和北京市国税局成功地接收了国内第一张以电子化方式入账的电子发票
2015 年 2 月 10 日	中国人寿开出我国内地金融保险业首张电子发票
2015 年 11 月 26 日	国家税务总局发布《关于推行通过增值税电子发票系统开具的增值税电子普通发票有关问题的公告》，宣布将增值税发票系统升级版推向全国，并明确增值税电子发票的法律效力、基本用途、基本使用规定等与税务机关监制的增值税普通发票相同，在电商、电信、快递、公用事业等开票量较大的行业推行。自 12 月 1 日起，增值税发票系统升级版推向全国
2015 年 9 月 23 日	国务院发布《国务院关于加快构建大众创业万众创新支撑平台的指导意见》，明确指出，加快推广使用电子发票，支持四众平台企业和采用众包模式的中小微企业及个体经营者按规定开具电子发票，并允许将电子发票作为报销凭证
2020 年 9 月 1 日	我国第一张增值税电子专票，在宁波市税务局正式开出

发行电子发票将大幅节省企业在发票上的成本，且电子发票系统可以与企业内部的 ERP、CRM、SCS 等系统相结合。发票资料全面电子化并集中处理，有助于企业本身的账务处理，并能及时给企业经营者提供管理信息，同时，也为税务机关进行稽核提供支持。但是，对于发票接收方来讲，其普及也带来了一些新的问题，例如发票的识别、重复报销等。2017 年 5 月 18 日，微信电子发票“通信费报销解决方案发布会”盛大召开。用友电子发票事业部、微信、联通强强联手，宣布推出“微信电子发票——通信费报销解决方案”，共同推动无纸化报销。财政部 2021 年底发布的会计信息化规划中也指出要“统筹解决电子票据接收、入账和归档全流程的自动化、无纸化问题”。一旦无纸化报销成为低成本的现实，我们的会计循环中的审核原始凭证工作将大大简化。

第三节 会计账簿

一、会计账簿概念及意义

（一）会计账簿概念

会计账簿是账户的载体和具体形式，标记有特定名称的账簿就是账户。会计账簿（简称账簿）是由一定格式、相互连接的账页组成的，以会计凭证为依据，全面、系统、连续地记录各项交易或事项的簿籍。从外表形式上看，账簿是由具有专门格式而又相互连接的若干账页组成的簿籍。而从记录的内容上看，账簿又是对各项交易或事项进行分类和序时记录的簿籍。通常说的记账（过账），就是在账簿中按账户进行登记。

（二）会计账簿的意义和作用

填制与审核会计凭证，可以将每天发生的交易、事项进行如实正确的记录，并明确经济责任。但因为会计凭证数量繁多且又分散，缺乏系统性，不便于会计信息的整理与报告，所以无法满足经营管理的需要。因此，就有必要利用账簿这一方法把会计凭证提供的原始数据，按交易、事项发生的顺序和科目的不同性质加以归类、加工、整理。设置和登记会计账簿的作用可以概括如下。

（1）设置会计账簿并在会计账簿中进行登记，有利于全面、系统地记录和反映一个会计主体的经济业务，把大量、分散的数据或资料进行归类整理，逐步加工为有用的会计信息。

（2）为编制会计报表提供依据。核对无误的会计账簿记录及其加工的数据，提供了总括、全面、连续、系统的会计信息资料，是编制会计报表的主要依据。

（3）发挥会计的监督职能作用。通过账实核对，可以检查账实是否相符，从而发挥会计的监督职能，有利于保证各项财产物资的安全完整和合理使用。

二、会计账簿的分类

会计账簿的种类多种多样，按不同的分类标准，会计账簿可分为不同的类别。

（一）按用途分类

会计账簿按其用途，可分为序时账簿、分类账簿和备查账簿。

（1）序时账簿。序时账簿是对各项经济业务按照其发生时间的先后顺序，逐日逐笔进行登记的账簿，又称为日记账。按其记录的内容不同，序时账簿又可分为普通日记账和特种日记账。

普通日记账是用来登记全部经济业务的日记账。它根据经济业务及其发生时间的先后顺序，逐日逐项编制会计分录，作为登记分类账的依据，因此又被称为原始分录簿。它类似于我国会计实践中所使用的记账凭证，我国会计核算工作中很少采用普通日记账。

特种日记账是用来登记某一类经济业务的日记账，如购货日记账、销货日记账、现金日记账和银行存款日记账等。目前，我国企业一般只对库存现金与银行存款的收付业务设置现金日记账和银行存款日记账进行序时核算，以加强货币资金的管理。

（2）分类账簿。分类账簿是对各项经济业务按照其涉及的两个或两个以上的账户进行分类登记的账簿，简称分类账。分类账簿是包括企业完整账户的账簿，其目的在于使记账凭证内各分录所记经济业务按相同科目予以汇总。按其分类概括程度不同，分类账簿可分为总分类账簿（简称总分类账）和明细分类账簿（简称明细分类账）。前者根据总分类账户开设，可全面反映会计主体的经济活动情况，一般只登记总数，进行总括核算，对所属明细分类账起统驭作用，可以直接根据记账凭证逐笔登记，也可以将记账凭证用一定的方法定期汇总后进行登记。后者根据明细分类账户开设，用来分类登记某一类经济业务的增减变化，提供明细核算资料，应根据记账凭证和原始凭证逐笔详细登记，它是对总分类账的补充和说明。会计核算中，分类账簿是必须设置的主要账簿，它所提供的资料是编制会计报表的主要依据。

（3）备查账簿。备查账簿也称辅助账簿，是为便于考查而对序时账簿和分类账簿等主要账簿不能记载或记载不全的经济业务进行补充登记的账簿。它所登记的内容并不纳入本企业的会计循环。备查账簿对主要账簿起补充说明作用，没有固定的格式，一般是各企业根据其会计核算和经营管理的需要来设置的。例如，“受托加工材料簿”“租入固定资产登记簿”“代销商品登记簿”等。设置和登记备查账簿只是对其他账簿记录的一种补充，是对某些经济业务的内容提供必要的参考资料，与其他账簿之间不存在严密的依存和勾稽关系。各企业可根据其自身的实际情况来设置。

（二）按形式分类

会计账簿按其外表形式，可以分为订本式账簿、活页式账簿和卡片式账簿。

（1）订本式账簿。订本式账簿简称订本账，是在启用之前就将编有序号的若干账页固定装订成册的账簿。采用订本式账簿，可以避免账页散失，防止蓄意抽换账页的不正当行为。订本式账簿一般适用于统驭性强、重要程度高、应该只由会计人员登记的账簿，如总分类账、现金日记账、银行存款日记账等。

（2）活页式账簿。活页式账簿简称活页账，是在启用之前不把账页固定成册，而是放置于活页账夹内，随时可以取放的账簿。其优点是可以随时增减空白账页，有利于记账人员的分工；缺点是账页易散失或被人为抽换。一般适用于明细分类账，如材料明细分类账。

（3）卡片式账簿。卡片式账簿简称卡片账，是由许多具有一定格式的硬卡片组成，存放在卡片箱内，随时可以取放的账簿。其优缺点类似于活页式账簿。一般适合于需要随财产物资使用或存放地点的转移而重新排列的明细分类账，如固定资产明细分类账。

（三）按照账页格式分

会计账簿按照账页格式可以分为三栏式账簿、数量金额式账簿和多栏式账簿。

（1）三栏式账簿是指账页内容包含借贷余三个金额栏。总分类账、现金日记账、银行存款日记账和大多数的明细分类账的账页格式都是三栏式的。三栏式账簿的账页格式如表 4-9 所示。

表 4-9　总分类账

会计科目：应收账款　　编号：

2022 年		凭证号数	摘要	对方科目	借方	贷方	借或贷	余额
月	日							
1	1		期初余额					
	31		本月合计					

（2）数量金额式账簿是指不仅记录金额，还要记录数量的账簿。这种格式的账簿适用于财产物资的明细分类核算，每一明细科目设置一张账页。它要求在账页上对“收入”“支出”“结存”三栏分别设置数量栏和金额栏，以同时提供货币信息和实物量信息。其格式如表 4-10 所示。

表 4-10　材料物资明细账

材料名称：

计量单位：　　仓库　　第　页

日期		凭证号数	摘要	收入			支出			结存		
月	日			数量	单价	金额	数量	单价	金额	数量	单价	金额
			本月发生额合计和月末金额									

（3）多栏式账簿适用于收入、费用的明细分类核算，如“销售费用”“管理费用”“主营业务收入”等科目。多栏式明细分类账，对属于同一个一级账户或二级账户的明细分类账户可合并在一张账页上进行登记。即在“借方发生额”和“贷方发生额”之下，再分别设置若干金额栏，分栏登记各明细分类账的发生额。实际工作中，费用类账户的多栏式明细分类账可以只按借方发生额设置专栏，而贷方发生额由于每期只发生一笔或少数几笔，可运用红字冲账原理在有关栏内用红字登记，表示应从借方发生额冲销，其格式如表 4-11 所示。

表 4-11　管理费用明细账

日期		凭证号码	摘要	借方					
月	日			工资	招待费	咨询费	差旅费	其他	合计
1	1 ⋮ ⋮								
1	31		本月发生额合计 结转管理费用						

三、登记账簿

在对原始凭证进行审核并编制记账凭证后，会计循环的下一个步骤就是将会计凭证上每一笔分录的借项和贷项记录分别转记到明细分类账簿中去，这一转记程序就是登记账簿，具体步骤如下。

（1）找出与会计分录中借方科目和贷方科目相对应的账户。

（2）在相应分类账户的日期栏中填入会计分录的编写日期。填入的日期一般以编制会计分录的日期为准，而不一定是实际过账的日期。

（3）将会计凭证（日记账）中所载明的摘要登记于分类账簿的摘要栏内。

（4）将会计凭证（日记账）中各笔分录的借方和贷方金额分别记入相应账户的借方或贷方的金额栏内。

（5）将会计凭证号（日记账分录号）填入分类账簿的过账记号栏内。

（6）将分类账簿的账户编号或页数填列在会计凭证（日记账）的过账记号栏内，以表示该记账凭证（日记账）的分录已记账。

四、错账更正的方法

记账后发现有错误，根据不同的情况，可以采取不同的错账更正的方法。记账错误的更正方法，一般有以下几种。

（一）划线更正法

在结账之前，如果发现账簿记录有误，但记账凭证正确，即纯属记账时笔误，一般可采用划线更正法进行更正。更正时，先将错误的数字或文字全部划一条红线（不能只划去其中一个或几个写错的数字），表示注销，但应使划销的文字或数字保持原有字迹且仍可辨认，以备考查。然后，将正确的文字或数字用蓝笔写在原数字或文字的上面，并由记账人员在更正处盖章，以明确责任。

（二）红字更正法

记账以后，如果发现会计分录中的应借、应贷科目或金额有误，或科目和金额同时出现差错，可用红字更正法予以更正。具体方法是，先用红字做一笔与原来错误金额的会计分录完全相同的会计分录，注明更正某月某日的错账，并用红字登记入账，据以冲销原有的错误记录，再用蓝字做一笔正确的会计分录后，注明更正某月某日的错账，重新登入账簿。

如果原会计分录中应借、应贷账户并没有错误，只是所填列的金额大于应填列的金额，并已记账，也要用红字更正法进行更正。具体更正时，只需用红字编制一笔金额为错误金额超过正确金额部分的会计分录，并登入有关账簿即可。

（三）补充登记法

记账以后，如果发现原来所编的会计分录中应借、应贷账户虽然没有错误，但所写金额小于正确的金额，这时可用补充登记法进行更正。更正时，以正确金额与原来所填金额之差为分录的金额，用蓝字编制一张与原会计分录应借、应贷账户完全相同的会计分录，注明补记某月某日的金额，将其补记入账即可。

五、期末账项调整

为了及时提供会计信息，我们将持续不断的经营过程划分为一个一个的会计期间，并在每个会计期末提供财产状况和经营成果的信息，以帮助使用者进行决策。

但是在会计实务中，企业会发生不少跨期的业务，在每个期末，存在现金流和实际损益确认不相一致的现象，如本期预付下一期的房租费用，本期预收下一期发货的货款，这些需要按照权责发生制的要求进行账项调整，这种现金流和损益应计归属不同是编制期末调整会计分录的初始由来。很多常见的损益确认都是这一类，例如固定资产购买时确认为资产，而在其使用过程中，尽管没有付出现金，每个期末仍然需要计提折旧，计入当期成本费用这一类相对好理解，可以参看我们前面的权责发生制和收付实现制的例子。

其后，随着会计计量模式的演变，期末调整又增加了新的内容，也就是对资产、负债项目的期末重新计量（或者叫后续计量）导致的账项调整，也是调整分录的一种，这一类调整相对有一定难度，将在相关资产负债章节中予以讲解。例如，期末计提各种“减值准备”，以及以公允价值计量的期末账面价值的调整等。

无论是哪一种的调整会计分录，其基本依据都是权责发生制和会计准则的确认和计量标准，因此，其原始凭证都是自制原始凭证或者没有原始凭证（以会计政策为依据），很多时候需要财务人员根据企业会计政策自行计算需要记录的金额。

在信息化环境下，很多常见的经常性的损益调整也可以设置为系统自动完成，例如固定资产折旧，可以在购入时设置计提折旧的年限、方法、计提的起始时间等参数，期末系统就可以自动生成计提折旧的会计分录（记账凭证）。

第四节 账项核对

在期末调整后、结账前，为确保会计记录的正确性，需要进行账项核对，包括账证核对、账账核对和账实核对。账证核对是指各账簿记录应当与会计凭证核对相符；账账核对是指总分类账各账户期末借方余额合计数与贷方余额合计数核对相符、总分类账各账户期末余额与各明细分类账期末余额合计数核对相符；账实核对是指库存现金、银行存款、固定资产、原材料等财产物资的账面余额应当与库存的实际余额核对相符。在核对过程中如果出现不相符的现象，要找出原因，并按照规定的方式进行调整。

一、账证核对

账簿记录中的数据来源于记账凭证及其所附的原始凭证，因此，定期将账簿记录与相关会计凭证进行核对，有助于发现过账中可能存在的错误。一般来讲，账证核对包括以下内容：总账与相关的记账凭证相互核对；明细账与相关的记账凭证及所附的原始凭证相互核对；现金、银行存款日记账与相关的收、付款凭证相互核对。在进行账证核对时，应逐项检查会计账簿记录和会计凭证在所记账户名称、记账方向以及金额等方面是否一致。在核对方法上，账证核对既可以采用全面检查的方法（即对每项经济交易或事项的账簿记录进行逐项检查），也可以采用抽查的方法（即随机地选取部分经济交易或事项的账簿记录进行检查）；既可以采用顺查法（即根据记账凭证检查账簿记录是否有错），也可以采用逆查法（即根据账簿记录检查作为记账依据的会计凭证是否有错）。

对于所发现的记账错误，应根据错账的具体情况采取相应的措施予以更正，例如错账更正的方法，以确保账证相符。

二、账账核对

账簿记录是编制财务报表的依据。为满足会计信息使用者的要求，企业建立了以总分类账为主体的会计账簿体系。会计期间终了，企业应当根据会计账簿之间的关联关系检查会计账簿记录的正确性。账账核对主要包括总分类账本身的核对和总分类账簿与其他账簿之间的核对。

（一）总分类账簿自身的核对

总分类账簿是一本订本式的簿籍，通常由企业的总账会计岗位负责登记。按照借贷记账法“有借必有贷、借贷必相等”的记账规则，可以利用发生额的试算平衡检查总分类账户记录的正确性，也就是说，同一会计期间全部账户的本期借方发生额合计必然等于全部账户本期贷方发生额合计。发生额的试算平衡如前面第三章中［例 3-8］中所示。

（二）总分类账簿与明细分类账簿的核对

在总分类账簿记录准确无误的前提下，还需要将总分类账簿与相关明细分类账簿、现金日记账簿及银行存款日记账簿核对。总分类账簿与所属明细分类账簿核对时，先编制“明细分类账户记录汇总表”（或称“明细分类账户发生额与余额明细表”），再将其与总分类账户的本期发生额与期末余额进行核对，验证其是否一致。总分类账簿与现金日记账簿或银行存款日记账簿核对时，将现金日记账簿或银行存款日记账簿中计算出的本期发生额及期末余额分别与“库存现金”或“银行存款”总分类账户的相应记录予以对比，以确定现金日记账簿或银行存款日记账簿记录是否存在错误。

总分类账簿和明细分类账簿（包括日记账簿）记录的原始依据是一样的，起点都是原始凭证，直接依据可能因为账务处理程序的不同而有一定差异，记账也是不同的人员，都遵循“平行登记”的方法，即一方面记入有关总分类账户，另一方面记入所辖明细分类账户，两者的记录“同时期、同方向、同金额”。“同时期”是指在同一个会计期间入账，记入总分类账户和所辖明细分类账户的具体时间可以有先后，但应在同一个会计期间。“同方向”是指在总分类账户及其所辖的明细分类账户中登记同一项经济业务时记录“借方”或者“贷方”保持一致。“同金额”是指记入总分类账户的金额必须与记入其所辖的一个或几个明细分类账户的金额合计数相等，余额也应该相等。在平行登记的情况下，不同的人依据相同的凭据，做出的结果如果是一样的，除非串联，否则出错的概率比一个人要小很多。因此，如果它们核对相符，则记账错误发生的概率就比较小，这是信息化环境下仍然非常重要的一个核对过程。

三、账实核对

因为会计要如实反映企业的经济事项，所以企业结账前一定要进行账实核对，确保企业的账面记录如实反映了企业的财产状况。账实核对通常是结合企业的财产清查工作进行的。财产清查是企业的一项管理活动，主要目的是加强企业对财产物资的管理。财产清查有定期进行的，例如和会计上的账实核对相同步的清查工作，根据财产物资的特点、清查的难度、重要性等确定清查的频次。例如企业的现金是每天要盘点的，银行存款是每个月要和银行对账的，而存货等由于经营原因，定期的全面盘点一般只在半年度或者年度报告时进行，其余时间则有企业管理要求进行的抽查盘点。另外还会有特殊目的的财产清查，例如实物保管岗位人员的交接、经济责任审计等引起的特定项目的财产清查。通过对企业财产物资进行清查，企业可以发现财产管理存在的漏洞，防止舞弊与资产流失，从而加强对财产的管理与控制。

企业在进行财产清查前，应先核对账簿记录，并保证其正确无误。由于财产物资的内容不同、特征各异，针对不同的财产物资应采用不同的清查方法。如对现金、存货、固定资产等具有实物形态的资产，可以采用实地盘点方法进行清查，对银行存款、债权、债务等则采用双方核对会计账簿的方法进行核实。这些方法和审计学取得审计证据的方法很相似。

企业对所有财产清查的结果要进行记录，填写“财产盘存单”“账存实存对比表”。如果核对相符，这些表单不构成经济业务；如果不相符，那就形成了一个新的经济业务，这些表单就是证明经济业务发生的原始凭证。通常我们将这种业务命名为“盘亏”（账存大于实存）或者“盘盈”（账存小于实存）。一旦发现盘盈或者盘亏，会计上要做相应的账务处理。其基本核算过程包括两步：第一步，不管什么原因造成的账实不符，按照“如实反映”的会计信息质量要求，立即将账面记录调整为实地盘存的结果，调增或者调减相关资产的账面价值；第二步，出现账实不符后，从管理上讲，企业要查找原因，并根据原因做出不同的处理，处理意见就形成了又一个经济业务的原始凭证，处理意见的基本原则是，首先查找账实不符的原因，例如盘亏，如果有责任人，向责任人索赔；如果没有责任人，就按照财产物资的特点以及管理要求，记入相关的费用账户。会计按照这个处理结果，进行相关费用或者其他索赔处理。这一基本逻辑适用于所有的账实不符的会计处理，其中为了在过程中等待处理结果，设置了一个新的账户“待处理财产损溢”，这个账户是一个过渡性的账户，其余额表示尚在等待处理结果的财产盘盈或者盘亏，在财产清查结果处理结束后余额为零。对此，本章不展开介绍，详解参看后续相关章节。

第五节 结账与编制会计报表

一、结账

所谓结账就是指在会计期末将各会计账户余额结清或结转至下期，以结束这一期间的会计记录工作。企业在不断地持续经营，而会计是一个以提供财务信息为主的信息系统，它要定期编制财务会计报告向会计信息使用者提供如财务状况、经营业绩和现金流量等财务信息。企业是持续经营的，可会计记录又人为地分期，怎样才能使每期的会计核算与记录工作能既独立又连续地反映持续经营企业的财务信息呢？会计循环就是通过“结账”这一程序来实现的。在会计期末，通过结清与利润表相关的各账户，可计算出本期的经营成果，而对与资产负债表相关的账户则结转至下期，这样既结束了本期的会计工作，又为下一期的会计工作做好了准备，使下期的会计核算工作在新的起点上重新开始。

结账前，通常要做好下列各项准备工作。

（1）详细查明本期内日常发生的各项经济业务是否都已填制记账凭证，并据以记入各会计账簿。若发现漏账，应当及时补记。

（2）是否按照权责发生制的要求对期末账项进行调整。

（3）进行对账，确保账证相符、账账相符和账实相符。

会计账户是对会计要素的再分类。而会计要素又分为资产负债表要素和利润表要素。于是，根据会计要素的分类，会计账户可分为与资产负债表相关的账户和与利润表相关的账户。由于与资产负债表相关的账户在期末时都有余额，表示企业在特定时日的资产、负债和所有者权益，将随着企业的持续经营而不断地递延到下一个会计期间，故把这类账户称为“实账户”或“永久性账户”；而与利润表相关的账户，在期末时一般没有余额，由于这一期的经营成果属于这个会计期间，而不能递延到下一个会计期间。每个会计期间经营成果的计算都是“从零开始”，因此，每个会计期末都要将这些账户结清，到下个会计期间再重新开设，故把这类账户称为“虚账户”或“临时性账户”。

会计期末，要根据账户的类型进行结账。对实账户，要计算出余额，并将其结转到下一个会计期间，使本期的期末余额成为下一期的期初余额；对虚账户，则要求全部予以结清，一方面是为了计算出本期的经营成果，另一方面是为下一会计期间使用方便，将账户结清后，各账户余额复归为零，下期便可重新开始归集收入和费用，以计算下期的经营成果。

在会计账面上将虚账户结清，也就是通常所说的“结账”，需要编制结账会计分录并登记入账。这是一个固定的流程，主要分为三步：

（1）结清“损益类”账户，将其余额转入“本年利润”账户；（2）结清“本年利润”账户，将其余额转入“利润分配——未分配利润”账户；（3）结清“利润分配”总分类账下所属的其他所有明细账，将其余额转入“利润分配——未分配利润”账户。这个流程的具体操作将在我们学习完利润及利润分配后进行讲解。当年度结账完成后，所有损益类和与利润有关的账户余额都变为零，已经实现尚未分配的利润转入了所有者权益中的“未分配利润”，从而在账面记录上完成了“收入-费用”到“利润”到“未分配利润”（所有者权益）的转化，也就实现了从会计期间的动态会计等式到期末的静态会计等式的转变。

二、编制会计报表

编制会计报表是会计循环的终点。企业在结账后便可编制会计报表，从而完成一个会计期间的会计循环。如前所述，财务会计的主要目标是向会计信息使用者提供有助于经济决策的信息，信息的核心载体就是会计报表。按不同的标准，会计报表可分为不同的类型。按其所反映的内容可分为资产负债表、利润表、现金流量表和所有者权益变动表；按编制的时期，可分为年度、半年度、季度和月度会计报表。

（一）三张主表及其内容

一个企业基本的会计报表是资产负债表、利润表和现金流量表。其中，资产负债表反映企业某一特定时期财务状况。利润表又称损益表，反映企业一定期间经营成果。按照计算出净利润的步骤，利润表格式可分为单步式和多步式两种。单步式利润表先归集本期所有的收入，再归集所有的费用，用收入合计减去费用合计直接计算出净利润。多步式利润表的利润则是分别计算营业利润、利润总额，最后得出净利润。不管哪种形式，利润表都是根据损益类科目的当期发生额填列的。现金流量表反映企业在一定时期由企业的经营活动、筹资活动和投资活动所引起的现金及现金等价物流入和流出的情况。现金流量表中使用的“现金”概念是“广义现金”，包括库存现金、银行存款和其他货币资金等货币资金，还包括企业持有的、能随时转换为已知金额的有价证券的“现金等价物”。

（二）现金流量表的编制

需要单独提一下的是现金流量表的编制。与前面两种报表不同，现金流量表的编制基础是收付实现制，它仅反映“广义现金”的流入和流出情况，不涉及现金流的经济事项不在现金流量表上反映。例如，现金流量表仅反映“销售商品收到的现金”，而不反映“销售收入”，如果是赊销没有收回货款是不能填入现金流量表的。这就产生了与我们的会计确认基础“权责发生制”的差异，所以，在我们所学的简单账户设计及处理中，是无法直接得到它的所有相关数据的。

编制方法有直接法和间接法两种，前者按上述三类活动的每一个具体项目的现金流入和流出进行编制，以揭示报告期间现金来源和使用的基本情况；后者只针对经营活动，即将净利润调节为经营活动的现金净流量，以揭示权责发生制下计算的净利润与收付实现制下的经营活动的净流量存在的差异。因为企业会计记录的账户系统是根据会计要素设置的，而六大会计要素只包含了资产负债表要素和利润表要素，我们很难直接从传统的会计账簿体系中直接得到现金流量表，尤其是直接法，需要仔细分析企业所有的现金及现金等价物的流入和流出，手工做账的情况下工作量很大，但是在现在的信息化环境下，可以通过在系统初始化设计的时候将现金流量表的相关项目加入核算的会计明细分类里，这样期末也就可以直接从系统中生成现金流量表。当然，由于现金流量和企业账户之间的关系，非常熟悉的会计专业人员也可以做到从现金流涉及的相关账户的变动情况分析得到直接法下的现金流量表，例如从应收账款和销售收入、现金流的关系分析得到“销售商品提供劳务收到的现金”，这需要扎实的基本功和判断分析能力。

管理延伸

1. 从会计循环的整体流程看，会计体系体现了它的自身的严密性，这在一定程度上降低了“假账”的风险。请列出会计系统内在的管控环节和勾稽关系，并分析其在内部控制中的作用。

2. 思考信息化对会计流程的影响，以及展望未来，作为财务人员以及高级管理人员，应该如何适应信息化时代?

关键词

会计循环；原始凭证；记账凭证；会计账簿；结账

思考题

1. 简述会计循环。
2. 简述会计凭证的作用。
3. 简述会计账簿的种类。
4. 简述对账过程。
5. 探讨信息化对会计流程的影响。

自测题

一、单项选择题

1. 以下不是原始凭证的是（　　）。

A. 购货发票　　B. 银行对账单
C. 材料入库验收单　　D. 支票

2. 账簿按照外表形式分为（　　）。

A. 订本式、活页式、卡片式　　B. 总分类账和明细分类账
C. 数量金额式　　D. 以上都不是

3. 总分类账账页格式一般是（　　）。

A. 多栏式　　B. 订本式　　C. 三栏式　　D. 活页式

4. 会计凭证的错误仅仅是金额多记，并已经登记入账，应该采用（　　）更正错账。

A. 补充登记法　　B. 划线更正法　　C. 红字更正法　　D. 以上都不对

二、多项选择题

1. 记账凭证可以分为（　　）。

A. 收款凭证　　B. 转账凭证　　C. 付款凭证　　D. 原始凭证

2. 对账包括（　　）。

A. 账实核对　　B. 账证核对　　C. 账账核对　　D. 账表核对

3. 总分类账和明细分类账的登记要遵循（　　）入账。

A. 同时期　　B. 同个人　　C. 同方向　　D. 同金额

三、判断题

1. 原始凭证是记账的直接依据。（　　）

2. 账实核对不符要按照错账更正的方法进行更正。（　　）

3. 调整会计分录主要涉及的是跨期损益的调整。（　　）

4. 年度结账后损益类科目无余额。（　　）

5. 实物资产的清查一般采用盘点的方式进行。（　　）

四、简答题

某公司 2021 年 12 月在审核记账凭证时，发现以下错误。

（1）赊购办公设备 20 000 元，记账凭证误记为：

借：原材料　　20 000

　　贷：应付账款　　20 000

（2）收回应收账款 30 000 元存入银行，记账凭证误记为：

借：银行存款　　3 000

　　贷：应收账款　　3 000

（3）借入短期借款 50 000 元，记账凭证误记为：

借：银行存款　　500 000

　　贷：短期借款　　500 000

要求：请采用适当的更正方法予以更正。

第五章 销售与收款

引言

翻开上市公司的审计报告，大家会看到一项内容叫作“关键审计事项”，这是审计师对于上市公司在执行会计规范过程中的难点的列示，很多企业的关键审计事项都是收入，这个在会计分录中看起来比较简单的问题，在会计实务中的难点到底在哪里呢？

难点在于销售业务模式，它决定了收入的确认时点和金额。因此，业财融合体现在会计上，就是业务决定财务，财务反映业务。本章将学习企业盈利的起点——销售收入，以及它带来的应收账款，开启销售业务循环模式下的具体会计核算。

学习目标

1. 了解企业的销售业务循环；
2. 掌握收入的确认与会计处理；
3. 掌握货币资金项目的核算；
4. 掌握银行存款余额调节表的编制；
5. 掌握应收账款及坏账准备的核算；
6. 掌握应收票据的核算。

第一节 销售业务循环

如前所述，企业主要经济活动可以分为三类：经营活动、投资活动和筹资活动。对产品制造企业而言，其经营活动由购进、生产和销售三个环节构成。在购进过程中，企业根据生产需求采购所需的原材料等物资；在生产过程中，生产技术人员利用生产工具、设备等对原材料等物料进行加工，产品完工验收合格可以对外出售，即为产成品；在销售过程中，企业将产成品销售给购货方，获取更多的资金。企业的生产经营过程是周而复始、循环往复进行的。经营活动中的采购和生产环节以及投资活动和筹资活动我们后续章节介绍，本章首先介绍销售环节。

企业销售活动发生后，符合收入确认条件的要确认为营业收入，同时根据现销及赊销等不同情况做相应处理，现销收到的款项登记为资产负债表中的货币资金，赊销未收到的货款则登记为应收款项（应收账款和应收票据）。如图 5-1 所示，从会计信息处理系统的角度而言，销售属于企业的经营活动，所收到的款项直接影响现金流量表中经营活动的现金流入，营业利润属于利润表的项目，货币资金和应收款项则属于资产负债表的项目。

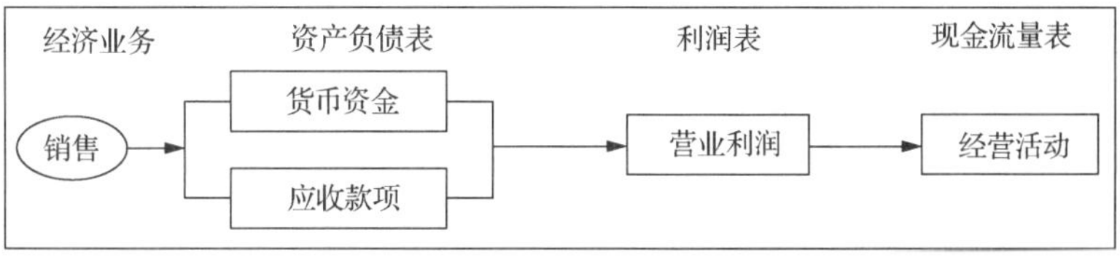

图 5-1　企业销售活动与会计信息处理系统

第二节 收入

一、收入的概念与分类

（一）收入的概念与特征

收入，是指企业在日常活动中形成的、会导致所有者权益增加的、与所有者投入资本无关的经济利益的总流入。收入是企业利润的主要来源，具有如下特征。

1. 收入是企业日常活动形成的经济利益流入

日常活动是指企业为完成其经营目标所从事的经常性活动以及与之相关的其他活动。如工业企业制造并销售产品、商业企业购进和销售商品、商业银行对外贷款、保险公司签发保单、咨询公司提供咨询服务、软件企业为客户开发软件、安装公司提供安装服务、建筑企业提供建造服务、广告商提供广告策划服务等，由此产生的经济利益的总流入构成收入；企业还有一些活动属于与经常性活动相关的活动，如工业企业出售不使用的原材料、出售或出租固定资产及无形资产、利用闲置资金对外投资等，由此产生的经济利益的总流入也构成收入。除了日常活动以外，企业的有些活动不是为完成其经营目标所从事的经常性活动，也不属于与经常性活动相关的其他活动，如企业处置报废或毁损的固定资产和无形资产利得、债务重组利得、政府补助利得、盘盈利得和捐赠利得，由此产生的经济利益的总流入不构成收入，应当确认为营业外收入。

值得注意的是，现实生活中收入有广义和狭义两种理解。广义的收入把所有的经营和非经营活动的所得都看成是收入，包括主营业务收入、其他业务收入、投资收益、营业外收入等。狭义的收入仅仅把经常性的经营业务中取得的收入作为收入，包括主营业务收入、其他业务收入、投资收益等。会计上通常所指的收入是狭义的收入。

2. 收入必然导致所有者权益的增加

收入具体可能表现为企业资产的增加，如增加银行存款、应收账款等；也可能表现为企业负债的减少；或两者兼而有之，如商品销售货款部分抵偿债务，部分收取现金。收入无论表现为资产的增加还是负债的减少，根据“资产=负债+所有者权益”的会计恒等式，最终必然导致所有者权益的增加。不符合这一特征的经济利益流入，不属于企业的收入。例如，企业代税务机关收取的税款，旅行社代客户购买门票、飞机票等收取的票款等，其性质上属于代收款项，应作为暂收应付款记入相关的负债类科目，而不能作为收入处理。

3. 收入不包括所有者向企业投入资本导致的经济利益流入

收入只包括企业自身活动获得的经济利益流入，而不包括企业所有者向企业投入资本导致的经济利益流入。所有者向企业投入的资本，在增加资产的同时，直接增加所有者权益，不能作为企业的收入。

（二）收入的分类

1. 收入按交易性质分类

（1）转让商品收入：是指企业通过销售产品或商品实现的收入，如工业企业销售产成品、半成品实现的收入，商业企业销售商品实现的收入，房地产开发商销售自行开发的房地产实现的收入等。工业企业销售不使用的原材料、包装物等存货实现的收入，也视同转让商品收入。

（2）提供服务收入：是指企业通过提供各种服务实现的收入，如通信企业提供通信服务实现的收入、建筑企业提供建造服务实现的收入、金融企业提供各种金融服务实现的收入、交通运输企业提供运输服务实现的收入、咨询公司提供咨询服务实现的收入、软件开发企业为客户开发软件实现的收入、安装公司提供安装服务实现的收入、服务性企业提供餐饮等各类服务实现的收入等。

2. 收入按在经营业务中所占的比重分类

（1）主营业务收入：或称基本业务收入，是指企业为完成其经营目标所从事的主要经营活动实现的收入。不同行业的企业具有不同的主营业务。例如，工业企业的主营业务是制造和销售产成品及半成品，商业企业的主营业务是销售商品，商业银行的主营业务是存贷款和办理结算，保险公司的主营业务是签发保单，租赁公司的主营业务是出租资产，咨询公司的主营业务是提供咨询服务，软件开发企业的主营业务是为客户开发软件，安装公司的主营业务是提供安装服务，旅游服务企业的主营业务是提供景点服务以及客房、餐饮服务等。企业通过主营业务形成的经济利益的总流入，属于主营业务收入。主营业务收入经常发生，并在收入中占有较大的比重。

（2）其他业务收入：是指企业通过除主要经营业务以外的其他经营活动实现的收入，如工业企业出租固定资产、出租无形资产、出租周转材料、销售不使用的原材料等实现的收入。其他业务收入不经常发生，金额一般较小，在收入中所占比重较低。

二、收入确认和计量的基本方法

收入确认与计量应当采用五步法模型，即识别与客户订立的合同、识别合同中的单项履约业务、确定交易价格、将交易价格分摊至各单项履约业务、履行每一单项履约业务时确认收入。其中，识别与客户订立的合同、识别合同中的单项履约业务、履行每一单项履约业务时确认收入，主要与收入的确认有关；确定交易价格、将交易价格分摊至各单项履约业务，主要与收入的计量有关。

（一）识别与客户订立的合同

合同，是指双方或多方之间订立有法律约束力的权利义务的协议，包括书面形式、口头形式以及其他可验证的形式。客户，是指与企业订立合同以向该企业购买其日常活动产出的商品并支付对价的一方。

企业应当在履行了合同中的履约业务，即在客户取得相关商品控制权时确认收入。取得相关商品控制权，是指能够主导该商品的使用并从中获得几乎全部的经济利益。企业在判断商品的控制权是否发生转移时，应当从客户的角度进行分析，即客户是否取得了相关商品的控制权以及何时取得该控制权。

企业在履行了合同中的履约业务，即客户取得了相关商品的控制权后确认收入只是收入确认的一般原则，只有当企业与客户之间的合同同时满足下列条件时，企业才能在客户取得相关商品控制权时确认收入。

（1）合同各方已批准该合同并承诺将履行各自义务；

（2）该合同明确了合同各方与所转让商品相关的权利和义务；

（3）该合同有明确的与所转让商品相关的权利和义务；

（4）该合同具有商业性质，即履行该合同将改变企业未来现金流量的风险、时间分布或金额；

（5）企业因向客户转让商品而有权取得的对价很可能收回。

（二）识别合同中的单项履约义务

履约义务，是指合同中企业向客户转让可明确区分商品的承诺。履约义务既包括合同中明确的承诺，也包括由于企业已公开宣布的政策、特定声明或以往的习惯做法等导致合同订立时客户合理预期企业将履行的承诺。企业为履行合同而应开展的初始活动，通常不构成履约义务，除非该活动向客户转让了承诺的商品。

合同开始日，企业应当对合同进行评估，识别该合同所包含的各单项履约义务。识别各单项履约义务不仅是为了确认收入，也是为确认与收入相匹配的成本提供指南。

2021 年 11 月 2 日，财政部会计司发布了关于企业会计准则相关实施问答，明确规定：通常情况下，企业商品或服务的控制权转移给客户之前，为了履行客户合同而发生的运输活动不构成单项履约义务，相关运输成本应当作为合同履约成本，采用与商品或服务收入确认相同的基础进行摊销计入当期损益。该合同履约成本应当在利润表“营业成本”项目中列示。

（三）确定交易价格

交易价格，是指企业因向客户转让商品而预期有权收取的对价金额。企业代第三方收取的款项以及企业预期将退还给客户的款项，应当作为负债进行会计处理，不计入交易价格。合同标价并不一定代表交易价格，企业应当根据合同条款，并结合其以往的习惯做法确定交易价格。在确定交易价格时，企业应当考虑可变对价、合同中存在的重大融资成分、非现金对价、应付客户对价等因素的影响，并应当假定将按照现有合同的约定向客户转移商品，且该合同不会被取消、续约或变更。

（四）将交易价格分摊至各单项履约义务

合同中包含两项或多项履约义务的，企业应当在合同开始日，按照各单项履约义务所承诺商品的单独售价的相对比例，将交易价格分摊至各单项履约义务，并按照分摊至各单项履约义务的交易价格计量收入。企业不得因合同开始日之后单独售价的变动而重新分摊交易价格。

企业在类似环境下向类似客户单独销售商品的价格，应作为确定该商品单独售价的最佳证据。单独售价无法直接观察的，企业应当综合考虑其能够合理取得的全部相关信息，包括市场情况、企业特定因素以及与客户有关的信息等，采用市场调整法、成本加成法、余值法等方法合理估计单独售价。

（五）履行每一单项履约业务时确认收入

合同开始日，企业应当在对合同进行评估并识别该合同所包含的各单项履约义务的基础上，确定各单项履约义务是在某一时段内履行，还是在某一时点履行，然后，在履行了各单项履约义务即客户取得相关商品控制权时确认收入。

企业应当首先判断履约义务是否满足在某一时段内履行履约义务的条件，如果不能满足，则属于在某一时点履行的履约义务。满足下列条件之一的，属于在某一时段内履行的履约义务：

（1）客户在企业履约的同时即取得并消耗企业履约所带来的经济利益；

（2）客户能够控制企业履约过程中在建的商品；

（3）企业履约过程中所产出的商品具有不可替代用途，且该企业在整个合同期间内有权就累计至今已完成的履约部分收取款项。

当一项履约义务不能满足在某一时段内履行履约义务的条件时，即不属于在某一时段内履行的履约义务，则属于在某一时点履行的履约义务。对于在某一时点履行的履约义务，企业应当综合分析控制权转移的迹象，判断其转移时点。企业应当在客户取得相关商品控制权时点确认收入。

收入确认与计量的五步法模型是为了满足企业在各种合同安排下，特别是在某些包含多重交易、可变对价等复杂合同安排下，对相关收入进行确认和计量的需要而设定的。在会计实务中，企业转让商品的合同在相当多的情况下属于履约义务单一、交易价格固定的简单合同。对于简单合同，企业在运用五步法模型时，可以简化或者省略其中的某些步骤，如在区分属于某一时段内履行的履约义务还是在某一时点履行的履约义务的前提下，重点关注企业是否已经履行了履约义务即客户是否已经取得了相关商品的控制权、企业因向客户转让商品而有权收取的对价是否很可能收回等。

三、业财融合视角下收入核算思维导航

（一）基本核算框架

需要说明的是，与收入相配比的成本，例如与“主营业务收入”相配比的“主营业务成本”，必须在收入确认后的同一个会计期间予以确认，因此，营业收入的确认和营业成本的确认在本书的例题中往往是成对出现的，所以我们在学习营业收入核算的同时，也学习营业成本的核算框架，因为营业成本核算的就是企业为了取得营业收入付出的最直接的代价，它们是同步发生的。在企业会计实务中，我们也是先确认收入，但是因为确定大批量同规格的已售商品的营业成本需要一定的时间和精力（有关营业成本的计量问题我们在采购循环里讲解，这里是假定我们明确知道营业成本的金额），所以实务中不是完全同时的，而是在同一会计期末或者同一会计期间定期确认与之相匹配的成本。

我们以销售商品为例，如[例 3.2]花店销售的案例，成本为 2 000 元的鲜花出售获得货币资金 2 600 元。直观的分析是现金增加了 2 600 元，库存商品（鲜花）减少了 2 000 元，实现了利润 600 元。

但是因为花店的卖花业务是重要的营业活动，遵循重要性原则，我们需要知道的不仅仅是一个利润 600 元的数字，还需要知道这个利润 600 元是如何形成的，这就要记录收入 2 600 元和成本 2 000 元，然后两者的差额就形成了利润 600 元。我们的分析思路是这样的：从资产变化的角度来看，花店的资产减少了 2 000 元的鲜花，增加了 2 600 元的现金，所以资产增加了 600 元。从权益变化的角度来看，2 600 元是营业收入，对应现金的增加；2 000 元是营业成本，对应鲜花的减少；两者相减得到了利润 600 元，最终归属于所有者权益增加 600 元。这时，我们就存在两个对应关系，形成两个会计分录：

（1）借：库存现金	2 600	
贷：主营业务收入		2 600
（2）借：主营业务成本	2 000	
贷：库存商品		2 000

这样的两个会计分录不仅能够提供利润 600 元的数据，还能够提供这个 600 元是 2 600−2 000 得来的，而不是其他两个数字之差。

花店的例子中是销售得到了现金，这是零售业务的常态，而在其他行业销售业务中，以商业信用为基础的赊销更为常见，此时与销售收入对应的就是应收账款。所以，销售业务的核算框架如下（这里暂不考虑增值税）。

第一步，确认销售收入：

借：银行存款（或应收账款）

　　贷：主营业务收入

第二步，结转销售成本：

借：主营业务成本

　　贷：库存商品

从这里也可以看出，当一项资产被出售以后，它的账面价值就转化为与当期收入直接配比的营业成本，这是企业主要的费用。企业的毛利就是营业收入减去营业成本的结果，由此可以看出资产和费用存在一定的关系，资产的效用消耗以后，则会转化为费用。

（二）收入确认记录背后的管理流程和职业判断

收入的核算从会计分录的角度来说是比较简单的，那么为什么会发生如“审计关键事项”的问题呢？关键在于在实务中能否确认收入、何时确认收入、确认多少收入都需要较强的职业判断能力。

我们可以看一看实务中的例子，2022 年 3 月 31 日审计师关于重庆瑜欣平瑞电子股份有限公司针对主要境外客户美国百力通及 GENERAC 的销售内部控制流程的描述①。该公司销售内部控制流程如下：销售部门接收并确认客户订单信息，由销售员复核订单信息（单价、产品型号、金额等)→销售部门下达 ERP 销售订单→计划管理部根据销售订单安排生产，销售员定期在 ERP 系统里查看生产订单，确认跟踪生产订单是否满足客户需求→根据客户订单计算此次出口发货信息，交销售主管复核审批，确认无误后完成发货订舱→联系货运代理车辆→通知物资部备货，备货后销售员现场确认货物信息（型号、数量）→开具发货单，装车发货→销售员根据订单、出口信息等制作出口报关单据，交销售主管复核，将报关资料交给报关行→销售员定期在“中国国际贸易单一窗口网站”下载和打印出口报关单，并复核出口报关单信息是否正确→根据“出口报关单”内容打印：销售合同、销售发票、装箱单、客户提单等资料，对应整理后及时交财务部复核单据，财务部门复核后及时进行账务处理以及出口申报。简单的营业收入记录的背后控制程序非常多。

由此可见，简单的会计处理的背后是由复杂的管理流程和较强的职业判断能力共同支撑的。如果财务人员不充分了解和熟悉企业经济业务流程，就会在收入确认与计量的问题上遇到障碍，甚至出错。因此，业财融合在会计核算中的意义体现在财务人员对于经济业务的熟悉，而不能仅仅局限于会计分录，尤其是在目前企业盈利模式复杂多样，收入确认的环节中就不可避免地要对企业的各项合同进行逐步判断。当然，如果能够通过会计核算的结果倒推企业销售环节的控制以提高管理水平，则是真正达到了业财融合的目标——创造企业价值。

四、收入的具体核算

（一）在某一时点履行履约业务的收入确认

对于在某一时点履行的履约义务，企业应当在客户取得相关商品控制权的时点确认收入。在判断客户是否已取得商品控制权时，企业应当考虑下列情况：

（1）企业就该商品享有现时收款权利，即客户就该商品负有现实付款义务；

（2）企业已将该商品的法定所有权转移给客户，即客户已拥有该商品的法定所有权；

（3）企业已将该商品实物转移给客户，即客户已实际占有该商品；

（4）企业已将该商品所有权上的主要风险和报酬转移给客户，即客户已取得该商品所有权上的主要风险和报酬；

① 资料来源：证监会网站《关于重庆瑜欣平瑞电子股份有限公司首次公开发行股票并在创业板上市发行注册环节反馈意见落实函的回复》。

（5）客户已接受该商品；

（6）其他表明客户已取得商品控制权的情况。

企业应当根据合同条款和交易实质进行综合分析，以判断客户是否以及何时取得商品的控制权，据以确定收入确认的时点。

当客户取得相关商品控制权时，企业应按已收或预期有权收取的合同价款加上应收取的增值税，借记“银行存款”“应收账款”“应收票据”等科目，按合同价款确认收入，贷记“主营业务收入”“其他业务收入”等科目，按应收取的增值税，贷记“应交税费——应交增值税（销项税额）”科目。

[例 5.1] 2021 年 3 月 15 日，东华公司销售一批商品给西京公司，销售合同中注明的合同价款为 100 000 元（不含税价格），适用的增值税税率为 13%。东华公司生产该批商品的成本为 78 000 元。东华公司开出发票并按合同约定的品种和质量发出商品，西京公司收到商品并验收入库。根据合同规定，西京公司须在 30 天内付款。

要求：编制东华公司销售业务的会计分录。

[例题解答]

该项交易中，东华公司已按照合同约定的品种和质量发出商品，西京公司已将该商品验收入库，表明东华公司已经履行了合同中的履约义务，西京公司也已经取得了该批商品的控制权。同时，东华公司判断，因向西京公司转让商品而有权收取的对价很可能收回。因此，根据五步法模型，东华公司应于西京公司取得该批商品的控制权时确认收入。

（1）东华公司销售商品时的会计分录：

借：应收账款	113 000	
贷：主营业务收入		100 000
应交税费——应交增值税（销项税额）		13 000

（2）东华公司结转成本时的会计分录：

借：主营业务成本	78 000	
贷：库存商品		78 000

企业在销售商品时，有时还会附有一些销售折扣条件。销售折扣是指企业在销售商品时，为鼓励客户多购商品或尽早付款而给予的价款折扣，包括商业折扣和现金折扣。

商业折扣，是指企业为促进商品销售而在商品标价上给予客户的价格扣除。商业折扣的目的是鼓励客户多购商品，通常根据客户不同的购货数量而给予不同的折扣比率。商品标价扣除商业折扣后的金额，为双方的实际交易价格，即发票价格。由于会计记录是以实际交易价格为基础的，而商业折扣是在交易成立之前予以扣除的折扣，它只是购销双方确定交易价格的一种方式，因此，并不影响销售业务的会计处理。

[例 5.2] 2021 年 4 月 1 日东华公司 A 商品的标价为每件 100 元。西京公司一次购买 A 商品 2 000 件，根据规定的折扣条件，可得到 10%的商业折扣，增值税税率为 13%。东华公司按合同发货，西京公司收到 A 商品并验收入库。按合同西京公司须于 30 天内付款。

要求：编制东华公司销售业务的会计分录。

[例题解答]

发票价格=100×2 000×（1−10%）=180 000（元）

销项税额=180 000×13%=23 400（元）

东华公司应于西京公司取得该批商品的控制权时，作如下会计分录：

借：应收账款——西京公司　　203 400
　　贷：主营业务收入　　180 000
　　　　应交税费——应交增值税（销项税额）　　23 400

现金折扣，是指企业为鼓励客户在规定的折扣期限内付款而给予客户的价格扣除。现金折扣的目的是鼓励客户尽早付款，如果客户能够取得现金折扣，则发票金额扣除现金折扣后的余额，为客户的实际付款金额。现金折扣条件通常用一个简单的分式表示。例如，一笔赊销期限为 30 天的商品交易，企业规定的现金折扣条件为 10 天内付款可得到 2%的现金折扣，超过 10 天但在 20 天内付款可得到 1%的现金折扣，超过 20 天付款须按发票金额全额付款，则该现金折扣条件可表示为“2/10，1/20，*N*/30”。在销售附有现金折扣条件的情况下，应收账款的未来收现金额是不确定的，可能是全部的发票金额，也可能是发票金额扣除现金折扣后的净额，要视客户能否在折扣期限内付款而定。因此，对于附有现金折扣条件的销售，交易价格实际上属于可变对价，现行准则规定收入应当取决于对可变对价最佳估计数的判断。

（二）在某一时段内履行履约业务的收入确认

对于在某一时段内履行的履约义务，企业应当在该时段内按照履约进度确认收入，但是履约进度不能合理确定的除外。资产负债表日，企业应当按照合同总收入乘以本期末止履约进度，再扣除以前会计期间已确认的收入后的金额，确认当期收入；同时，按照合同总成本乘以本期末止履约进度再扣除以前会计期间确认的成本后的金额，结转当期成本，用公式表示如下：

当期收入＝合同总收入×本期末止履约进度−以前会计期间已确认的收入

当期成本＝合同总成本×本期末止履约进度−以前会计期间已确认的成本

每一资产负债表日，企业应当对履约进度进行重新估计，以确保履约进度能够反映履约情况的变化。

对于在某一时段内履行的履约义务，只有当其履约进度能够合理确定时，才应当按照履约进度确认收入。当履约进度不能合理确定时，企业已经发生的成本预计能够得到补偿的，应当按照已经发生的成本金额确认收入，直到履约进度能够合理确定为止。

第三节　货币资金

任何企业进行生产经营活动，都必须持有货币资金。根据货币资金存放地点及使用上是否受约定限制，一般将货币资金分为库存现金、银行存款和其他货币资金。货币资金本身的会计核算并不复杂、但由于其高度的流动性和国家对货币资金的严格要求，企业需要加强对企业货币资金的管理与控制。

一、库存现金

现金的概念有广义和狭义的区分。狭义的现金是指存放于企业财会部门由出纳人员经管的纸币、硬币、电子货币以及折算为记账本位币的外币等，包括人民币现金和外币现金；广义的现金除了狭义的现金内容之外，还包括银行存款和其他可以普遍接受的流通手段，如银行本票、银行汇票、保付支票、个人支票等。这里的现金是指狭义的现金，即库存现金。

（一）现金的管理

现金是企业资产中流动性最强的货币性资产，可以直接用于支付或结算，也容易被他人挪用和侵占。因此企业必须建立完善而严密的管理制度，以确保现金的安全。

根据国务院和中国人民银行的有关规定，开户单位可以使用现金的范围包括：职工工资、津贴；个人劳务报酬；按照国家规定颁发给个人的科学技术、文化艺术、体育等各种奖金；各种劳保、福利费用及国家规定的对个人的其他支出；向个人收购农副产品和其他物资的价款；出差人员必须随身携带的差旅费；结算起点（1 000 元）以下的零星支出；中国人民银行确定需要支付现金的其他支出。除按照规定的收支范围可以使用现金进行结算的以外，应该通过开户银行办理转账结算。

企业现金管理的目的如下。

（1）保证企业在日常经营活动中有足够的现金，同时又能保持合理的库存；

（2）防止现金的损失和短缺，避免贪污、侵吞和挪用等行为。

企业现金管理的主要内容如下。

（1）规定使用现金收付的范围；

（2）根据业务需要核定库存现金限额；

（3）不得坐支现金，也就是不得以收抵支，而应将现金收入和现金支出业务分开入账；

（4）钱账分开，即出纳与会计相分离；

（5）建立健全的现金账簿，严格现金收支程序，经常核对现金与账簿记录，做到账款相符。

（二）库存现金的核算

1. 库存现金的总账核算

为了进行现金的总账核算，需要设置“库存现金”账户，对发生的每笔现金收入、支出业务，都必须根据审核无误的原始凭证编制记账凭证，然后据以记账。企业收到库存现金时，借记“库存现金”科目，贷记“主营业务收入”“其他业务收入”“银行存款”等科目。企业支付库存现金时，借记“银行存款”“应付职工薪酬”“管理费用”等科目，贷记“库存现金”科目。

[例 5.3] 2021 年 5 月 1 日，东华公司销售 5 件产品，每件单价为 1 000 元，增值税销项税额共为 650 元，收到现金。

要求：编制该业务的会计分录。

[例题解答]

相关分录：

借：库存现金　　　　　　　　　　　　5 650

　　贷：主营业务收入　　　　　　　　　　　5 000

　　　　应交税费——应交增值税（销项税额）　　650

[例 5.4] 2021 年 5 月 2 日，东华公司开出现金支票从银行提取现金 6 000 元，以备零星开支。

要求：编制该业务的会计分录。

[例题解答]

相关分录：

借：库存现金　　　　　　　　　　　　6 000

　　贷：银行存款　　　　　　　　　　　　　6 000

[例 5.5] 2021 年 5 月 3 日，东华公司用现金 8 000 元发放职工困难补助。

要求：编制该业务的会计分录。

[例题解答]

相关分录：

借：应付职工薪酬——职工福利　　　　8 000

　　贷：库存现金　　　　8 000

[例 5.6] 2021 年 5 月 4 日，东华公司用现金 500 元购买管理部门的办公用品。

要求：编制该业务的会计分录。

[例题解答]

相关分录：

借：管理费用　　　　500

　　贷：库存现金　　　　500

2. 现金的序时核算

为了加强对现金的管理，随时掌握现金收支的动态和库存现金余额，保证现金的安全，企业必须设置现金日记账，根据现金业务发生的先后顺序逐笔进行登记。每日终了，应按照登记的现金日记账结余数与实际库存数进行核对。月末现金日记账的余额必须与“库存现金”总账账户的余额核对相符。

现金的序时核算就是由出纳人员根据现金收付凭证及所附原始凭证，按照业务发生的顺序在现金日记账中逐笔登记，并结算每日余额的工作。现金日记账的余额要与库存实有现金数额核对，做到账款相符。记录上述现金收支业务的三栏式现金日记账如表 5-1 所示。

表 5-1　现金日记账　单位：元

2021 年		凭证种类及号数	摘要	对方账户	借方	贷方	余额
月	日						
5	1						5 000
	1	现收 501	销售收入	主营业务收入	5 650		10 650
	2	现收 502	银行取现	银行存款	6 000		16 650
	3	现付 501	发放困难补助	应付职工薪酬		8 000	8 650
	4	现付 502	购买办公用品	管理费用		500	8 150

（三）库存现金的清查

为了加强对出纳工作的监督，防止发生各种非法行为、记账错误等失误，保证现金安全，企业应当定期或不定期地进行现金盘点，确保现金账面余额与实际库存数相符。现金清查的主要方法是实地盘点，即将库存现金实有数额与现金账面余额进行核对，做到日清月结，保证账款相符。在进行现金清查时，为了明确经济责任，出纳人员必须在场。在清查过程中不能以“白条”抵充库存现金。现金盘点后，应根据盘点结果及与现金日记账核对的情况填制现金盘点报告表。现金盘点报告表是重要的原始凭证，应由盘点人员和出纳人员共同签章方能生效。通过清查如发现库存实有数额与账面余额不符，出现长款或短款现象，应及时调整“库存现金”账户，并通过“待处理财产损溢”账户记录差异额，做到账实相符。对于已查明原因的长短款，经批准后按规定转销：由责任人和保险公司赔偿的，应计入其他应收款；经营管理不善、无法查明原因的短款，经批准作为管理费用列支；无法查明原因的长款，经批准作为企业营业外收入处理。

如会计循环所述，所有的财产清查的账务处理逻辑都是一样的，具体核算涉及新的账户“待处理财产损溢”，遵循循序渐进的教学原则，本章暂不介绍，只将其处理过程举例予以列示，相关内容在存货清查部分做详细讲解。

[例 5.7] 2021 年 5 月 1 日东华公司在现金清查时，发现现金短缺 480 元。经查现金短缺 200 元是出纳人员责任，应由其赔偿；其余短缺款原因无法确定，经批准作为管理费用处理。

要求： 编制相应的会计分录。

[例题解答]

（1）发生现金短缺时编制的会计分录：

借：待处理财产损溢　　480

　　贷：库存现金　　480

（2）根据处理意见做出的会计分录：

借：其他应收款　　200

　　管理费用　　280

　　贷：待处理财产损溢　　480

[例 5.8] 2021 年 5 月 31 日东华公司现金清查时发现库存现金长款 120 元。长款原因无法查明，经批准作为企业营业外收入处理。

要求： 编制相应的会计分录。

[例题解答]

（1）发生现金长款时编制的会计分录：

借：库存现金　　120

　　贷：待处理财产损溢　　120

（2）根据处理意见做出的会计分录：

借：待处理财产损溢　　120

　　贷：营业外收入　　120

二、银行存款

银行存款是企业存入本地银行和其他金融机构的各种款项。广义的银行存款包括银行结算户存款、其他货币资金和专项存款等一切存入银行及其他金融机构的款项。狭义的银行存款仅指存入银行结算户的款项。企业的银行存款包括人民币存款和外币存款。

（一）银行账户的开立

企业应根据中国人民银行制定的《人民币银行结算账户管理办法实施细则》和《支付结算办法》的规定，在银行开立基本存款账户、一般存款账户、临时存款账户和专用存款账户。基本存款账户是指企业办理日常转账结算和现金收付业务的账户，企业职工薪酬等现金的支取业务只能通过本账户办理；一般存款账户是指企业在基本存款账户以外的银行借款转存、与基本存款账户的存款人不在同一地点的附属非独立核算单位开立的账户，企业可以通过本账户办理转账结算和现金缴存业务，但不能办理现金支取业务；临时存款账户是企业因临时经营活动需要而开立的账户，企业可以通过本账户办理转账结算和根据国家现金管理的规定办理现金的收付业务；专用存款账户是指企业因特定用途的需要而开立的账户，企业特定用途的资金，包括基建资金、更改资金、特准储备资金等可以通过该账户办理。一个单位只能选择一家银行的一个营业机构开立一个基本存款账户，而不得在多家银行机构开立基本存款账户，也不得在同一家银行的几个分支机构开立一般存款账户。在我国，除现金收支范围内的各种现金收付行为外，企业日常大量的经济业务往来大多是通过银行进行结算的。

（二）银行转账的结算方式

银行转账结算方式有票据结算方式和票据以外的结算方式两种，其中票据结算方式有银行汇票、商业汇票、银行本票和支票四种结算方式；票据以外的结算方式有汇兑、托收承付、委托收款等。另外，随着网络的普及，网上银行已成为银行转账结算的一种日益流行的方式。

（三）银行存款的核算

和库存现金相似，银行存款的核算框架也是两步。

第一步，取得银行存款；

借：银行存款

　　贷：取得银行存款的原因（例如主营业务收入、应收账款、库存现金、实收资本等）

第二步，支付银行存款；

借：银行存款的用途（例如库存现金、应付职工薪酬、管理费用、应付账款等）

　　贷：银行存款

银行存款是企业重要的货币资金，因为现金的使用受到限制，所以企业绝大多数业务往来都是通过银行进行结算的。因此，银行存款业务是企业非常高频的业务。为了随时掌握银行存款的增减变化过程及其结果，需要设置“银行存款”账户，同时必须设置银行存款总账和银行存款日记账。

如前所述，银行存款业务的结算方式有多种，在不同的结算方式下，企业应当根据不同的原始凭证编制银行存款的收、付款记账凭证，据以登记银行存款日记账和总账。企业将款项存入银行等金融机构时，应根据有关原始凭证，借记“银行存款”账户，贷记“库存现金”等账户；提取或支付在银行等金融机构中的存款时，借记“库存现金”等账户，贷记“银行存款”账户。举例如下。

[例 5.9] 2021 年 3 月 5 日，东华公司收到购货单位前欠购货款 150 000 元存入银行。

要求：编制相应的会计分录。

[例题解答]

相关分录：

借：银行存款　　　　150 000

　　贷：应收账款　　　　150 000

[例 5.10] 2021 年 3 月 8 日，东华公司开出转账支票支付购买办公用品费 5 750 元。

要求：编制相应的会计分录。

[例题解答]

相关分录：

借：管理费用　　　　5 750

　　贷：银行存款　　　　5 750

企业应当设置银行存款日记账，按照银行存款收付业务发生时间的先后顺序逐日逐笔登记，每日业务终了应结出余额。企业应定期（至少每月一次）将银行存款日记账的记录与银行对账单进行核对，即对银行存款进行清查，并保证其相符，如果发现不符，则应采取有关方法进行处理。有外币业务的企业，应在“银行存数”账户下分别按人民币和各种外币设置“银行存款日记账”，进行银行存款的明细核算。

（四）银行存款的清查

银行存款清查主要是指将企业银行存款日记账与开户银行对账单进行核对。在对银行存款日记账与银行开出的对账单进行核对时，应首先将截至核对日为止的所有银行存款的收、付款业务登记入账，并对发生的错账、漏账及时查清更正，然后再与银行对账单逐笔核对。如果二者余额相符，则说明基本正确；如果二者余额不符，则可能是企业或银行某方记账过程有错误或者存在未达账项。

所谓未达账项是指企业和开户银行双方之间，由于传递单证需要时间、确认收付的口径不一致等原因，而造成对于同笔款项收付业务，双方记账时间不一致，银行和企业中一方已经接到有关的结算凭证确认收付款项并已登记入账，而另一方尚未接到有关的结算凭证尚未入账的款项。总体来说，未达账项有两大类：一类是企业记账而银行未记账的账项；另一类是银行记账而企业未记账的账项。具体有以下四种情况。

（1）企业收款记账，银行未收款未记账的账项，如企业收到其他单位的购货支票，但未及时存入银行等；

（2）企业付款记账，银行未付款未记账的账项，如企业开出付款支票，但持票人尚未到银行办理转账手续等；

（3）银行收款记账，企业未收款未记账的账项，如托收货款收账等；

（4）银行付款记账，企业未付款未记账的账项，如银行代企业支付公用事业费等。

上述任何一种未达账项的存在，都会使企业银行存款日记账的余额与银行开出的对账单的余额不符。如果存在未达账项，就应该编制银行存款余额调节表对有关的账项进行核对。银行存款余额调节表的作用是在企业银行存款日记账余额和银行对账单余额的基础上，分别加减未达账项，确定调节后余额，如果调节后双方余额相符，就说明企业和银行双方记账过程基本正确，而且这个调节后余额是企业当时可以实际动用的银行存款的限额；如果调节后余额不符，则表明企业和开户银行双方记账过程可能存在错误。属于开户银行错误，应当立即由银行核查更正；属于企业错误，则应查明错误所在，区别漏记、重记、错记等情况，分别采用正确的方法进行更正。

银行存款余额调节表常见格式是分别以企业银行存款账面余额和银行对账单余额为起点，加减各自的调整项目，得出两个相同的正确余额即银行存款实有额。其计算公式如下：

企业银行存款日记账余额 + 银行已收企业未收款项 − 银行已付企业未付款项 = 银行对账单余额 + 企业已收银行未收的款项 − 企业已付银行未付的款项

以下举例说明银行存款余额调节表的具体编制方法。

[例 5.11] 东华公司 2021 年 6 月 30 日核对银行存款日记账，银行存款日记账余额为 90 000 元，同日银行开出的对账单余额为 100 000 元，经逐笔核对，发现两者的不符是由下列原因造成的。

（1）公司月末将转账支票 14 000 元送存银行，公司已记账，因跨行结算银行尚未记账。

（2）公司月末开出支票 7 000 元，公司已记账，银行尚未记账。

（3）银行代公司收入销售款 20 000 元，银行已记账，而公司尚未收到银行收款通知，因而尚未记账。

（4）银行代企业支付水电费、电话费 3 000 元，银行已记账，而公司尚未收到银行付款通知，因而尚未记账。

要求：根据上述资料编制银行存款余额调节表。

[例题解答]

东华公司编制的银行存款余额调节表如表 5-2 所示。

表 5-2　　银行存款余额调节表

2021 年 6 月 30 日　　单位：元

项目	金额	项目	金额
银行对账单余额	100 000	企业银行存款日记账余额	90 000
加：企业已收银行未收	14 000	加：银行已收企业未收	20 000
减：企业已付银行未付	7 000	减：银行已付企业未付	3 000
调节后余额	107 000	调节后余额	107 000

由表 5-2 可见，表中左右两方调整后的金额相等，这说明该公司的银行存款实有数既不是 100 000 元，也不是 90 000 元，而是 107 000 元，同时还说明公司和银行双方在账目记录过程中基本没有错误（当然，这不是绝对的，也可能存在两个差错正好相等，抵销为零等情况）。如果调节后的余额仍然不等，则说明有错误存在，应进一步查明原因，采取相应的方法进行更正。

值得注意的是，银行存款余额调节表只起对账的作用，而不能根据银行存款余额调节表调整账面记录，其账面记录的调整必须待收到有关收款或付款的结算凭证之后再进行。

三、其他货币资金

其他货币资金是指性质与现金、银行存款相同，但其存放地点和用途与现金和银行存款不同的货币资金，包括外埠存款、银行汇票存款、银行本票存款、信用卡存款、信用证保证金存款和存出投资款等。

外埠存款是指企业到外地进行临时或零星采购时，汇往采购地银行开立采购专户的款项；银行汇票存款是企业为了取得银行汇票，按照规定存入银行的款项；银行本票存款是指企业为取得银行本票，按规定存入银行的款项；信用卡存款是指企业为取得信用卡，按规定存入银行的款项；信用证保证金存款是指企业为取得信用证按照规定存入银行的保证金；存出投资款是企业已存入证券公司但尚未进行投资的款项。

核算其他货币资金时，需要设置“其他货币资金”账户，并相应设置“外埠存款”“银行汇票存款”“银行本票存款”“存出投资款”等明细账户，进行明细核算。举例如下。

[例 5.12] 2021 年 7 月 15 日，东华公司委托当地开户银行汇款 60 000 元给采购地银行开立采购专户。7 月 17 日采购员交来购货发票，注明价款 50 000 元，增值税税额 6 500 元。7 月 20 日采购员完成了采购任务，将多余的资金转回本地银行。

要求： 编制相关的会计分录。

[例题解答]

（1）7 月 15 日东华公司汇款开设外埠存款专户时的会计分录：

借：其他货币资金——外埠存款　　60 000
　　贷：银行存款　　60 000

（2）7 月 17 日采购员交来购货发票的会计分录：

借：在途物资　　50 000
　　应交税费——应交增值税（进项税额）　　6 500
　　贷：其他货币资金——外埠存款　　56 500

（3）7 月 20 日多余的外埠存款转回本地银行的会计分录：

借：银行存款　　3 500
　　贷：其他货币资金——外埠存款　　3 500

第四节 应收账款及其他经营性债权

如前所述，企业取得收入，多数情况下会导致货币资金或应收款项的增加。前面介绍了货币资金的核算与管理，下面讨论由赊销业务所引起的相关资产要素的增加，即应收款项等债权性资产的核算。应收款项泛指一项债权，即企业所拥有的，在将来收取现金、商品或接受劳务的权利。通常包括应收账款、应收票据、预付账款和其他应收款等。

一、应收账款

（一）业财融合视角下应收账款核算思维导航

应收账款是指企业因赊销商品或提供劳务等而应向客户收取的款项。企业为了扩大产品的市场份额，增加销售业务，将产品以赊销方式出售给信用比较好的企业，由此便产生了应收账款。

从经济业务的发生角度来看，正常情况下，应收账款这个资产类的账户主要涉及两个基本的环节，一是应收账款的产生，前文介绍过，它产生于赊销，入账时间与确认收入实现的时间完全一致；二是收回应收账款。

第一步，应收账款的形成：

借：应收账款

　　贷：主营业务收入

第二步，应收账款的收回：

借：银行存款

　　贷：应收账款

如果应收账款能够正常回收，我们就可以在应收账款的账面上看到上述这两个发生额的交错出现。从这两个基本业务来看，核算还是很简单的。应收账款属于一项债权，以商业信用为基础，在实务中的难点主要在于如何确认账款未收到的情况下，应收账款和营业收入的真实性，如前文所述，通常我们会要求有销售合同、商品出库单、发票和发运单等书面文件，也会要求有相应的控制措施。

但是，应收账款本身是一个商业信用，会有无法收回的风险，如果无法收回，应收账款就不再符合资产的定义，应将按其账面价值从贷方转出，这就产生了坏账，增加了核算的难度。

（二）应收账款的确认与计量

有关应收账款的会计处理，主要是解决应收账款的入账时间、入账金额以及由商业信用风险所带来的坏账等问题。应收账款应当按照实际发生额入账，即以销售收入确认时买卖双方成交的实际金额入账，主要包括发票金额和代垫运杂费两个部分。现实中，企业的销售环节都要征收增值税，所以发票上的金额既包括销售收入，也包括在价外收取的增值税销项税额。如果企业为了促进产品销售而采用商业折扣，开出的发票价格是扣除商业折扣后的价格，应收账款的入账金额直接根据发票上的金额入账即可。

为了核算企业应收账款的增减变动及结存情况，需要设置“应收账款”账户，并可按债务人进行明细核算。企业赊销商品发生应收账款时，借记“应收账款”科目，贷记“主营业务收入”“应交税费——应交增值税（销项税额）”科目；企业代购货方垫付包装费、运杂费的，借记“应收账款”科目，贷记“银行存款”科目；当收回应收账款时，则借记“银行存款”科目，贷记“应收账款”科目。期末借方余额，表示企业尚未收回的应收账款；若有贷方余额，则表示企业预收的货款。下面举例说明应收账款的核算。

[例 5.13] 2021 年 5 月 15 日，东华公司根据购销合同销售产品一批，开出增值税专用发票，货款 20 000 元，增值税税额 2 600 元。以支票垫付运费 800 元（不考虑增值税）。5 月 20 日，收到银行通知，该笔款项已收回并入账。

要求：编制相关的会计分录。

[例题解答]

（1）5 月 15 日相关分录：

借：应收账款	23 400	
贷：主营业务收入		20 000
应交税费——应交增值税（销项税额）		2 600
银行存款		800

（2）5 月 20 日相关分录：

借：银行存款	23 400	
贷：应收账款		23 400

（三）业财融合视角下坏账准备核算思维导航

在现代市场经济中，企业之间普遍采用商业信用的方式促进产品销售。然而，商业信用不可避免地会带来一定的风险，到期可能无法收回应收账款或收回的可能性很小。企业的这部分无法收回的应收账款就称为坏账，由此带来的损失，就称为“坏账损失”。坏账损失是一项费用，它源自商业信用的丧失，因此准则将其归入“信用减值损失”，“信用减值损失”是一个当期损益，最终会减少企业的净利润。

1. 直接转销法原理

就业务的实际发生来看，其实企业只发生了一个经济业务，那就是确认某一个应收账款为坏账，按照基本核算原理，此时我们应该做确认坏账的会计处理如下。

借：信用减值损失

　　贷：应收账款

这种处理方式就是直接转销法。

2. 备抵法原理

我们仔细分析，当期确认的坏账通常是以前的会计期间形成的应收账款，那么根据权责发生制，这个费用应该归属于发生赊销的那个会计期间。所以我们需要在发生赊销或者存在应收账款的会计期间就预先估计未来可能发生的坏账费用，计入那一期的损益，影响那一期的利润，这样才能更好地反映各个会计期间的绩效。否则可能会出现前期为了扩大销售不顾款项收回的可能、随意放松信用条件的情况，不利于企业的持续经营，也不利于对管理者的绩效考核。所以，这就产生了备抵法。其基本核算框架分两步。

第一步，计提坏账准备：

借：信用减值损失

　　贷：坏账准备

第二步，确认坏账：

借：坏账准备

　　贷：应收账款

在备抵法下的两个经济事项中，出现了一个新的类型的经济业务，也是我们第一次正式接触到的调整会计分录，就是计提坏账准备，这是根据权责发生制的要求，在应收账款存续的会计期间内确认其未来可能发生的信用减值损失，这个会计处理我们不仅要学习该如何确认，还要学习如何计量，也就是其发生额是按照一定的方法估计出来的。具体估计方法在后面举例说明。

3. 坏账的特殊情况核算框架

无法收回的应收账款是应收账款的特殊经济业务，而坏账也会有特殊情况，就是已经核销的坏账又重新收回。发生这种情况的原因是确认坏账这个经济事项只是债权人这一方面的单项行为，除非债务人已经从法律上完全解除了偿还义务，例如已经破产清算，否则债权债务关系并不会因确认坏账解除。所以，特殊情况下，会出现已经确认的坏账又收回的情况。这个经济事项的发生，说明现在有证据表明企业原先判断为坏账的行为是一个“误判”，所以，要冲回原有的确认坏账的账务处理，在企业账面上恢复“应收账款”的要求权。然后再做一个正常的应收账款的收回即可。

第一步，冲销原先确认坏账的账务处理：

（1）在直接转销法下

借：应收账款

　　贷：信用减值损失

（2）在备抵法下

借：应收账款

　　贷：坏账准备

第二步，收回应收账款：

借：银行存款

　　贷：应收账款

（四）备抵法下坏账的具体核算

坏账损失可以有两种会计处理方法：直接转销法和备抵法。直接转销法是指在坏账实际发生时，直接确认坏账损失的方法，也就是坏账损失计入确认坏账那一期的损益。这种做法比较简单，但是由于其不符合权责发生制，所以我国企业会计准则规定，企业应该采用备抵法核算坏账。因此，具体核算举例我们只讲解备抵法。

1. 基本概念

采用备抵法核算坏账是在每一会计期间，先估计坏账损失，计入当期费用，同时建立坏账准备，待坏账实际发生时，根据其金额冲减坏账准备，同时转销相应的应收账款。采用备抵法核算坏账损失就避免了直接转销法的缺点。企业在会计核算过程中应遵循谨慎性原则和配比原则的要求对应收账款提取坏账准备，可以将预计未来不能收回的应收账款作为坏账损失计入费用。这样既保持了成本、费用和利润的稳定性，避免虚盈实亏，又在一定程度上消除或减少了坏账损失给企业带来的风险，在财务报表上列示应收账款净额，使企业应收账款可能发生的坏账损失得到及时的反映，从而使会计信息使用者更加清楚地了解企业真实的财务状况。

2. 账户设置

为了核算坏账准备的提取和实际转销情况，在会计核算过程中，需要设置“坏账准备”账户。该账户的性质从属于“应收账款”账户，是“应收账款”的备抵调整账户，其性质上属于“负资产”，其余额代表了“负的应收账款”。期末用“应收账款”的余额（在借方）减去“坏账准备”的余额（在贷方）就是应收账款的净额，列示在资产负债表中。

“坏账准备”贷方登记提取的坏账准备（包括首次计提和以后补提的准备）、已转销的坏账又收回时恢复的坏账准备，借方登记实际发生坏账时冲销的坏账准备、年末冲销多提的坏账准备。

年内期末余额如果在借方，表示实际发生的坏账损失大于已提取的坏账准备的差额（也就是提取不足的坏账准备）；余额如果在贷方，表示已提取但未使用的坏账准备。需要注意的是，该账户的年末余额一定在贷方，反映年末依据应收账款余额的一定比例提取的应收账款的备抵金额，通过“应收账款”与“坏账准备”两个账户进行抵销之后的差额即为应收账款的可变现净值。

3. 金额估计

根据备抵法，每一会计期间都要对坏账损失进行估计，其估计的方法有应收账款余额百分比法、账龄分析法、赊销百分比法等。这些方法只影响对坏账损失的估计，并不影响对坏账损失的核算。尽管赊销是未来坏账的最初缘起，但是，如果应收账款都能在信用期内收回，即使赊销净额再大，也不会变成坏账。但是只要有应收账款，就可能存在将来变成坏账的可能性，因此，以应收账款余额及其风险状况作为估算坏账准备的基础是比较合理的。以下以应收账款余额百分比法来举例说明坏账准备的核算。

年末计算应提取坏账准备金时，首先用应收账款年末余额乘以计提比例，在此基础上结合以前年度已经计提（或提取不足）的坏账准备金进行调整（注意观察“坏账准备”账户的余额方向），确定本次应该计提的坏账准备金额，其计算公式为：

应提取坏账准备＝应收账款年末余额×计提比例

本期实际提取的坏账准备＝应提取坏账准备＋调整前“坏账准备”借方余额

（或－调整前“坏账准备”贷方余额）

结合上述的计算公式作如下的说明：当调整前的“坏账准备”账户为借方余额时，应将本期应提取坏账准备加上调整前“坏账准备”账户的借方余额作为本期实际提取的坏账准备；当调整前的“坏账准备”账户为贷方余额，而且该余额小于应提取坏账准备时，应按二者差额作为本期实际提取的坏账准备；当调整前的“坏账准备”账户为贷方余额，但该余额大于本期应提取坏账准备时，应按二者差额冲减多计提的坏账准备。

4. 会计处理

备抵法下核算坏账损失的账务处理是：提取坏账准备时，借记“信用减值损失”账户，贷记“坏账准备”账户；冲销多提的坏账准备时，借记“坏账准备”账户，贷记“信用减值损失”账户；实际发生坏账冲销坏账准备时，借记“坏账准备”账户，贷记“应收账款”账户；已经转销的坏账如果又收回，应首先借记“应收账款”账户，贷记“坏账准备”账户，然后再借记“银行存款”账户，贷记“应收账款”账户。举例说明备抵法核算坏账损失的账务处理如下。

[例 5.14] 东华公司从 2019 年开始采用备抵法来核算坏账损失，并用应收账款余额百分比法对坏账损失进行估计，根据以往经验，估计坏账率为 5‰。该企业 2019 年年末应收账款余额 200 000 元；2020 年 4 月发生坏账 5 000 元，2020 年年末应收账款的余额为 300 000 元；2021 年 10 月又收回上年已确认坏账的 3 000 元，2021 年年末应收账款余额为 100 000 元。

要求：根据上述业务编制有关会计分录。

[例题解答]

（1）2019 年年末：

提取数：200 000×5‰＝1 000（元）

借：信用减值损失　　　　1 000

　　贷：坏账准备　　　　　　1 000

（2）2020 年发生坏账时：

借：坏账准备　　　　5 000

　　贷：应收账款　　　　　　5 000

（3）2020 年年末：

提取数：300 000×5‰+（5 000−1 000）=5 500（元）

借：信用减值损失　　5 500

　　贷：坏账准备　　5 500

（4）2021 年收回坏账时：

借：应收账款　　3 000

　　贷：坏账准备　　3 000

借：银行存款　　3 000

　　贷：应收账款　　3 000

（5）2021 年年末：

提取数：100 000×5‰−（1 500+3 000）=−4 000（元）

借：坏账准备　　4 000

　　贷：信用减值损失　　4 000

二、应收票据

应收票据是指企业因向客户提供商品或劳务而收到的由客户签发在短期内某一确定日期支付一定金额的书面承诺，是持票企业拥有的债权。应收票据是企业持有的、还未到期兑现的商业汇票，其具有较强的法律约束力，另外，商业汇票的流通性较强，可以背书转让，还可以贴现。

（一）应收票据的分类与计价

根据承兑人的不同，商业汇票可分为承兑人为付款企业的商业承兑汇票和承兑人为银行的银行承兑汇票。根据票据是否带息，商业汇票又可分为带息票据和不带息票据。带息票据到期可按票据的面值和规定的利率收取本金和利息；不带息票据到期则只能按票面金额收取款项。关于应收票据的计价，理论上应按应收票据面值的现值入账，但因我国商业汇票的期限一般较短，利率又较低，采用现值入账较为烦琐，因此，通常情况下应收票据按票面金额入账。但对于带息票据，在会计期末（中期期末或年末）按票据面值和规定的利率计提利息，相应地增加应收票据的票面金额。在票据收回时，包括票面金额和利息两个部分。

（二）应收票据的会计处理

1. 不带息票据的会计处理

不带息票据的票面上只标明面值和票据的到期日，到期价值就是票据的面值。因此，收到票据时，企业直接根据面值入账。企业因销售商品等取得商业票据时，借记“应收票据”科目，贷记“主营业务收入”“应交税费——应交增值税（销项税额）”等科目。收回时，则借记“银行存款”科目，贷记“应收票据”科目。若不能收回，则将其金额转入应收账款。下面举例说明不带息票据的会计处理。

[例 5.15] 2021 年 3 月 1 日，东华公司销售一批商品给西京公司，商品价款为 10 000 元，增值税税率为 13%，商品已发出，东华公司收到西京公司的不带息商业承兑汇票一张，期限为 3 个月，票面金额 11 300 元。3 个月到期后，收回款项并存入银行。

要求：编制东华公司相关的会计分录。

[例题解答]

（1）东华公司销售商品并收到商业汇票时：

借：应收票据　　11 300
　　贷：主营业务收入　　10 000
　　　　应交税费——应交增值税（销项税额）　　1 300

（2）3 个月到期后，收回款项并存入银行：

借：银行存款　　11 300
　　贷：应收票据　　11 300

如果到期后，西京公司不能偿还票款：

借：应收账款　　11 300
　　贷：应收票据　　11 300

2. 带息票据的会计处理

带息票据上一般要列明票据的面值、利率和期限（到期日）。企业在取得票据时，按面值入账。票据收回时，则包括面值和利息两个部分。票据上标明的利率一般是年利率，票据上的期限有两种表示方式，一种是用月表示，另一种则是直接标明到期日。在计算到期利息时，有关到期的期限要注意的是：

（1）票据期限按月表示的，应以到期月与出票日相同的那一天为到期日，如果是月末最后一天出票的，则也应以到期月份的最后一天为到期日；

（2）用日来表示期限的，应以出票日开始实际经历的天数来计算，通常出票日和到期日，只能算一天，即“算头不算尾”或“算尾不算头”。应收票据利息的计算公式如下。

应收票据利息=应收票据的票面金额×票面利率×期限

带息票据到期收到款项时，借记“银行存款”账户，贷记“应收票据”账户（账面价）和“财务费用”账户（差额）。下面举例说明带息票据的会计处理。

[例 5.16] 接[例 5.15]，假设票据为带息票据，票据年利率为 10%。

要求： 编制东华公司相关的会计分录。

[例题解答]

（1）东华公司销售商品并收到票据时：

借：应收票据　　11 300
　　贷：主营业务收入　　10 000
　　　　应交税费——应交增值税（销项税额）　　1 300

（2）3 个月到期后，收回款项并存入银行：

应收票据利息=11 300×10%×3÷12=282.5（元）

借：银行存款　　11 582.5
　　贷：应收票据　　11 300
　　　　财务费用　　282.5

（三）应收票据的贴现

商业汇票是可以背书转让的，当企业急需资金时，可将其持有的未到期应收票据经背书转让给银行或其他金融机构来进行贴现。所谓“贴现”，是指企业以支付贴现息为代价，在票据到期之前，将票据的收款权转让给银行或其他金融机构，提前获得现金的行为。贴现过程中的有关计算公式如下。

贴现息=票据到期值×年贴现率×贴现期

贴现所得=票据到期值-贴现息

发生贴现业务的时候，企业按照收到的银行存款，借记“银行存款”账户，按照应收票据的账面余额，贷记“应收票据”账户，两者的差额，借记或者贷记“财务费用”账户。有关票据贴现的具体核算在此不具体展开。

三、其他应收款的核算

在企业生产经营过程中，除了应收账款和应收票据之外，还会形成其他各种应收款项，如职工个人欠款、存出保证金、应收保险赔偿款、备用金等，它们都是由企业销售商品或提供劳务以外的其他因素引起的临时债权。为了便于管理和分析，应将这类应收款项与应收账款和应收票据区分开来，单独设置账户进行核算，在期末资产负债表上，也应作为流动资产项目单独加以反映。

企业发生其他应收、暂付款项时，应借记“其他应收款”账户，贷记“库存现金”“银行存款”“待处理财产损溢”等账户；收回其他应收、暂付款项时，借记“库存现金”“银行存款”等账户，贷记“其他应收款”账户。

[例 5.17] 东华公司职工张园出差预借差旅费 3 000 元，付给现金。

要求：编制东华公司相关的会计分录。

[例题解答]

相关分录：

借：其他应收款——张园　　3 000

　　贷：库存现金　　3 000

管理延伸

1. 在巨潮资讯网站查找并阅读互联网、房地产、制造业、流通业的上市公司年度报告，查看其中关于收入确认的描述，思考经济事项对于会计核算和职业判断的影响；

2. 同为房地产交易企业，试比较贝壳网和我爱我家的收入构成及确认方法，思考从中可以看出二者的企业盈利模式的差异。

关键词

收入；五步法模型；坏账准备；应收票据

思考题

1. 什么是收入？收入有哪些分类？
2. 收入确认与计量的五步法模型包括哪些内容？
3. 其他货币资金包括哪些内容？
4. 坏账损失有哪些会计处理方法？
5. 如何理解坏账准备账户？
6. 应收票据的票据指的是哪种票据？有哪些分类？

自测题

一、单项选择题

1. 下列项目中，符合收入定义的是（　　）。
   A. 出租设备的租金收入　　B. 处置固定资产净收益
   C. 来源于政府的补贴收入　　D. 接受捐赠

2. 当企业与客户之间的合同同时满足收入确认的前提条件时，收入确认的时点是（　　）。
   A. 向客户收取货款时　　B. 将商品交付客户时
   C. 客户取得相关商品控制权时　　D. 将商品的所有权转移给客户时

3. 对银行已经入账、企业尚未入账的未达账项，企业编制银行存款余额调节表后，一般应当（　　）。
   A. 根据银行存款余额调节表进行账务处理
   B. 根据银行对账单上的记录进行账务处理
   C. 根据对账单和调节表自制凭证进行账务处理
   D. 待结算凭证到达后再进行账务处理

4. 如果企业销售的商品已经发出但不能完全满足收入确认的条件，应将发出商品的成本转入（　　）。
   A. 发出商品　　B. 在途物资　　C. 主营业务成本　　D. 其他业务成本

5. 付款人签发，承兑人承兑，并于到期日向收款人或被背书人支付款项的票据是（　　）。
   A. 银行本票　　B. 银行汇票　　C. 支票　　D. 商业汇票

二、多项选择题

1. 下列各项中，属于“其他货币资金”科目核算内容的有（　　）。
   A. 银行汇票存款　　B. 存出投资款　　C. 银行存款　　D. 外埠存款

2. 采用备抵法核算坏账损失的优点有（　　）。
   A. 符合谨慎性原则
   B. 避免虚增资产
   C. 为报表使用者提供更相关、更可靠的信息
   D. 加速资金周转

3. 下列项目中，不符合收入定义的有（　　）。
   A. 企业代国家收取的增值税　　B. 出售机票代收的保险费
   C. 材料销售收入　　D. 旅行社代收的景点门票款

4. 下列项目企业可以用现金支付的有（　　）。
   A. 向个人收购农副产品　　B. 个人劳务报酬
   C. 出差差旅费　　D. 劳保、福利费

5. 银行票据结算的方式有（　　）。
   A. 银行汇票　　B. 银行本票　　C. 支票　　D. 商业汇票

三、判断题

1. 收入能够导致企业所有者权益增加，但导致所有者权益增加的并不一定都是收入。（　　）
2. 企业银行存款实有数通常需要通过编制银行存款余额调节表的方法进行确定。（　　）
3. 企业编制的银行存款余额调节表是调整银行存款余额的原始凭证。（　　）
4. 应收票据所指的票据不只包括商业汇票，还包括银行汇票和支票。（　　）

5. 采用备抵法核算坏账损失比直接转销法更符合谨慎性原则和配比原则。（　　）

6. 企业资金短缺时，可以将商业汇票背书转让给银行，称为贴现。（　　）

四、计算与账务处理题

1. 2022 年 1 月 20 日鸿运公司售商品给新新公司，价款 100 000 元，增值税税率 13%，货款尚未收到。

要求：编制鸿运公司上述业务的会计分录。

2. 2022 年 1 月 23 日鸿运公司收到新新公司退来的 1 月 20 日销售的部分商品，价款为 30 000 元。

要求：编制鸿运公司相关的会计分录。

3. 2022 年 1 月 25 日，收到新新公司支票一张，余款 79 100 元全部支付。

要求：编制鸿运公司相关的会计分录。

4. 2022 年 3 月 20 日鸿运公司用现金报销职工市内交通费 300 元。

要求：编制鸿运公司相关的会计分录。

5. 2022 年 6 月 1 日鸿运公司将银行存款 100 000 划入某证券公司准备进行短期股票投资。

要求：编制鸿运公司相关的会计分录。

6. 2022 年 12 月 31 日鸿运公司计提坏账准备 60 000 元。

要求：编制鸿运公司相关的会计分录。

五、综合练习

1. 2021 年 12 月 31 日鸿运公司银行存款日记账余额为 980 000 元，银行送来对账单余额为 808 850 元。经逐笔核对，发现以下四笔未达账项。

（1）公司 12 月 29 日开出支票购买办公用品 14 000 元，公司根据支票存根和有关发票已记账，收款人尚未到银行办理转账。

（2）12 月 30 日银行代公司收入一笔托收的货款 95 000 元，银行已记账，而公司尚未收到银行收款通知，因而尚未记账。

（3）12 月 29 日银行代企业支付水电费 17 500 元，银行已记账，而公司尚未收到银行付款通知，因而尚未记账。

（4）公司月末将转账支票 262 650 元送存银行，公司已记账，因跨行结算银行尚未记账。

要求：根据上述资料编制银行存款余额调节表。

2. 2021 年 8 月 1 日鸿运公司销售甲产品 10 000 件，每件售价 20 元（不含增值税），增值税税率为 13%，每件销售成本为 12 元。公司为购货方提供的商业折扣为 10%，代垫运费 200 元，货款及运费尚未收到。2021 年 8 月 10 日鸿运公司收到一张面值为 203 600 元，年利率为 6%的商业承兑汇票，支付前欠的货款，期限为 3 个月。2021 年 11 月 10 日，票据到期后收回款项并存入银行。

要求：编制鸿运公司相关的会计分录。

3. 鸿运公司从 2019 年开始采用备抵法来核算坏账损失，并用应收账款余额百分比法对坏账损失进行估计，根据以往经验，估计坏账率为 5%。该公司 2019 年年末应收账款余额 3 000 000 元；2020 年 4 月发生坏账 120 000 元，2020 年年末应收账款的余额为 2 800 000 元；2021 年 10 月又收回上年已确认坏账的 80 000 元，2021 年年末应收账款余额为 4 000 000 元。

要求：根据上述业务编制有关会计分录。

第六章 采购、存货与付款

引言

贵糖股份（000833，现已更名为粤桂股份）在2012年及以前年度会计核算中，其原煤、蔗渣、板浆等大额大宗原材料暂估入账时缺乏相关依据，只暂估入账金额，未确认入账数量，影响了原材料的发出和结存成本。相关会计核算不符合《中华人民共和国会计法》《企业会计准则》有关规定，审计机构致同会计师事务所对财务报告内部控制出具了否定意见的审计报告，由此该公司在2013年9月收到证监会广西监管局警示函。

存货是制造业的重要资产，其会计核算结果会同时影响资产负债表和利润表。本章将学习存货和与之相关联的采购及付款业务循环。

学习目标

1. 了解企业的采购活动；
2. 掌握存货的概念、特征、分类、确认条件及存货购进会计处理；
3. 理解永续盘存制与实地盘存制；
4. 掌握发出存货的计价方法及会计处理；
5. 掌握存货清查的会计处理。

第一节 采购、存货与付款业务循环概述

如前所述，对生产制造企业而言，其生产经营活动由购进、生产和销售三个环节构成。企业根据生产需求采购所需原材料等物资投入生产。对于商品流通企业而言，其经营活动缺少产品生产过程，主要包括商品采购和商品销售两个过程。在商品采购过程，企业需要根据市场需求和商品采购计划购进各种商品，并对所购商品进行整理，以备销售。在商品销售过程，企业将其购入的商品销售给有需求的购货方或顾客，从而完成企业的经营过程。前面我们已经学习了销售环节，生产环节因为涉及很多经营性负债的核算，将在后续章节中详细展开。

一、与采购、存货与付款相关的经济业务

企业存货取得途径常见的就是购进与生产。原材料、商品、消耗品大多是从外部采购（即购进）的，产成品是已生产完工的产品。企业在生产过程中需要投入材料、人工和制造费用用于产品的生产，这些费用通过生产成本账户归集后，产品完工时再转入产品成本中。无论是完工产品还是在产品，以及各种未耗用的材料，都反映在资产负债表的存货项目中。当产品或商品被销售后，一方面要登记营业收入，另一方面要结转营业成本，营业收入和营业成本都体现在利润表上。同时，企业的采购支付货款也表现为现金流量表中的经营活动现金流出。采购及存货业务循环与会计信息处理系统的关系如图6-1所示。

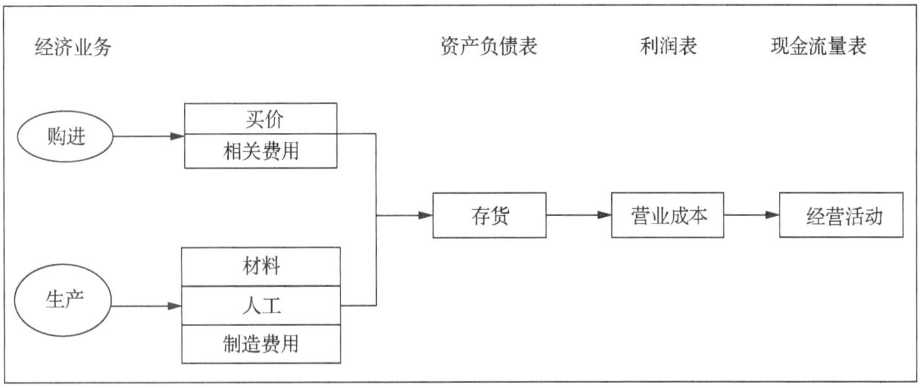

图 6-1　采购及存货业务循环与会计信息处理系统

二、采购、存货与付款业务循环账户及关系

我们以存货为中心，看看核算涉及的环节及相关对应账户。

（一）存货的采购和付款

（1）当企业取得三种原始凭证，即采购发票、银行付款凭证和材料（或商品）入库单时，我们书面描述为采购原材料（商品），材料（商品）已入库，货款用“银行存款”支付，基本框架为：

借：原材料（或库存商品）

　　贷：银行存款

（2）商业信用情况下，往往是先取得货物，货款未付，也就是缺少银行付款凭证，基本框架为：

借：原材料（或库存商品）

　　贷：应付账款

后期偿还应付账款：

借：应付账款

　　贷：银行存款

（3）如果货物未到达，货款已付，基本框架为：

借：在途物资

　　贷：银行存款

后期存货入库：

借：原材料（或库存商品）

　　贷：在途物资

（二）存货的发出

存货发出按照其用途计入成本或者费用。通常情况下的核算框架为：

借：生产成本或者制造费用（或主营业务成本）

　　贷：原材料（或库存商品）

采购、存货及付款循环涉及的账户及账户之间的关系如图 6-2 所示。

下面我们进行存货的购进、发出及清查的学习，应付账款的具体核算我们放到筹资活动章节介绍。

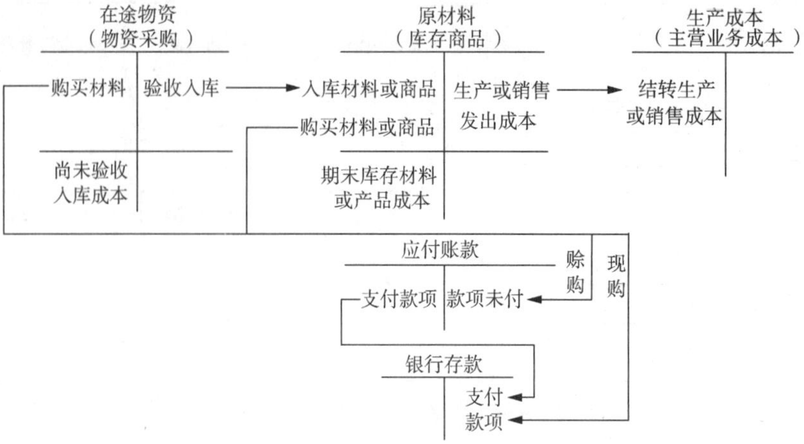

图 6-2　采购、存货及付款循环账户及关系

第二节　存货的购进

一、存货的概念与特征

存货，是指企业在日常活动中持有以备出售的产成品或商品、处在生产过程中的在产品、在生产过程或提供劳务过程中耗用的材料和物料等。存货具有如下主要特征。

（1）存货是一种具有物质实体的有形资产。存货包括原材料、在产品、产成品及商品、周转材料等各类具有物质实体的材料物资，有别于金融资产、无形资产等没有实物形态的资产。

（2）存货属于流动资产，具有较大的流动性。存货通常都将在一年以内（含）或超过一年的一个营业周期内被销售或耗用，具有较强的变现能力，明显不同于固定资产具有物质实体的非流动资产。

（3）存货以在正常生产经营过程中被销售或耗用为目的而取得。企业持有存货的目的在于准备在正常经营过程中予以出售，如商品、产成品等；或者仍处在生产过程中，待制成产成品后再予以出售，如在产品、半成品等；或者将在生产过程或提供劳务过程中被耗用，如材料和物料、周转材料等。企业在判断一个资产项目是否属于存货时，必须考虑持有该资产的目的。例如，企业为生产产品或提供劳务而购入的材料，属于存货；但为建造固定资产而购入的材料，就不属于存货。再如，对于生产和销售机器设备的企业来说，机器设备属于存货；而对于使用机器设备进行产品生产的企业来说，机器设备则属于固定资产。此外，企业为国家储备的特种物资、专项物资等，并不参加企业的经营周转，也不属于存货。

（4）存货属于非货币性资产，存在价值减损的可能性。存货通常能够在正常生产经营过程中被销售或耗用，并最终转换为货币资金。但由于存货的价值易受市场价格以及其他因素变动的影响，其能够转换的货币资金数额不是固定的，具有较大的不确定性。当存货长期不能销售或耗用时，就有可能变为积压物资或者需要降价销售，给企业带来损失。

二、存货的确认条件

企业在确认某项资产是否作为存货时，首先要视其是否符合存货的概念，在此前提下，应当同时满足存货确认的两个条件，才能加以确认。

（一）与该存货有关的经济利益很可能流入企业

在通常情况下，随着存货实物的交付和所有权的转移，存货的控制权也一并转移。就销货方而言，转出存货的所有权一般可以表明丧失了对存货的控制权，即该存货所包含的经济利益已经流出企业；就购货方而言，转入存货的所有权则一般可以表明取得了对存货的控制权，即能够主导该商品的使用并从中获得几乎全部的经济利益。因此，存货确认的一个重要标志，就是企业是否拥有某项存货的所有权。一般来说，凡企业拥有所有权的货物，无论存放何处，都应包括在本企业的存货之中；而尚未取得所有权或者已将所有权转移给其他企业的货物，即使存放在本企业、也不应包括在本企业的存货之中。

但需要注意的是，在有些交易方式下，存货实物的交付及所有权的转移与存货控制权的转移可能并不同步，此时，存货的确认应当注重交易的经济实质，而不能仅仅依据其所有权的归属。例如，在售后回购交易方式下，销货方在销售商品时，商品的所有权已经转移给了购货方，但由于销货方按合同约定将来要购回所售商品，所以购货方并没有真正取得对商品的控制权，其交易的实质是购货方向销货方租赁资产或销货方以商品为质押向购货方融通资金，购货方不应将所购商品确认为其存货。再如，在分期收款销售方式下，销货方为了保证账款如期收回，通常要在分期收款期限内保留商品的法定所有权，直至账款全部收回，但销货方保留的这项权利通常不会对客户取得对所购商品的控制权形成障碍。从该项交易的经济实质来看，当销货方将商品交付购货方时，购货方就能够主导该商品的使用并从中获得几乎全部的经济利益，即已取得了对商品的控制权，购货方应将所购商品确认为其存货。

（二）存货的成本能够可靠地计量

存货作为资产的重要组成部分，在确认时必须符合资产确认的基本条件，即成本能够可靠地计量。成本能够可靠地计量，是指成本的计量必须以取得的确凿、可靠的证据为依据，并且具有可验证性。

三、存货的分类

存货分布于企业生产经营的各个环节，而且种类繁多、用途各异。为了加强存货的管理，企业应当对存货进行适当的分类。

不同行业的企业由于经济业务的具体内容各不相同，其存货的构成也不尽相同。例如，服务性企业的主要业务是提供劳务，其存货以办公用品、家具用具以及少量消耗性的物料用品为主；商业企业的主要业务是商品购销，其存货以待销售的商品为主，也包括少量的周转材料和其他物料用品；工业企业的主要业务是生产和销售产品，其存货构成比较复杂，不仅包括各种将在生产经营过程中耗用的原材料、周转材料，也包括仍然处在生产过程中的在产品，还包括准备出售的产成品。因此，存货的具体内容和类别应依企业所处行业的性质而定。以工业企业为例，存货按经济用途可作如下分类。

（1）原材料。原材料是指在生产过程中经加工改变其形态或性质并构成产品主要实体的各种原料及主要材料、辅助材料、外购半成品、修理用备件、包装材料、燃料等。

（2）在产品。在产品是指仍处于生产过程中尚未完工入库的生产物，包括正处于各个生产工序尚未制造完成的在产品，以及虽已制造完成但尚未检验或虽检验但尚未办理入库手续的产成品。

（3）自制半成品。自制半成品是指在本企业已经过一定生产过程的加工并经检验合格交付半成品仓库保管，但尚未最终制造完成、仍需进一步加工的中间产品。

（4）产成品。产成品是指已经完成全部生产过程并验收入库，可以按照合同规定的条件送交订货单位，或者可以作为商品对外销售的产品。

（5）周转材料。周转材料是指企业能够多次使用但不符合固定资产定义、不能确认为固定资产的各种材料，主要包括包装物和低值易耗品。包装物，是指为了包装本企业产品而储备的各种包装容器，如桶箱、瓶、坛、袋等，其主要作用是盛装、装潢产品；低值易耗品，是指在使用过程中基本保持其原有实物形态不变但单位价值相对较低、使用期限相对较短，或在使用过程中容易损坏，因而不能确认为固定资产的各种用具物品，如工具、管理用具、玻璃器皿、劳动保护用品，以及在经营过程中周转使用的包装容器等。

四、存货购进的核算

在企业取得存货的各种途径中，尤以购进存货的核算内容最为全面，最具代表性。因而，我们这里仅以购进的原材料为例说明存货增加的具体核算内容。

（一）外购存货的成本

外购存货的成本是指存货从采购到入库前所发生的全部支出，即采购成本，一般包括购买价款、相关税费、运输费、装卸费、保险费以及其他可归属于存货采购成本的费用。购买价款，是指所购货物发票账单上列明的价款，但不包括按规定可予抵扣的增值税进项税额；相关税费，是指进口关税、购买存货发生的消费税以及不能从增值税销项税额中抵扣的进项税额等；其他可归属于存货采购成本的费用，是指存货采购过程中发生的除上述各项费用以外的仓储费、包装费、运输途中的合理损耗、大宗物资的市内运杂费、入库前的挑选整理费用等可直接归属于存货采购成本的费用。

应当注意的是，市内零星货物运杂费、采购人员的差旅费、采购机构的经费以及供应部门经费等，一般不应当包括在存货的采购成本中。

（二）外购存货的会计处理

企业外购存货的方式包括现购方式、预付款购货方式和赊购方式三种。在不同的购货方式下，其会计处理有所不同。因此，企业外购的存货应当根据具体的购货方式，分别进行会计处理。

1. 现购方式

在采用现购方式购入存货的情况下，由于企业距离采购地点距离不同、货款结算方式不同等原因，可能造成存货验收入库和货款结算并不总是同步完成的。具体包括以下三种情况。

（1）存货验收入库和货款结算同时完成。在存货验收入库和货款结算同时完成的情况下，企业应于支付货款或开出、承兑商业汇票并且存货验收入库后，按发票账单等结算凭证确定的存货成本，借记“原材料”“库存商品”等存货科目，按增值税专用发票上注明的增值税进项税额，借记“应交税费——应交增值税（进项税额）”科目，按实际支付的款项或应付票据面值，贷记“银行存款”“应付票据”等科目。

[例 6.1] 2021 年 5 月 1 日，东华公司购入一批原材料，增值税专用发票上注明的材料价款为 20 000 元，增值税进项税额为 2 600 元。货款已通过银行转账支付，材料也已验收入库。

要求：编制东华公司相关的会计分录。

[例题解答]

相关分录：

借：原材料　　20 000

　　应交税费——应交增值税（进项税额）　　2 600

　　贷：银行存款　　22 600

（2）货款已结算但存货尚在运输途中。在已经支付货款或开出、承兑商业汇票但存货尚在运输途中或虽已运达但尚未验收入库的情况下，企业应于支付货款或开出、承兑商业汇票时，按发票账单等结算凭证确定的存货成本，借记“在途物资”科目，按增值税专用发票上注明的增值税进项税额，借记“应交税费——应交增值税（进项税额）”科目，按实际支付的款项或应付票据面值，贷记“银行存款”“应付票据”等科目；待存货运达企业并验收入库后，再根据有关验货凭证，借记“原材料”“库存商品”等存货科目，贷记“在途物资”科目。

[例 6.2] 2021 年 5 月 3 日，东华公司购入一批原材料，增值税专用发票上注明的材料价款为 200 000 元，增值税进项税额为 26 000 元；同时，销货方代垫运杂费 6 600 元，其中，允许抵扣的增值税税额为 450 元。上列货款及销货方代垫的运杂费已通过银行转账支付，材料尚在运输途中。

要求：编制东华公司相关的会计分录。

[例题解答]

① 支付货款，材料尚在运输途中：

增值税进项税额=26 000+450=26 450（元）

原材料采购成本=200 000+（6 600−450）=206 150（元）

借：在途物资　　206 150
　　应交税费——应交增值税（进项税额）　　26 450
　　贷：银行存款　　232 600

② 原材料运达企业，验收入库：

借：原材料　　206 150
　　贷：在途物资　　206 150

（3）存货已验收入库但货款尚未结算。在存货已运达企业并验收入库，但发票账单等结算凭证尚未到达、货款尚未结算的情况下，企业在收到存货时可先不进行会计处理。如果在本月内结算凭证能够到达企业，则应在支付货款或开出、承兑商业汇票后，按发票账单等结算凭证确定的存货成本，借记“原材料”“库存商品”等存货科目，按增值税专用发票上注明的增值税进项税额，借记“应交税费——应交增值税（进项税额）”科目，按实际支付的款项或应付票据面值，贷记“银行存款”“应付票据”等科目。如果月末时结算凭证仍未到达，为全面反映资产及负债情况，应对收到的存货按暂估价值入账，借记“原材料”“库存商品”等存货科目，贷记“应付账款——暂估应付账款”科目，下月初再编制相同的红字记账凭证予以冲回；待结算凭证到达，企业付款或开出承兑商业汇票后，按发票账单等结算凭证确定的存货成本，借记“原材料”“库存商品”等存货科目，按增值税专用发票上注明的增值税进项税额，借记“应交税费——应交增值税（进项税额）”科目，按实际支付的款项或应付票据面值，贷记“银行存款”“应付票据”等科目。

[例 6.3] 2021 年 5 月 28 日，东华公司购入一批原材料，材料已运达企业并已验收入库，但发票账单等结算凭证尚未到达。月末时，该批货物的结算凭证仍未到达，东华公司对该批材料估价 32 000 元入账。6 月 5 日，结算凭证到达企业，增值税专用发票上注明的原材料价款为 30 000 元，增值税进项税额为 3 900 元，货款通过银行转账支付。

要求：编制东华公司相关的会计分录。

[例题解答]

① 5 月 28 日，材料运达企业并验收入库，暂不作会计处理。

② 5 月 31 日，结算凭证仍未到达，对该批材料按暂估价值入账：

借：原材料　　32 000

　　贷：应付账款——暂估应付账款　　32 000

③ 6 月 1 日，编制红字记账凭证冲回估价入账分录（方框表示红字冲销）：

借：原材料　　32 000

　　贷：应付账款——暂估应付账款　　32 000

④ 6 月 5 日，收到结算凭证并支付货款：

借：原材料　　30 000

　　应交税费——应交增值税（进项税额）　　3 900

　　贷：银行存款　　33 900

2. 预付款购货方式

在采用预付货款方式购入存货的情况下，企业应在预付货款时，按照实际预付的金额，借记“预付账款”科目，贷记“银行存款”科目；购入的存货验收入库时，按发票账单等结算凭证确定的存货成本，借记“原材料”“库存商品”等存货科目，按增值税专用发票上注明的增值税进项税额，借记“应交税费——应交增值税（进项税额）”科目，按存货成本与增值税进项税额之和，贷记“预付账款”科目。预付的货款不足，需补付货款时，按照补付的金额，借记“预付账款”科目，贷记“银行存款”科目；供货方退回多付的货款时，借记“银行存款”科目，贷记“预付账款”科目。

[例 6.4] 2021 年 6 月 18 日，东华公司向西京公司预付货款 56 000 元，采购一批原材料。西京公司于 7 月 5 日交付所购材料，并开来增值税专用发票，材料价款为 50 000 元，增值税进项税额为 6 500 元。7 月 12 日，东华公司将应补付的货款 500 元通过银行转账支付。

要求：编制东华公司相关的会计分录。

[例题解答]

（1）6 月 18 日，预付货款：

借：预付账款——西京公司　　56 000

　　贷：银行存款　　56 000

（2）7 月 5 日，材料验收入库：

借：原材料　　50 000

　　应交税费——应交增值税（进项税额）　　6 500

　　贷：预付账款——西京公司　　56 500

（3）7 月 12 日，补付货款：

借：预付账款——西京公司　　500

　　贷：银行存款　　500

3. 赊购方式

在采用赊购方式购入存货的情况下，企业应于存货验收入库后，按发票账单等结算凭证确定的存货成本，借记“原材料”“库存商品”等存货科目，按增值税专用发票上注明的增值税进项税额，借记“应交税费——应交增值税（进项税额）”科目，按应付未付的货款，贷记“应付账款”科目；待支付款项或开出、承兑商业汇票后，再根据实际支付的货款金额或应付票据面值，借记“应付账款”科目，贷记“银行存款”“应付票据”等科目。

[例 6.5] 2021 年 8 月 15 日，东华公司从西京公司赊购一批原材料，增值税专用发票上注

明的原材料价款为 40 000 元，增值税进项税额为 5 200 元。根据购货合同约定，东华公司应于 8 月 30 日之前支付货款。

要求：编制东华公司相关的会计分录。

[例题解答]

（1）8 月 15 日，赊购原材料：

借：原材料　　40 000

　　应交税费——应交增值税（进项税额）　　5 200

　　贷：应付账款——西京公司　　45 200

（2）8 月 30 日，支付货款：

借：应付账款——西京公司　　45 200

　　贷：银行存款　　45 200

第三节　期末存货数量的确定方法

前面介绍了存货和存货购进的账务处理。本节主要解决的是期末存货的数量问题，而关于期末存货实际单位成本确定的问题，也就是存货计价的问题将在下一节进行讨论。

一、永续盘存制

永续盘存制又称账面盘存制，是指在会计核算过程中，平时根据各种存货有关的凭证，按其数量在存货明细账中既登记存货的收入数，又登记存货发出数，可以随时根据账面记录来确定存货结存数的制度，在永续盘存制下，确定存货数量的计算公式：

期末结存存货数量=期初结存存货数量+本期收入存货数量-本期发出存货数量

二、实地盘存制

实地盘存制又称以存计耗制或以存计销制，是指在会计核算过程中，对于各种存货，平时只登记其收入数，不登记其发出数，会计期末通过实地盘点确定实际盘存数，再倒挤计算本期发出存货数量的一种方法。实地盘存制下有关的计算公式为：

期初结存存货数量+本期收入存货数量=本期耗用或销售存货数量+期末结存存货数量

期末结存存货成本=实际库存数量×存货单位成本

实际库存数量=实地盘点数量+已提未销数量-已销未提数量+在途数量

本期发出存货成本=期初结存存货成本+本期收入存货成本-期末结存存货成本

三、两种盘存制度的比较

（一）实地盘存制的特点

在实地盘存制下，企业平时只记录存货的收入数量和金额，对存货的发出和结存情况不做连续的记录，期末盘点的存货数量是计算本期存货减少的依据。因为可以不登记存货明细账的发出栏，所以企业减少了存货核算的工作量，简化了核算手续，这是实地盘存制的优点。然而这种方法也有其缺点，表现在以下三个方面：

（1）实地盘存制“以存计销，以存计耗”，容易造成存货保管中产生的自然损耗、损失浪费、计算差错、贪污、盗窃等存货的减少都计入耗用或销售成本，影响成本计算和利润确定的正确性。

（2）采用实地盘存制，企业平时缺乏连续的存货记录，不能通过账簿记录随时反映各种存货的收入、发出和结存情况，不利于企业对存货的计划、管理和控制。

（3）企业只有在期末对存货进行了实地盘存之后，才能倒挤出已耗用或已销售商品成本，不能随时结转。实地盘存制一般适用于存货品种规格繁多、存货单位价值较低的企业。

（二）永续盘存制的特点

永续盘存制则克服了实地盘存制的局限，其优点表现在以下三个方面：

（1）永续盘存制下，企业对存货的每一项变动都逐笔登记，存货明细账上可以随时反映存货的收入、发出和结存情况，因此，有利于企业对存货的数量和金额进行管理和控制，为经营决策提供及时、准确的信息，如决定何时订购原材料、订购多少原材料以及分析客户对每个产品的需求等。

（2）永续盘存登记表本身具有核查功能，这是实地盘存制所不具有的。永续盘存制下，存货的账面记录与结存的实物可以经常核对，有利于企业查明存货溢缺的原因，及时进行纠正。同时，企业能将存货的损耗单独确认出来，而不是全部计入已耗用或已销售产品成本。

（3）永续盘存制下，可随时结转已销售产品成本来编制利润表，而不必等到盘存之后。

永续盘存制的缺点是存货明细账核算的工作量较大，同时还可能出现账面记录与实际不符的情况，为此企业就要对存货进行定期或不定期的核对，以查明存货账实是否相符。

第四节 存货发出

一、存货发出计价的难点

存货的实物流转和价值流转都遵循同样的等式关系：

实物流转：期初存货数量+本期增加存货数量=本期发出存货数量+期末存货数量

价值流转：期初存货金额+本期增加存货金额=本期发出存货金额+期末存货金额

其中，等式左边的两项是已知数，企业都会有记录，等式右边的两项按照等式关系，我们确定其中的一项，就可以计算得出另外一项。永续盘存制和实地盘存制都能解决实物流转等式中的各个变量，而从价值流转看，我们还需要确定本期发出存货金额和期末存货金额中的一项。

而在企业实务中，这两个变量并不是很容易能够得到的，而是要采用一定方法计算得出的，尤其是在传统的记账模式下。因为即使是永续盘存制，也是实时记录存货发出的数量，而一般不记录金额，虽然大多数企业的存货是标准化的产品，但是每一批购进或者生产出来的存货的单价并不完全相同，因此，除非实时鉴别每次发出的存货的实物并且跟踪其取得成本，也就是采用后面所讲的个别计价法，这种方法下存货的价值流转和实物流转是完全一致的（条件不具备时这种方法成本过高而不被企业采纳），否则无法直接确定发出存货的成本。所以就需要有系统的方法来确定发出存货的价值。在这种情况下，存货的价值流转和实物流转会存在差异，但是这种差异一般在可接受的范围内，符合成本效益关系，从而被企业广泛采用。

科学确定发出存货的计价非常关键，因为本期发出存货金额通常作为企业的费用或者成本，与利润表密切相关，期末存货金额也与资产负债表密切相关。

二、存货发出的计价方法

我国《企业会计准则》规定，企业在确定发出存货的成本时，可以采用先进先出法、加权平均法（包括月末一次加权平均法和移动加权平均法）或者个别计价法。企业应当根据实际情况，综合考虑存货的性质、实物流转方式和管理的要求，选择适当的存货计价方法，合理确定发出存货的实际成本。对于性质和用途相似的存货，应当采用相同的存货计价方法。存货计价方法一旦选定，前后各期应当保持一致，并在会计报表附注中予以披露。

（一）先进先出法

先进先出法是以先入库的存货先发出去这一存货成本流转假设为前提，对先发出的存货按先入库的存货单位成本计价，对后发出的存货按后入库的存货单位成本计价，据以确定本期发出存货和期末结存存货成本的一种方法。

[例 6.6] 东华公司 2021 年 6 月 A 商品的购进、发出和结存资料，见表 6-1。

要求：用先进先出法计算东华公司本月发出 A 商品和月末结存 A 商品成本。

表 6-1　　存货明细账

存货名称：A 商品　　计量单位：元/件

2021 年		凭证编号	摘要	收入			发出			结存		
月	日			数量	单价	金额	数量	单价	金额	数量	单价	金额
6	1		期初结存							200	60	12 000
	5		购进	500	66	33 000				700		
	7		发出				400			300		
	16		购进	600	70	42 000				900		
	18		发出				800			100		
	27		购进	500	68	34 000				600		
	29		发出				300			300		
6	30		期末结存	1 600		109 000	1 500			300		

[例题解答]

东华公司采用先进先出法计算的 A 商品本月发出和月末结存成本如下：

6 月 7 日发出 A 商品成本=60×200+66×200=25 200（元）

6 月 18 日发出 A 商品成本=66×300+70×500=54 800（元）

6 月 29 日发出 A 商品成本=70×100+68×200=20 600（元）

月末结存 A 商品成本=68×300=20 400（元）

根据上述计算，本月 A 商品的收入、发出和结存情况，见表 6-2，这是一个数量金额式的账页格式。

表 6-2　　存货明细账（先进先出法）

存货名称：A 商品　　计量单位：元/件

2021 年		凭证编号	摘要	收入			发出			结存		
月	日			数量	单价	金额	数量	单价	金额	数量	单价	金额
6	1		期初结存							200	60	12 000

续表

2021年		凭证编号	摘要	收入			发出			结存		
月	日			数量	单价	金额	数量	单价	金额	数量	单价	金额
	5		购进	500	66	33 000				700		45 000
	7		发出				400		25 200	300		19 800
	16		购进	600	70	42 000				900		61 800
	18		发出				800		54 800	100		7 000
	27		购进	500	68	34 000				600		41 000
	29		发出				300		20 600	300		20 400
6	30		期末结存	1 600		109 000	1 500		100 600	300		20 400

采用先进先出法进行存货计价，可以随时确定发出存货的成本，从而保证了产品成本和销售成本计算的及时性，并且期末存货成本是按最近购货成本确定的，比较接近现行的市场价值。但采用该方法计价，有时对同一批发出存货要采用两个或两个以上的单位成本计价，计算烦琐，对存货进出频繁的企业更为明显。从该方法对财务报告的影响来看，在物价上涨期间，会高估当期利润和存货价值；反之，会低估当期利润和存货价值。

（二）月末一次加权平均法

月末一次加权平均法，是指以月初结存存货数量和本月收入存货数量作为权数，计算本月存货的加权平均单位成本，据以确定本月发出存货成本和月末结存存货成本的一种方法。加权平均单位成本以及本月发出存货成本和月末结存存货成本的计算公式如下：

$$加权平均单位成本=\frac{月初结存存货成本+本月收入存货成本}{月初结存存货数量+本月收入存货数量}$$

本月发出存货成本=加权平均单位成本×本月发出存货的数量

月末结存存货成本=加权平均单位成本×本月结存存货的数量

由于在计算加权平均单位成本时往往不能除尽，为了保证月末结存存货数量、加权平均单位成本的一致性，实务中，应当先按加权平均单位成本计算月末结存存货成本，然后倒减出本月发出存货成本，将计算尾差挤入发出存货成本。即：

月末结存存货成本=加权平均单位成本×本月结存存货的数量

本月发出存货成本=（月初结存存货成本+本月收入存货成本）−月末结存存货成本

[例 6.7] 东华公司 2021 年 6 月 A 商品的购进、发出和结存资料，见表 6-1。

要求：用月末一次加权平均法计算东华公司本月发出 A 商品和月末结存 A 商品成本。

[例题解答]

东华公司采用月末一次加权平均法计算的 A 商品本月加权平均单位成本及本月发出和月末结存成本如下：

$$加权平均单位成本=\frac{12\,000+109\,000}{200+1\,600}=67.22\ （元/件）$$

月末结存 A 商品成本=67.22×300=20 166（元）

本月发出 A 商品成本=（12 000+109 000）−20 166=100 834（元）

根据上述计算，本月 A 商品的收入、发出和结存情况，见表 6-3。

表6-3 存货明细账（月末一次加权平均法）

存货名称：A 商品 计量单位：元/件

2021年		凭证编号	摘要	收入			发出			结存		
月	日			数量	单价	金额	数量	单价	金额	数量	单价	金额
6	1		期初结存							200	60	12 000
	5		购进	500	66	33 000				700		
	7		发出				400			300		
	16		购进	600	70	42 000				900		
	18		发出				800			100		
	27		购进	500	68	34 000				600		
	29		发出				300			300		
6	30		期末结存	1 600		109 000	1 500		100 834	300	67.22	20 166

采用月末一次加权平均法，只在月末一次计算加权平均单位成本并结转发出存货成本即可，平时不对发出存货计价，因而日常核算工作量较小，简便易行，适用于存货收发比较频繁的企业。但也正因为存货计价集中在月末进行，所以平时无法提供发出存货和结存存货的单价及金额，不利于存货的管理。

（三）个别计价法

个别计价法，亦称个别认定法或具体辨认法，是指本期发出存货和期末结存存货的成本，完全按照该存货所属购进批次或生产批次入账时的实际成本进行确定的一种方法。由于采用该方法要求各批发出的存货必须可以逐一辨认所属的购进批次或生产批次，因此，需要对每一存货的品种规格、入账时间、单位成本、存放地点等进行详细记录。

个别计价法的特点是存货的成本流转与实物流转完全一致，因而能准确地反映本期发出存货和期末结存存货的成本。但采用该方法必须具备详细的存货收、发、存记录，日常核算非常烦琐，存货实物流转的操作程序也相当复杂。一般来说，个别计价法只适用于不能替代使用的存货或为特定项目专门购入或制造的存货的计价，以及品种数量不多、单位价值较高或体积较大、容易辨认的存货的计价，如房产、船舶、飞机、重型设备以及珠宝、名画等贵重物品。

需要指出的是，随着越来越多的企业采用计算机信息系统进行会计处理，使得在手工操作下具有明显局限性的计价方法，如移动加权平均法、个别计价法等，也可以广泛应用于发出存货的计价。

三、发出存货的会计处理

存货是为了满足企业生产经营的各种需要而储备的，其经济用途各异，消耗方式也各不相同。因此，企业应当根据各类存货的特点及用途，对发出存货进行相应的会计处理。

（一）生产经营领用的原材料

原材料在生产经营过程中领用后，其原有实物形态会发生改变甚至消失，其成本也随之形成相关资产成本或直接转化为费用。根据原材料的消耗特点，企业应按发出原材料的用途，将其成本直接计入相关资产成本或当期费用。领用原材料时，按计算确定的实际成本，借记“生产成本”“制造费用”“在建工程”“销售费用”“管理费用”等科目，贷记“原材料”科目。

[例 6.8] 2021 年 6 月 20 日，东华公司领用原材料一批实际成本为 21 300 元。其中，生产产品领用 20 000 元，生产车间一般耗用 800 元，管理部门领用 500 元。

要求： 编制东华公司相关的会计分录。

[例题解答]

相关分录：

借：生产成本　　20 000
　　制造费用　　800
　　管理费用　　500
　　贷：原材料　　21 300

（二）销售的存货

企业对外销售商品、原材料取得销售收入时，应按已收或应收的合同或协议价款，加上应收取的增值税，借记“银行存款”“应收账款”“应收票据”等科目，按确定的收入金额，贷记“主营业务收入”“其他业务收入”等科目，按应收取的增值税，贷记“应交税费——应交增值税（销项税额）”科目。

[例 6.9] 2021 年 7 月 15 日，东华公司销售一批商品给西京公司，销售合同中注明的合同价款为 60 000 元（不含税价格），适用的增值税税率为 13%。东华公司生产该批商品的成本为 48 000 元。商品已发出，货款尚未收到。

要求： 编制东华公司销售业务的会计分录。

[例题解答]

（1）东华公司销售商品的会计分录：

借：应收账款　　67 800
　　贷：主营业务收入　　60 000
　　　　应交税费——应交增值税（销项税额）　　7 800

（2）东华公司结转成本的会计分录：

借：主营业务成本　　48 000
　　贷：库存商品　　48 000

[例 6.10] 2021 年 7 月 18 日，东华公司销售一批原材料，售价为 8 000 元，适用的增值税税率为 13%，价款已收存银行。东华公司该批原材料账面价值为 6 400 元。

要求： 编制东华公司销售业务的会计分录。

[例题解答]

（1）东华公司销售商品的会计分录：

借：银行存款　　9 040
　　贷：其他业务收入　　8 000
　　　　应交税费——应交增值税（销项税额）　　1 040

（2）东华公司结转成本的会计分录：

借：其他业务成本　　6 400
　　贷：原材料　　6 400

第五节 存货清查

一、存货清查的意义与方法

存货是企业资产的重要组成部分，且处于不断销售或耗用以及重置之中，具有较强的流动性。为了加强对存货的控制，维护存货的安全完整，企业应当定期或不定期对存货的实物进行清查，以确定存货的实有数量，并与账面记录进行核对，确保存货账实相符。企业至少应当在编制年度财务会计报告之前，对存货进行一次全面的清查盘点。

存货清查采用实地盘点、账实核对的方法。在每次进行清查盘点前，企业应将已经收发的存货数量全部登记入账，并准备盘点清册，抄列各种存货的编号、名称、规格和存放地点。实地盘点时，企业应在盘点清册上逐一登记各种存货的账面结存数量和实存数量，并进行核对。对于账实不符的存货，企业应查明原因，分清责任，并根据清查结果编制“存货盘存报告单”，作为存货清查的原始凭证。

在进行存货清查盘点时，如果发现存货盘盈或盘亏，应于期末前查明原因，并根据企业相关规定，报经股东大会、董事会、经理（厂长）会议或类似机构批准后，在期末结账前处理完毕。

二、存货盘盈与盘亏的会计处理

前面学习账实核对的时候我们介绍了账务处理的基本步骤，第一是调整账面，使账面与实存相符；第二是根据企业对于账实不符的处理结果，进行相应的会计处理。这里我们新增一个账户“待处理财产损溢”，专门用于核算财产清查的处理过程。其账户结构及其与其他账户关系如图 6-3 所示。“待处理财产损溢”是一个临时性的账户，在财产清查完成后，其账户余额为零。

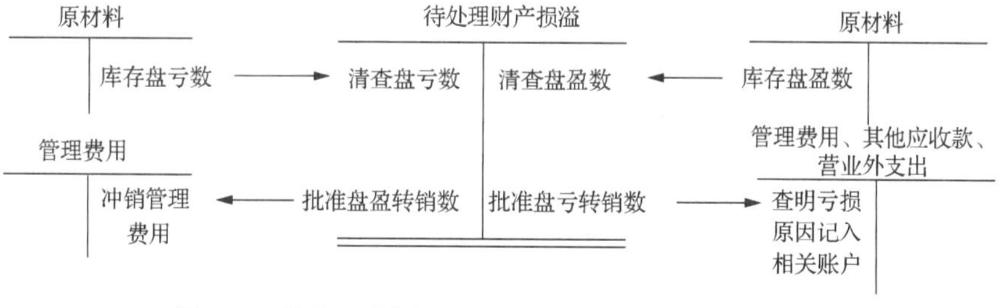

图 6-3 “待处理财产损溢”账户结构及其与其他账户关系

（一）存货盘盈

存货盘盈，是指存货的实存数量超过账面结存数量的差额。存货发生盘盈时，企业应按其重置成本作为入账价值，及时予以登记入账，借记“原材料”“库存商品”等存货科目，贷记“待处理财产损溢——待处理流动资产损溢”科目；待查明原因，企业按相关规定报经批准处理后，冲减当期管理费用。

[例 6.11] 2021 年 6 月 30 日，东华公司在存货清查中发现盘盈一批流动资产 A 材料，重置成本为 5 000 元。（1）发现盘盈，原因待查。（2）查明原因，报经批准处理。

要求：编制东华公司相关的会计分录。

[例题解答]

（1）发现盘盈，原因待查：

借：原材料——A 材料　　5 000

　　贷：待处理财产损溢——待处理流动资产损溢　　5 000

（2）查明原因，报经批准处理：

借：待处理财产损溢——待处理流动资产损溢　　5 000

　　贷：管理费用　　5 000

（二）存货盘亏

存货盘亏，是指存货的实存数量少于账面结存数量的差额。存货发生盘亏时，企业应将其账面价值及时转销，借记“待处理财产损溢——待处理流动资产损溢”科目，贷记“原材料”“库存商品”等存货科目；盘亏存货涉及增值税的，还应进行相应处理。待查明原因，企业按相关规定报经批准处理后，根据造成盘亏的原因，分别以下情况进行会计处理。

（1）属于定额内自然损耗造成的短缺，计入管理费用。

（2）属于收发计量差错和管理不善等原因造成的短缺或毁损，将扣除可收回的保险公司和过失人赔款以及残料价值后的净损失，计入管理费用。其中，因管理不善造成被盗、霉烂变质的存货，相应的进项税额不得从销项税额中抵扣，而应当予以转出。

（3）属于自然灾害等非常原因造成的毁损，将扣除可收回的保险公司和过失人赔款以及残料价值后的净损失，计入营业外支出。

[例 6.12] 2021 年 6 月 30 日，东华公司在存货清查中发现盘亏一批流动资产 B 材料，账面成本为 20 000 元。（1）发现盘亏，原因待查。（2）查明原因，报经批准处理：①假定属于收发计量差错造成的短缺；②假定因管理不善造成霉烂变质，由过失人赔偿部分损失 10 000 元；③假定属于自然灾害造成毁损，应收保险公司赔款 18 000 元。

要求：编制东华公司相关的会计分录。

[例题解答]

（1）发现盘亏，原因待查：

借：待处理财产损溢——待处理流动资产损溢　　20 000

　　贷：原材料——B 材料　　20 000

（2）查明原因，报经批准处理：

① 假定属于收发计量差错造成的短缺：

借：管理费用　　20 000

　　贷：待处理财产损溢——待处理流动资产损溢　　20 000

② 假定因管理不善造成霉烂变质，由过失人赔偿部分损失 10 000 元：

借：银行存款　　10 000

　　管理费用　　12 600

　　贷：待处理财产损溢——待处理流动资产损溢　　20 000

　　　　应交税费——应交增值税（进项税额转出）　　2 600

③ 假定属于自然灾害造成的毁损，应收保险公司赔款 18 000 元：

借：其他应收款——保险赔款　　18 000

　　营业外支出　　2 000

　　贷：待处理财产损溢——待处理流动资产损溢　　20 000

管理延伸

1. 随着信息技术的发展，畅想未来发出存货计价的发展方向。

2. 思考哪些类别的存货的会计确认和计量会成为会计核算的难点，并尝试用相关上市公司的审计报告中的“关键审计事项”来验证你的猜想。

3. 在会计理论中，存货发出的计价还有“后进先出法”。请根据名称，结合先进先出法的基本原理，思考这种方法的价值流转假设，并与“先进先出法”的会计报表结果进行比较。

关键词

存货；永续盘存制；实地盘存制；先进先出法；月末一次加权平均法

思考题

1. 什么是存货？包括哪些内容？如何确认？
2. 外购存货的成本包括哪些内容？
3. 永续盘存制与实地盘存制有何区别？
4. 发出存货的计价方法有哪些？
5. 存货如何清查？盘盈、盘亏如何进行会计处理？

自测题

一、单项选择题

1. 对各项财产的增减变化，根据会计凭证连续记载并随时结出余额的制度是（　　）。

A. 实地盘存制度　B. 应收应付制　C. 永续盘存制　D. 实收实付制

2. 在下列项目中，一般纳税人企业不应计入存货成本的有（　　）。

A. 运输途中的合理损耗　B. 存货采购过程中支付的保险费

C. 支付的消费税　D. 采购机构的经费

3. 企业存货采用先进先出法计价，在存货物价上涨的情况下，将会使企业（　　）。

A. 期末存货成本升高，当期利润减少　B. 期末存货成本升高，当期利润增加

C. 期末存货成本降低，当期利润增加　D. 期末存货成本降低，当期利润减少

4. 某小规模纳税企业因洪水灾害造成一批库存材料毁损，其实际成本为 50 000 元，应由保险公司赔偿 35 000 元，残料价值为 500 元。该批毁损材料应计入“营业外支出”的金额为（　　）。

A. 50 000 元　B. 10 000 元　C. 15 000 元　D. 14 500 元

5. 企业在清查存货时发现存货盘盈，报经批准处理后应当（　　）。

A. 冲减销售费用　B. 冲减管理费用

C. 作为其他业务收入　D. 作为营业外收入

二、多项选择题

1. 存货包括（　　）。

A. 原材料　B. 在产品　C. 库存商品　D. 工程物资

2. 在下列项目中，一般纳税人企业应计入存货成本的有（　　）。

A. 购入存货支付的关税　　B. 存货采购过程中支付的保险费

C. 支付的增值税　　D. 采购人员的差旅费

3. 企业存货数量的确定方式有（　　）。

A. 实地盘存制　　B. 永续盘存制　　C. 先进先出法　　D. 加权平均法

4. 企业发出存货的计价方法有（　　）。

A. 先进先出法　　B. 一次加权平均法　C. 个别计价法　　D. 移动加权平均法

5. 企业购进材料时，借记“原材料”科目的同时，贷记科目可能有（　　）。

A. 银行存款　　B. 应付账款　　C. 应付票据　　D. 预付账款

三、判断题

1. 个别计价法的特点是成本流转与实物流转完全一致，因此，在会计实务中应用得最为广泛。（　　）

2. 发出存货计价方法的变更只会影响该月末资产负债表中资产总计，肯定不会影响该月利润表中的利润总额。（　　）

3. 存货的入账价值包括采购成本、采购过程中的费用、增值税等。（　　）

4. 采用实地盘存制，可以简化会计核算工作，但不利于及时反映库存材料收、发、存情况。（　　）

5. 购入材料在运输途中发生的合理损耗不需单独进行账务处理。（　　）

6. 存货盘存报告单是存货清查账务处理的原始凭证。（　　）

四、计算与账务处理题

1. 2021 年 4 月 10 日，鸿运公司购入甲材料到货，价款为 10 000 元，增值税（进项税额）1 300 元。对方代垫运费 800 元。结算单据已到，但货款尚未支付。

要求：根据上述资料编制有关会计分录。

2. 2021 年 4 月 15 月，鸿运公司开出不带息的商业承兑汇票支付上述款项。

要求：根据上述资料编制有关会计分录。

3. 2021 年 7 月 20 日，鸿运公司领用原材料一批实际成本为 60 000 元。其中，生产产品领用 50 000 元，生产车间一般耗用 2 000 元，管理部门领用 3 000 元，在建工程领用 5 000 元。

要求：根据上述资料编制有关会计分录。

4. 2021 年 8 月 28 日，鸿运公司销售一批原材料，售价为 10 000 元，适用的增值税税率为 13%，价款已收存银行。该批原材料账面价值为 8 600 元。

要求：根据上述资料编制有关会计分录。

5. 2021 年 9 月 18 日，鸿运公司向西京公司预付货款 56 000 元，用于采购原材料。

要求：根据上述资料编制有关会计分录。

五、综合练习

1. 2021 年 6 月 13 日，鸿运公司购入一批原材料，增值税专用发票上注明的材料价款为 600 000 元，增值税进项税额为 78 000 元；同时，销货方代垫运杂费 3 200 元，其中，允许抵扣的增值税税额为 270 元。其中销货方代垫的运杂费 3 200 元已通过银行转账支付，货款尚未支付，材料尚在运输途中。6 月 15 日，材料到货验收入库。6 月 18 日，银行存款支付货款。

要求：根据所给资料编制会计分录。

2. 鸿运公司 2021 年 5 月 1 日结存甲材料 1 700 件，单位成本 24 元；5 月 5 日入库甲材料 1 000 件，单位成本 26 元；5 月 12 日发出甲材料 2 000 件；5 月 16 日入库甲材料 2 400 件，单位成本 28 元；5 月 22 日发出甲材料 1 360 件。

要求：分别采用先进先出法和月末一次加权平均法计算 5 月发出甲材料的成本和结存甲材料的成本。

3. 2021 年 6 月 30 日，东华公司在存货清查中发现盘亏一批 C 材料，账面成本为 50 000 元。（1）发现盘亏，原因待查。（2）查明原因，报经批准处理：①假定属于收发计量差错造成的短缺；②假定因管理不善造成霉烂变质，由过失人赔偿部分损失 40 000 元；③假定属于自然灾害造成毁损，应收保险公司赔款 38 000 元。

要求：根据所给资料编制会计分录。

第七章 投资

引言

星星公司是一家集医药生产和销售于一体的企业，目前产品销量不错，经营状况良好，资金较为充裕，现在企业正积极寻求外部投资机会，可以有以下选择：（1）将暂时闲置资金投入证券市场购买股票或债券，市价波动时通过买卖证券获取差价收益，急需资金时可迅速卖出证券回收资金；（2）向公司某一主要供货商注入一定资金，以谋求长期收益分配，并参与供货企业管理；（3）向该供货商投入更多资金，成为其大股东，可控制该企业重大决策，同时分享收益、分担亏损。

本章将介绍上述不同的选择对公司产生的财务影响，以帮助企业进行投资决策。

学习目标

1. 理解投资种类及业务循环；
2. 掌握固定资产的概念、分类；
3. 掌握固定资产增加和减少的账务处理；
4. 掌握固定资产折旧的计算方法和账务处理；
5. 掌握无形资产的概念、特征及账务处理；
6. 掌握交易性金融资产的账务处理；
7. 掌握债权投资的账务处理；
8. 掌握长期股权投资的账务处理。

第一节 投资种类及业务循环

一、投资种类

企业投资活动分为对内投资和对外投资两类。对内投资主要包括长期资产的购进，如购买固定资产（设备、房屋等）和无形资产（土地使用权、专利权等），自行建造固定资产，自行研究与开发无形资产等。与此相对应，长期资产的处置和变卖也是对内投资的基本内容。对外投资（简称投资）主要是企业将自身的资金或资产让渡给另一方使用并获取相应利益的一种行为。企业对外投资分为债权投资和股权投资两种，前者可以回收本金并获取固定的报酬，后者获取剩余收益但不得退还本金（股权投资可以转让）。

（一）对内投资

对内投资形成的长期资产主要包括两类：一类是具有实物形态的固定资产，主要有建筑物、设备等生产性资料，如办公大楼、厂房、仓库、机器及车辆等；另一类是不具有实物形态的无形资产，如专利权、非专利技术、商标权、著作权、特许权等。要注意的是，某项资产对一个企业而言是固定资产，但对另一家企业而言则可能是一项存货（流动资产），如商品房对于房地产企业是存货，机器设备对于加工制造企业而言是固定资产。

对内投资形成的长期资产的一个共性是其价值的转移需要经过较长时期，而不是一次性的使用就能消耗其全部价值，通常的标准是其价值的转移要超过一年或一个营业周期。无形资产同固定资产的区别除了其没有实物形态外，还有一个重要区别就是其产生的预期价值具有非常大的不确定性，所以，无形资产的生命周期比固定资产的更难预计。

（二）对外投资

企业对外投资是相对于对内投资而言的，就是企业在其本身经营的主要业务以外，以现金、实物、无形资产方式，或者以购买股票、债券等有价证券方式向企业法人主体外部的其他单位进行投资，以期在未来获得投资收益的经济行为。

1. 股权投资和债权投资

按照投资获得的法定权益不同或者投资品种不同，对外投资可以分为股权投资和债权投资，这是投资的外表形式分类。它们的共性是将资金让渡给另一方使用而间接取得投资收益。

两者之间的区别在于：债权投资的收益基本上是约定好的一种固定回报（合同现金流），并且本金是可以收回的（当然也可以通过市场交易转让而提前收回投资）；而股权投资的收益是不确定的，并且股权投资款是不能退回但可以通过市场交易进行转让收回投资的。股权投资虽然投资收益不固定，但可以取得不同程度的影响或控制对方经营决策的权力，这种影响或控制权可以间接转化成某种经济利益。

2. 金融资产和长期股权投资

按照会计准则对于各种股权投资和债权投资的归类方式（也就是我们的会计核算分类），对外投资可以分为金融资产和长期股权投资。

（1）金融资产

按照企业管理金融资产的业务模式和金融资产的合同现金流量特征，划分为以摊余成本计量的金融资产、以公允价值计量且其变动计入其他综合收益的金融资产和以公允价值计量且其变动计入当期损益的金融资产三类。

对于企业持有的公司债券、政府债券等金融资产，如果企业管理这些金融资产的业务模式是以收取合同现金流量为目标的，则应分类为以摊余成本计量的金融资产。

如果企业管理这些金融资产的业务模式既以收取合同现金流量为目标，又以出售该金融资产为目标，则应分类为以公允价值计量且其变动计入其他综合收益的金融资产。企业持有的非交易性权益工具投资，在初始确认时可指定为以公允价值计量且其变动计入其他综合收益的金融资产。

企业分类为以摊余成本计量的金融资产和以公允价值计量且其变动计入其他综合收益的金融资产以外的金融资产，应当分类为以公允价值计量且其变动计入当期损益的金融资产，主要包括交易性金融资产和指定为以公允价值计量且其变动计入当期损益的金融资产。交易性金融资产是指企业持有的用于交易性的金融资产，企业管理交易性金融资产的业务模式是通过出售金融资产以实现现金流量为目标。

（2）长期股权投资

长期股权投资，是指投资方对被投资方能够实施控制或具有重大影响的权益性投资，以及对其合营企业的权益性投资。

3. 两种分类的勾稽关系

会计准则对于对外投资的分类体现了实质重于形式原则，也就是会计核算不以投资的品种或者权益的外表形式进行分类，而是以该投资真正给企业带来的收益机制进行分类的。例如，同样为股权投资，持股 100%的股东和持股 0.001%的股东实际拥有的权利和承担的义务显然是不同的，前者通常“用手投票”，而后者通常“用脚投票”。因此，其获得收益的方式也必然存在差异，所以，就必须将其归入不同的类别，分不同的核算方法进行确认和计量。再如，同样是通过出售金融资产以实现现金流量为目标的股票投资、债券投资甚至基金投资，虽然其法律意义上的权益不同，但是对企业的管理模式而言，其收益方式是一致的，所以在会计核算中可以同属于“交易性金融资产”。这也是会计准则越来越重视“业务”的重要体现。

债权投资按照管理其业务模式和其合同现金流量特征分为：债权投资（以摊余成本计量的金融资产）、其他债权投资（以公允价值计量且其变动计入其他综合收益的金融资产）和交易性金融资产（以公允价值计量且其变动计入当期损益的金融资产）。前两类为非流动资产，第三类为流动资产。

股权投资中不具有重大影响的投资（一般持股比例小于 20%或者在被投资方没有董事会席位的），按照企业管理金融资产的业务模式和金融资产的合同现金流量特征，分为交易性权益工具（列示为流动资产，以公允价值计量且其变动计入当期损益的金融资产）和非交易性权益工具（列示为非流动资产，以公允价值计量且其变动计入其他综合收益的金融资产）。具有重大影响或控制的投资（一般持股比例大于 20%或者在被投资方有董事会席位的），被分类为“长期股权投资”，属于非流动资产。

二、投资业务循环

根据企业投资活动与会计信息处理系统的联系，从固定资产、无形资产与对外投资三个方面理解与会计信息处理系统关系。

（一）固定资产与会计信息处理系统

固定资产取得途径通常有两个：外购（即购进）和自建。购进的固定资产初始成本包括价款（买价）、相关费用（如运输费和安装费）和税金（不包括增值税）。而自建的固定资产，需要将建造过程中的人工费用、材料费用及其他相关费用归集计入“在建工程”科目，工程完工后，再将“在建工程”科目金额转入“固定资产”科目。

固定资产投入使用后，在其使用寿命内，将其应计折旧额在一定时期内进行系统分摊，即折旧。根据固定资产的用途，按照谁受益谁承担的原则，用于产品生产的固定资产，其折旧计入制造费用，然后转入产品成本，最后构成产品价值的一部分；用于非产品生产的固定资产，其折旧计入期间费用。

固定资产处置或报废时，将扣除累计折旧后的固定资产净值从变卖收入中扣除，从而形成企业的资产处置损益或营业外收支。

固定资产的相关活动属于企业的投资活动。购买和自行建造固定资产属于投资活动的现金流出，处置固定资产属于投资活动的现金流入，折旧本身不产生现金流量。

（二）无形资产与会计信息处理系统

同固定资产类似，无形资产也是通过两个途径取得：外购和企业自行研究与开发。外购的无形资产初始成本包括购进的价款（买价）、相关费用（如培训费、律师费）和税金（不包括增值税）。对自行研发的无形资产，首先将研发过程分为研究与开发两个阶段，前一阶段的人工费用、材料费用及其他相关费用直接计入当期费用，后一阶段的相关成本和费用首先归集在“研发支出”科目中，当形成一项专利或相应的知识产权后（即研发成功），符合资本化条件时，将记入“研发支出”科目的金额转入无形资产初始成本；不符合资本化条件的，将记入“研发支出”科目的金额转入管理费用。

无形资产投入使用后，在其预计的使用寿命内，将其全部价值进行分摊，即摊销。用于产品生产的无形资产，其摊销额计入制造费用，形成产品价值的部分；其余的无形资产摊销额计入期间费用。如果无形资产的使用寿命无法预计，则不进行摊销，但需在每年年末进行减值测试。

无形资产出售或报废时，将扣除累计摊销后的无形资产净值从收入中扣除，形成资产处置损益或营业外收支。

无形资产的相关活动属于企业的投资活动。购买和自行研发无形资产属于投资活动的现金流出，处置无形资产属于投资活动的现金流入，摊销本身并不影响现金流量。

（三）对外投资与会计信息处理系统

企业购买股票和债券等对外投资是间接获取收益的一种方式。这里“间接”的含义是资金的使用（生产经营活动的过程）不是由投资企业自身完成的，而是由被投资方完成的，通过被投资方取得盈利后分配给投资方实现盈利。

对外投资主要通过股权投资和债权投资进行。交易性金融资产是随时准备出售的，其买价计入初始成本，而相关费用直接计入当期损益。长期股权和债权投资的买价和相关费用全部计入初始投资成本。持有期间所有类型的投资回报均计入投资收益。

对外投资属于企业投资活动的现金流出，而持有期间收到的现金回报和投资变卖取得的现金收入，属于投资活动的现金流入。

投资活动与会计信息处理系统的联系如图 7-1 所示。

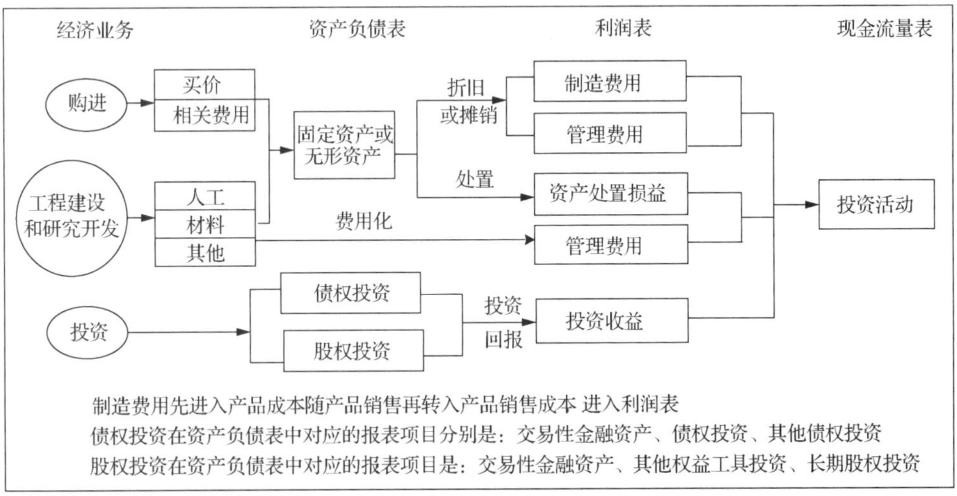

图 7-1　投资活动与会计信息处理系统

第二节　固定资产

一、固定资产概述

（一）固定资产的概念

固定资产是指同时具有下列特征的有形资产。

（1）为生产商品提供劳务、出租或经营管理而持有；

（2）使用寿命超过一个会计年度。

企业组织生产经营活动，除应拥有必不可少的流动资产以外，还需要拥有固定资产。固定资产是企业赖以生存的物质基础，也是企业产生经济利益的源泉，关系到企业的正常运营与持续发展。固定资产与流动资产有着明显的区别。从它们在企业的生产经营活动中所发挥的作用看，固定资产属于企业的劳动资料，流动资产一般属于企业的劳动对象；从使用寿命看，固定资产的使用寿命应超过一个会计年度，而流动资产的使用寿命一般不会超过一个会计年度；从资金存在形态看，固定资产表现为固定资金形态，而流动资产则表现为货币资金、储备资金、生产资金和成品资金等形态。由此可见，无论是从固定资产和流动资产概念的界定，还是从它们所发挥的作用来看，它们之间都存在着较大的区别。

（二）固定资产的特征

从固定资产的定义可以看出固定资产应具有以下三个特征。

第一，固定资产是企业为生产商品、提供劳务、出租或经营管理而持有的。企业持有固定资产的目的是生产商品、提供劳务、出租或经营管理，这意味着企业持有的固定资产是企业的劳动工具或手段，而不是直接用于出售的产品。就从事产品生产的企业而言，固定资产是指那些实际应用于产品的生产过程或经营管理的机器设备、房屋和建筑物等。企业以出售为目的而制造的设备和建造的房屋及建筑物等，在未出售前虽然也为企业所持有，但这些资产并不是用于企业生产商品、提供劳务的，也没有出租的意图，就不能将它们确认为企业的固定资产，而只能确认为企业的存货。总之，企业取得各种固定资产的目的是服务于其自身的生产经营活动，是企业的劳动工具或手段，而不是为了将其出售或对外投资。

第二，固定资产可供企业长期使用。固定资产作为长期耐用资产，其使用寿命超过一个会计年度。固定资产的使用寿命是指企业预计使用固定资产的期间，或者该固定资产能生产商品或提供劳务的数量等。一般情况下，固定资产的使用寿命可以根据其预计使用的会计年度来确定，例如，自用厂房的使用寿命就是该厂房的预计使用年限。此外，某些固定资产的使用寿命也可以按照该固定资产所能生产产品或提供劳务的数量来预计。例如，一台用于产品运输的汽车可以行驶多少万千米，一台用于维修服务的设备正常可以使用多少个工时等，都可以作为预估这类固定资产使用寿命的标准。但不论采用什么方法对固定资产的使用寿命进行预计，其预计可使用期限应超过一个会计年度。这一特征决定了花费在固定资产上的支出应随着其使用分期进行摊销，而不是一次性地转化为企业某一期间的成本或费用。这种价值转移方式有别于企业的原材料等流动资产。

第三，固定资产为有形资产。固定资产具有实物形态，这与无形资产、应收账款等资产明显不同。因为固定资产必须有一个存在的实体。例如，企业生产和办公设备、房屋和各种建筑物等，都具有看得见、摸得着的实物形态。而没有实物形态的资产是不能被确认为企业的固定资产的。例如， 企业的无形资产也是企业为生产商品、提供劳务、出租或经营管理而持有的，其使用寿命也超过一个会计年度，但无形资产没有实物形态，所以不属于企业的固定资产。此外，有的资产虽然具有固定资产的某些特征，如工业企业所持有的劳动工具、用具和备品备件等资产，使用期限往往超过一年，也能够为企业带来经济利益，但由于数量多、单价低，考虑到会计核算的成本效益要求，在实务中通常将其确认为企业的存货，而不是固定资产。

（三）固定资产的分类

企业固定资产的数量和品种很多，为了便于对固定资产进行实物管理和价值核算，有必要对固定资产进行科学、合理的分类。一般有如下分类：

1. 固定资产按经济用途分类

（1）经营用固定资产，是指直接服务于生产经营过程的各种固定资产，如用于企业生产经营的房屋、建筑物、机器设备、运输设备等。

（2）非经营用固定资产，是指不直接服务于生产经营过程中的各种固定资产，如用于职工住宅、公共福利设施、文化娱乐和卫生保健等方面的房屋和建筑物等。

2. 固定资产按使用情况分类

（1）使用中固定资产，是指企业正在使用的经营用固定资产和非经营用固定资产。企业的房屋及建筑物无论是否在实际使用，都应视为使用中固定资产；由于季节性生产经营或进行大修理等原因而暂时停止使用以及存放在生产车间或经营场所备用、轮换使用的固定资产，也属于使用中固定资产。

（2）未使用固定资产，是指已购建完成但尚未交付使用的新增固定资产以及进行改建、扩建等暂时脱离生产经营过程的固定资产。

（3）出租固定资产，是指企业根据租赁合同规定，以经营租赁方式出租给其他企业临时使用的固定资产。

（4）不需用固定资产，是指本企业多余的或不适用、待处置固定资产。

3. 固定资产按是否需要安装分类

（1）需要安装固定资产，它是指企业在购入后需要经过一定的安装程序才能达到预定可使用状态的设备。例如，企业购入的用于产品生产的机床、车床等设备，一般应固定安装在一定的基础上，并经调试后方可判断是否已经达到了预定可使用状态。只有切实达到了预定可使用状态以后才能被确认为企业的固定资产。在未达到预定可使用状态之前，只能确认为企业为了工程建设而准备的专用设备。

（2）不需要安装固定资产，它是指企业在购入后不需要经过安装就能达到预定可使用状态的设备。例如，企业购入的运输汽车，在企业购入后就已达到了预定可使用状态，不必再进行安装即可马上投入使用，因而可直接确认为企业的固定资产。

此外，按固定资产来源可分为外购固定资产、自行建造固定资产、投资者投入固定资产、债务重组取得的固定资产、非货币性资产交换取得的固定资产、接受捐赠固定资产、盘盈固定资产。

以上固定资产的分类方法，不仅可以从不同角度反映企业固定资产的具体情况，而且对固定资产的核算会产生直接影响。

二、固定资产的确认与计量

（一）固定资产的确认

固定资产确认既是固定资产交易或事项处理的起点，也贯穿于固定资产核算的全过程，具体包括固定资产的初始确认和固定资产的后续确认两个环节。

1. 固定资产的初始确认

固定资产的初始确认是确定是否将某项资源作为企业的固定资产进行核算的起点。将一项资源确认为企业的固定资产，除必须符合固定资产的概念外，还必须同时满足以下两个条件。

第一，该固定资产包含的经济利益很可能流入企业。固定资产包含的经济利益是指通过固定资产的使用，预期会给企业带来的经济利益，具体来说是指该资产应有能够直接或者间接导致现金和现金等价物流入企业的潜力。例如，企业用于生产产品的机器设备有助于企业产品的形成，待生产出来的产品在市场上销售以后，即可能给企业带来现金或现金等价物的流入。这样，企业发生在产品生产方面的固定资产的消耗就能够得到及时、足额的补偿。但企业的经营活动是处于瞬息万变的社会经济环境中的，与资源有关的经济利益能否流入企业或能够流入多少带有一定的不确定性。因此，对固定资产的确认还应与经济利益流入确定性程度的判断相结合。如果与资源有关的经济利益很可能流入企业，就应将其作为企业的资产予以确认；反之，则不能确认为企业的资产。

第二，该固定资产的成本能够可靠计量。固定资产的成本主要是指企业取得固定资产时所发生的各种支出。例如，企业外购某一固定资产时，所支付的购买价款、相关税费，以及使固定资产达到预定可使用状态前所发生的可归属于该项资产的运输费、装卸费、安装费和专业人员服务费等，都属于企业取得该项资产所发生的必要支出，因而应全部计入该固定资产的成本。但这些成本的确定必须有可靠的依据，必须取得能够证明购买固定资产支出的发票、运输费单据、装卸或安装费用单据等凭据。又如，企业自行建造固定资产的成本应由建造该项资产达到预定可使用状态前所发生的各项支出构成。如建筑材料费、施工人员费和工程机械使用费等，如果该项目的资金来自银行长期借款，还会发生长期借款利息支出等，这些自行建造固定资产的支出都应依据有关可靠的凭证计入所建房屋的成本。

2. 固定资产的后续确认

固定资产的后续确认是指根据变化的情况对原已确认的固定资产再次加以确认的过程。固定资产在使用过程中，会由于各种因素的影响而发生一定变化，例如，改建和扩建会引起固定资产的规模及成本增加，计提折旧、发生减值损失，以及出售、出租、捐赠和达到预计使用寿命等，会引起固定资产规模和成本减少。固定资产的后续确认就是根据这些情况，对固定资产的规模及其成本重新加以确定的过程。固定资产的后续确认也必须符合固定资产的定义，并应同时满足固定资产确认的两个条件。

企业处置固定资产时，如将固定资产出售、对外捐赠或报废，原来确认的固定资产已不能再为企业带来未来经济利益时，应予转销并终止确认。

（二）固定资产的计量

固定资产的计量既是固定资产确认的继续，也是联系固定资产会计记录和会计报告的枢纽，包括初始计量和后续计量两个环节。

1. 固定资产的初始计量

固定资产的初始计量是指企业对不同方式取得的固定资产成本的确定。固定资产一般按实际成本进行核算。但由于企业的固定资产来源不同，其初始成本计量也不尽相同。

（1）外购固定资产成本的计量。企业外购固定资产的成本包括购买价款，相关税费，使固定资产达到预定可使用状态前所发生的可归属于该项资产的运输费、装卸费、安装费和专业人员服务费等。在实务中，企业可能发生以一笔款项购入多项没有单独标价的固定资产的情况，如果这些资产均符合固定资产的定义，并满足固定资产的确认条件，则应将各项资产单独确认为固定资产，并按各项固定资产公允价值所占比例对总成本进行分配，分别确定各项固定资产的成本。

（2）自行建造固定资产成本的计量。企业自行建造固定资产的成本由建造该项资产达到预定可使用状态前所发生的必要支出构成，包括建造过程耗用物资成本、人工成本、交纳的相关税费、应予资本化的借款费用以及应分摊的间接费用。应予资本化的借款费用是指企业利用长期借款进行工程项目建设期间所发生的应计入固定资产成本的借款费用。企业自行建造固定资产包括自营建造和出包建造两种方式，无论采用何种方式，对所建工程都应按照实际发生的支出确定其成本。

（3）投资者投入固定资产成本的计量。企业接受投资者投入的固定资产投资，在办理了固定资产移交手续之后，应按投资合同或协议约定的价值加上应付的相关税费作为固定资产的入账价值，但合同或协议约定价值不公允的除外。

此外，固定资产的初始计量还包括债务重组取得固定资产成本的计量、非货币性资产交换取得固定资产成本的计量等，这些内容本教材不做研究。

2. 固定资产的后续计量

固定资产的后续计量主要包括固定资产计提折旧、固定资产减值损失的确定，以及固定资产后续支出的计量等。

（1）固定资产计提折旧。固定资产折旧是指在固定资产使用寿命内，按照确定的方法对应计折旧额进行的系统分摊。企业应当在会计期末按照固定资产的实际使用情况计算当期应分摊的固定资产折旧额，并计入当期成本或费用。

（2）固定资产减值损失的确定。固定资产减值是指固定资产的可收回金额低于其账面价值。企业应当在会计期末，采用一定的方法判断包括固定资产在内的所有资产是否存在可能发生减值的迹象，固定资产由于减值而发生的损失称为固定资产减值损失。

（3）固定资产后续支出的计量。固定资产后续支出是指固定资产在使用过程中发生的更新改造支出和修理费用等。固定资产后续支出的处理原则为：符合固定资产确认条件的应当计入固定资产成本，同时将被替换部分的账面价值予以扣除；不符合固定资产确认条件的应当计入当期损益。

按照我国《企业会计准则》的要求，企业在对固定资产进行计量时，一般应当采用历史成本，采用重置成本、可变现净值、现值、公允价值计量的，应当保证所确定的固定资产成本能够取得并能够可靠计量。

（三）业财融合视角下固定资产核算思维导航

固定资产的相关经济业务也是涉及其增加、减少所发生的业务，与流动资产（如存货）相比，固定资产因为其使用寿命超过一年，所以其价值减少分为两种情况，一是和存货发出一样的实物形态的减少，这就是意味着账面上将不存在这项固定资产，表现为会计账面上所有与这项固定资产相关的账户余额为零；二是固定资产使用寿命期限内，虽然实物仍然存在，但是其价值在使用过程中会逐渐降低，这种在会计上的体现就是成本分期转化为费用，这就产生了新的知识点，折旧。折旧并不导致现金流出，但是它产生了费用，所以计提折旧的过程是一个按照权责发生制的要求进行的期末账项调整，其金额是按照相同的方法计算获得的。所以在会计核算中，一个固定资产至少有两个相关账户，即“固定资产”和“累计折旧”，共同反映固定资产的价值。

所以固定资产的经济事项有三个。

（1）固定资产的取得：

借：固定资产

　　贷：取得方式（银行存款或在建工程等）

（2）使用过程中价值的减少：

借：成本费用（制造费用、管理费用等）

　　贷：累计折旧

（3）固定资产实物的减少：

借：反映减少原因的相关账户（待处理财产损溢或者固定资产清理）

　　累计折旧（累计折旧的账面价值）

　　贷：固定资产（固定资产的账面价值）

三、固定资产的核算

本部分重点介绍固定资产的增加、固定资产折旧的计提、固定资产减值准备的计提和固定资产减少等交易或事项的核算。

（一）固定资产增加的核算

这里主要介绍外购固定资产和企业自行建造固定资产的核算方法。

1. 外购固定资产的账务处理

企业外购固定资产的成本包括买价与相关税费，使固定资产达到预定可使用状态前所发生的可归属于该项资产的运输费、装卸费、安置费和专业人员服务费等。企业在进行外购固定资产的核算时，应设置“固定资产”账户进行核算。

企业应设置“固定资产”账户核算所持有的固定资产的原价。外购不需要安装的固定资产，按其入账价值和可以抵扣的增值税进项税额，借记“固定资产”“应交税费——应交增值税（进项税额）”科目，贷记“银行存款”或“应付账款”科目。外购需要安装的固定资产，先通过“在建工程”科目归集工程成本，待固定资产达到预定可使用状态时，再转入“固定资产”科目。

由于各种原因减少的固定资产的原价计入“固定资产”账户的贷方。本账户期末余额在借方，反映企业现有固定资产的原价。

值得注意的是，固定资产在使用过程中会发生损耗，属于固定资产价值的减少，但这种减少在会计上应按规定计提折旧，利用专门设置的“累计折旧”账户记录，而不是记录在“固定资产”账户。

2. 自行建造固定资产的账务处理

企业自行建造固定资产有自营和出包两种建造方式，无论采用何种方式，对所建工程都应按照实际发生的支出确定其工程成本。自行建造固定资产包括工程物资成本和人工成本等。自行建造固定资产的核算，除设置“固定资产”账户外，还应设置“在建工程”和“工程物资”账户。

购买工程物资时，借记“工程物资”“应交税费——应交增值税（进项税额）”科目，贷记“银行存款”“应付账款”等科目；领用工程物资投入工程建造并发生其他工程成本时，借记“在建工程”科目，贷记“工程物资”“原材料”“应付职工薪酬”等科目；工程完工达到预定可使用状态时，结算工程成本并转入固定资产，借记“固定资产”科目，贷记“在建工程”科目。

[例 7.1] 东华公司购入一台不需要安装的生产用设备，买价 50 000 元，销售方开具的增值税专用发票上注明增值税税额 6 500 元，发生运输费 1 200 元。以上款项已全部用银行存款支付。假定运输费用涉及的增值税不予考虑。

要求： 编制东华公司相关的会计分录。

[例题解答]

相关分录：

借：固定资产　　51 200

　　应交税费——应交增值税（进项税额）　　6 500

　　贷：银行存款　　57 700

[例 7.2] 东华公司购入需要安装的生产用设备一台，买价 100 000 元，销售方开具的增值税专用发票上注明增值税税额 13 000 元，发生运输费 800 元。以上款项已通过银行存款支付。

假定按照运输费用金额和扣除率计算的进项税额不予考虑。

要求：编制东华公司相关的会计分录。

[例题解答]

相关分录：

借：工程物资　　100 800
　　应交税费——应交增值税（进项税额）　　13 000
　　贷：银行存款　　113 800

[例 7.3] 接[例 7.2]，设备投入安装，另发生安装费 1 000 元、调试费 300 元，款项已通过银行存款支付。

要求：编制东华公司相关的会计分录。

[例题解答]

相关分录：

借：在建工程　　102 100
　　贷：工程物资　　100 800
　　　　银行存款　　1 300

[例 7.4] 接[例 7.3]，以上设备安装完毕，经检测已达到预定可使用状态，结转其实际成本。

要求：编制东华公司相关的会计分录。

[例题解答]

相关分录：

借：固定资产　　102 100
　　贷：在建工程　　102 100

[例 7.5] 东华公司自营建造办公楼领用专用材料 200 000 元，发生人工费 65 000 元；租用施工机械费 8 000 元，用银行存款支付。

要求：编制东华公司相关的会计分录。

[例题解答]

相关分录：

借：在建工程　　273 000
　　贷：工程物资　　200 000
　　　　应付职工薪酬　　65 000
　　　　银行存款　　8 000

[例 7.6] 接[例 7.5]，东华公司自行建造的办公楼完工，已办理竣工结算并交付使用，结转实际成本。

要求：编制东华公司相关的会计分录。

[例题解答]

相关分录：

借：固定资产　　273 000
　　贷：在建工程　　273 000

（二）固定资产折旧的核算

1. 固定资产折旧的概念

固定资产折旧是指在固定资产使用寿命内，按照确定的方法对其应计折旧额进行的系统分摊。应计折旧额是指应当计提折旧的固定资产的原价扣除其预计净残值后的金额。

固定资产折旧是在固定资产使用寿命内将其应计折旧额系统分摊的过程。企业购买或建造固定资产发生的支出属于资本性支出，这种支出与企业收益性支出一样，最终也要转化为企业的成本或费用，但其转化形式不同于流动资产。由于固定资产可以在企业的生产经营活动中使用多个会计年度，所以，应根据其使用寿命采用合理的方法进行分摊，分期计入企业各期的成本或费用。在实务中，固定资产折旧的计提通常是在固定资产的使用期间内按月进行的。对折旧额进行计算并按固定资产的经济用途计入有关成本或费用的过程称为计提折旧。被分摊计入企业成本或费用的那部分固定资产价值损耗，在会计上称为折旧额。

在研究固定资产折旧问题时，需要注意的是要明确“应计折旧额”这一基本概念。应计折旧额一般是指应当计提折旧的固定资产的原价扣除其预计净残值后的金额。用公式可表示为：

应计折旧额=固定资产原价-预计净残值

公式中的“预计净残值”一般是指预计的固定资产在停止使用时可能产生的残值收入扣除清理费用后的净额。由此可见，固定资产的应计折旧额与其原价并不是同一概念。它是在考虑了固定资产在终止确认时可能产生的收益和费用等因素后加以确定的。

固定资产的原价与其积累折旧额之间的差额称为固定资产净值。在固定资产应计折旧额的系统分摊过程中，一方面会形成企业的成本或费用，另一方面会使固定资产的净值发生变化。即随着固定资产折旧的陆续计提，其累计折旧额会越来越多，而固定资产的净值会越来越少。

例如，企业用 100 000 元购买的一台设备，其预计使用年限 20 年，预计净残值为 1 000 元，则应计折旧额为 99 000 元。该设备每年应计提的折旧额 4 950 元。在设备使用的第 1 年计提折旧额为 4 950 元，设备的净值为 95 050 元；到第 2 年累计折旧额为 9 900 元，设备的净值为 90 100 元等。依此类推，到第 20 年年末，累计折旧额应为 99 000 元，设备的净值为 1 000 元（即净残值）。由此可见，固定资产净值能够客观真实地反映一个企业拥有固定资产的规模及其实际使用能力，因此，评价一个企业的固定资产，不能只看其固定资产的原价，而更应切实了解该企业固定资产的净值。

2. 计提折旧的固定资产范围

计提折旧的固定资产范围是指应当对企业所拥有的哪些资产计提折旧。在实务中，对企业在一定会计期间所持有的固定资产应进行具体分析，并合理确定计提折旧的固定资产范围。《企业会计准则》规定，企业应当对所有的固定资产计提折旧。但是，已提足折旧仍继续使用的固定资产和单独计价入账的土地除外。在确定计提折旧范围时，除应遵守以上基本要求外，还应注意以下几点。

（1）固定资产应按月计提折旧。固定资产应自达到预定可使用状态时开始计提折旧，终止确认时或划分为持有待售非流动资产时停止计提折旧。为了简化核算，目前企业计提折旧仍沿用了实务中惯用的做法：当月增加的固定资产，当月不计提折旧，从其增加的下一个月起计提折旧；当月减少的固定资产，当月仍计提折旧，从其减少的下个月起不再计提折旧。

（2）固定资产提足折旧后，不论是否继续使用，均不再计提折旧，提前报废的固定资产也不再补提折旧。所谓提足折旧是指已经提足该项固定资产的应计折旧额。

（3）已达到预定可使用状态但尚未办理竣工决算的固定资产，应当按照估计价值确定其成本，并计提折旧；待办理竣工决算后再按实际成本调整原来的暂估价值，但不需要调整原已计提的折旧额。

3. 影响固定资产折旧计提的因素

固定资产折旧的计提是指企业在各个会计期间对当期应计折旧额的确认。企业应按期根据固定资产的使用情况并考虑有关因素，采用选定的计提方法将这部分耗费计入当期的成本或费用，以便正确确定各个会计期间的损益。影响固定资产折旧计提的因素主要有固定资产的原价、预计净残值和预计使用寿命。

（1）固定资产的原价

固定资产的原价也称原始价值，是指固定资产取得时的实际成本，它是计算固定资产折旧的基数。以其作为计提折旧的基数，可以使折旧的计提建立在客观、统一的基础上，不易受主观因素的影响。对于个别无法直接通过账面记录确定原价的固定资产，如盘盈的固定资产、接受捐赠的固定资产，应以其完全重置价值等作为折旧基数。一般而言，固定资产的原始价值越高、使用的寿命越短，企业计算出来的各期应分摊的折旧额就越多，反之则越少。

（2）固定资产的预计净残值

固定资产的预计净残值一般是指固定资产的预计残值收入扣除预计清理费用后的净额。预计残值收入是指固定资产报废清理时预计可收回的器材、零件和材料等的残料价值收入；预计清理费用是指固定资产报废清理时预计发生的拆卸、整理和搬运等费用。固定资产原始价值减去预计净残值后的数额为应计折旧额。一般而言，固定资产的预计净残值越多，应计折旧额也就越少，反之则越多。

（3）固定资产的预计使用寿命

固定资产的预计使用寿命是指企业预计的使用年限，或者该固定资产所能生产产品或提供劳务的数量。企业在确定固定资产的使用寿命时要考虑下列因素：预计生产能力或实物产量；预计有形损耗和无形损耗；法律或者类似规定对资产使用的限制。

企业应当根据固定资产的性质和使用情况，合理确定固定资产的预计使用寿命和预计净残值。

4. 固定资产计提折旧方法

企业应当根据固定资产所包含的经济利益预期实现方式，合理选择固定资产折旧方法。根据《企业会计准则》的规定，企业可选用的折旧方法包括年限平均法、工作量法、双倍余额递减法和年数总和法等。固定资产应当按月计提折旧，并根据用途计入相关资产的成本或者当期损益。

（1）年限平均法。年限平均法又称直线法，它是以固定资产的预计使用年限为分摊标准，将固定资产的应计折旧额均衡地分摊到各使用年度的一种折旧计算方法。采用这种方法计算的每期折旧额均相等，不受固定资产使用频率或产品生产数量以及提供劳务数量多少的影响，因而也称固定费用法。年限平均法下计算折旧的有关公式如下。

年折旧率=（1-预计净残值率）÷预计使用寿命（年）

年折旧额=固定资产原价×年折旧率

式中的“1-预计净残值率”的“1”是将固定资产原价视为100%；“预计净残值率”是预计净残值占原价的比例，即“（预计收回残值金额-预计清理费用）÷原价×100%”。

月折旧率=年折旧率÷12

月折旧额=固定资产原价×月折旧率

[例 7.7] 东华公司一台机器设备原始价值为276 000元，预计净残值率为4%，预计使用5年，采用年限平均法计提折旧。

要求：计算该设备每年及每月的折旧额。

[例题解答]

年折旧率=（1-4%）÷5×100%=19.2%

月折旧率=19.2%÷12=1.6%

年折旧额=276 000×19.2%=52 992（元）

月折旧额=52 992÷12=4 416（元）（或者 276 000×1.6%）

采用年限平均法计算的各年、各月的折旧额相等，容易理解，在实际工作中应用比较广泛。它的优点是计算过程简便易行，它的缺点是只注重固定资产的使用寿命，而忽视了固定资产的实际使用状况，在每个会计期间都计提相等的折旧额，并计入当期的成本或费用，对于使用固定资产较少的会计期间而言，其成本费用的确认不够合理。

（2）工作量法。工作量法是以固定资产预计可完成的工作总量为分摊标准，根据各期实际工作量计算每期应计折旧额的一种方法。采用这种折旧计算方法，各期计提折旧额的多少随着固定资产实际工作量的不同而有所变化。采用工作量法计提旧的过程分两个步骤进行。首先，要计算固定资产单位工作量的折旧额。其次，根据每期实际工作量的多少计算当期的折旧额。其计算公式如下。

单位工作量折旧额=固定资产原价×（1-预计净残值率）÷预计总工作量

某项固定资产月折旧额=该项固定资产当月工作量×单位工作量折旧额

在采用工作量法时，可根据不同固定资产的使用特点，采用不同的工作量标准，如机器设备可按其预计能够运行的工作小时总额作为标准，运输工具可按其预计行驶的里程总数为标准，建筑施工机械可按其预计的工作台班总时数为标准等。

采用工作量法计算的各期折旧额是不相等的，但可以使各期折旧额的分摊更加合理。它的优点是计算过程简便易行，容易掌握，所以也是实务中常用的一种方法。它的缺点与年限平均法一样，只注重了固定资产的有形损耗，而没有考虑固定资产的无形损耗。

[例 7.8] 东华公司的一台机器设备按工作时数计提折旧。该设备原价为 150 000 元，预计残值为 6 000 元，预计清理费用为 1 500 元，预计可工作 10 000 个小时。该设备投入使用后第 1 年的时数为 3 000 小时。各月使用时数分别为：1 月份 220 小时；2 月份 280 小时；3 月份 340 小时；4～12 月份各月的使用时数均为 240 小时。

要求：计算该设备每年及每月的折旧额。

[例题解答]

预计净残值率=[（6 000-1 500）÷150 000]×100%=3%

单位工作量折旧额=150 000×（1-3%）÷10 000=14.55（元/小时）

第 1 年各月折旧额：

1 月份折旧额=220×14.55=3 201（元）

2 月份折旧额=280×14.55=4 074（元）

3 月份折旧额=340×14.55=4 947（元）

4～12 月份各月折旧额=240×14.55=3 492（元）

从上面的计算结果可以看出：工作量法和年限平均法一样，它们的共同优点是比较简单实用。但在这两种方法下，都是将有形损耗看成引起固定资产价值损耗的唯一因素。事实上，由于无形损耗的客观存在，固定资产的价值即使不使用也会发生损耗，例如，由于设备制造技术的发展，替代原有固定资产的新产品的出现会导致现有固定资产使用寿命缩短。考虑由于技术进步等因素而引起的固定资产无形损耗，有些企业，特别是从事高新技术产业的企业，可以按照规定选用以下两种加速折旧方法。

（3）双倍余额递减法。双倍余额递减法是在不考虑固定资产预计净残值的情况下，根据每期期初固定资产净值（固定资产原价减去累计折旧额后的金额）和相当于双倍的直线法折旧率计算各期固定资产折旧额的一种方法。计算公式如下。

年折旧率=2÷预计使用寿命（年为单位）×100%

月折旧率=年折旧率÷12

月折旧额=年初固定资产净值×月折旧率

双倍余额递减法是加速折旧法的一种，是假设固定资产的服务潜力在前期消耗较大，在后期消耗较少，为此，在使用前期多提折旧，后期少提折旧，从而相对加速折旧。双倍余额递减法计提折旧可使固定资产成本在使用期限内快速得到补偿，可以使后期成本费用前移，前期会计利润后移，从而使所得税递延缴纳。

值得注意的是，由于每年年初固定资产净值没有扣除预计净残值，所以，在应用这种方法计算折旧额时必须注意不能使固定资产的净值降低到其预计净残值以下，实务中采用双倍余额递减法计提折旧的固定资产，通常在其折旧年限到期前两年内，将固定资产净值扣除预计净残值后的余额平均摊销。

[例 7.9] 东华公司的一台 A 设备采用双倍余额递减法计提折旧。该设备原始价值为 300 000 元，预计使用 5 年，预计净残值 9 300 元。

要求：计算该设备每年的折旧额。

[例题解答]

年折旧率=2÷5×100%=40%

A 设备采用双倍余额递减法计算的各年折旧额见表 7-1。

表 7-1　A 设备双倍余额递减法计算的各年折旧额　单位：元

使用年次	折旧率	年折旧额	累计折旧额	账面净值
购置时				300 000
1	40%	120 000	120 000	180 000
2	40%	72 000	192 000	108 000
3	40%	43 200	235 200	64 800
4	—	27 750	262 950	37 050
5	—	27 750	290 700	9 300
合计		290 700		

注：为简化起见，没列示每月折旧额，每年的折旧额除以 12 即为月折旧额，实务中企业应按月计提折旧。

（4）年数总和法。年数总和法，又称年限合计法，是将固定资产的原值减去预计净残值的余额乘以年折旧率计算每年的折旧额。年折旧率的分子为固定资产尚可使用寿命，分母为固定资产预计使用寿命的年数总和。计算公式如下。

年折旧率=尚可使用寿命÷预计使用寿命的年数总和×100%

年折旧额=（固定资产原值-预计净残值）×年折旧率

月折旧率=年折旧率÷12

月折旧额=（固定资产原值-预计净残值）×月折旧率

年数总和法与双倍余额递减法相似，也属于加速折旧法，其特点是各年计提折旧的基数相同，都是应计提折旧额。但是，折旧率逐年递减，因而各年计提的折旧额也是递减的。

[例 7.10] 接[例 7.9]的资料，采用年数总和法计算各年折旧额。

要求：计算该设备每年的折旧额。

[例题解答]：

采用年数总和法计算的各年折旧额如表 7-2 所示。

表 7-2　A 设备年数总和法各年折旧额计算表　单位：元

年份	尚可使用寿命	折旧率	原价-预计净残值	年折旧额	累计折旧额
第 1 年	5	5/15	290 700	96 900	96 900
第 2 年	4	4/15	290 700	77 520	174 420
第 3 年	3	3/15	290 700	58 140	232 560
第 4 年	2	2/15	290 700	38 760	271 320
第 5 年	1	1/15	290 700	19 380	290 700

注：为简化起见，没列示每月折旧额，每年的折旧额除以 12 即为月折旧额，实务中企业应按月计提折旧。

在以上介绍的四种折旧方法中，年限平均法和工作量法属于平均折旧方法，计入各期的固定资产折旧额相对比较均衡，但由于受固定资产使用寿命期限的限制，企业发生在固定资产上的支出只能逐步计入各期成本或费用，并通过产品的销售等业务分次收回，企业极有可能会由于市场行情的变化等情况而遭受固定资产减值等方面的损失；年数总和法和双倍余额递减法属于加速折旧法，这两种方法下，在固定资产使用寿命的前期将固定资产支出较多地计入各期成本或费用，后期则相对较少。这样，企业就可以尽快地通过产品销售等业务收回发生在固定资产上的大部分支出，避免由于技术进步等情况引起固定资产的无形损耗，规避由于固定资产无形损耗而给企业带来的经营风险。

5. 运用固定资产折旧方法应注意的问题

（1）企业选用折旧方法应遵循会计信息质量的可比性要求。对于我国《企业会计准则》规定的以上四种折旧方法，企业可结合自身的经营性质和特点选择使用。从上面的举例可以看出，企业选择不同的固定资产折旧方法，将影响固定资产使用寿命期间内不同时期的折旧费用，每月计算出来的折旧额差异是比较大的，由于这些折旧额都要分别计入各会计期间的成本或费用，因而就成为影响各个会计期间成本或费用水平高低的一个重要因素，而成本或费用水平的高低又会影响各期经营成果的计算与确定。为了使各期分摊的固定资产使用费用均衡合理，避免人为地改变固定资产折旧方法而调节企业成本或费用及经营成果，根据《企业会计准则》的规定，企业选择使用的固定资产折旧方法一经确定，一般不得随意变更。

（2）应对固定资产使用寿命、预计净残值和折旧方法进行复核。在固定资产使用过程中，其所处的经济环境、技术环境及其他环境可能对固定资产的使用寿命和预计净残值产生较大影响。例如，由于产品产量扩大而使固定资产使用强度加大时，会在一定程度上缩短固定资产的使用寿命；市场上替代在用固定资产新产品的出现致使现有固定资产实际使用寿命缩短、预计净残值减少等。以上环境的变化也可能会使与固定资产有关经济利益的预期实现方式发生重大改变，企业应相应改变固定资产折旧方法。例如，某采掘企业在经营初期各期产量相对均衡，采用年限平均法计提折旧。但现在企业生产所依赖的资源的可采储量逐年减少，需要将年限平均法改变为工作量法等。我国的《企业会计准则》规定，企业至少应当于每年年度终了，对固定资产使用寿命、预计净残值和折旧方法进行复核。如有确凿证据表明固定资产使用寿命和净残值的预计数与原先估计数有差异，应进行相应调整。固定资产包含的经济利益预期实现方式有重大改变的，应当改变固定资产折旧方法。

6. 固定资产折旧的账务处理

按照有关规定，企业应当按月对固定资产计提折旧，并根据固定资产的用途计入相关资产的成本或者当期损益。当月应计提的折旧额应根据企业所采用的折旧方法，利用“固定资产折旧计算表”计算确定。

进行固定资产折旧的核算应设置“累计折旧”账户。本账户核算企业对固定资产计提的累计折旧。企业按月计提的折旧记入该账户的贷方，相应地记入有关账户的借方。例如，对基本生产车间使用固定资产计提的折旧记入“制造费用”账户的借方；对管理部门使用固定资产计提的折旧记入“管理费用”账户的借方；对销售部门使用固定资产计提的折旧记入“销售费用”账户的借方；企业自行建造固定资产过程中使用固定资产计提的折旧记入“在建工程”账户的借方；对经营租出固定资产计提的折旧记入“其他业务成本”账户的借方；对未使用固定资产计提的折旧记入“管理费用”账户的借方。企业处置固定资产，如出售、报废、对外投资和盘亏固定资产时，应结转处置固定资产的累计折旧额。结转处置固定资产已计提的折旧额，应记入该账户的借方，并分别记入“固定资产清理”“长期股权投资”和“待处理财产损溢”等账户的借方和“固定资产”账户的贷方。本账户期末贷方余额，反映企业固定资产的累计折旧额。

[例 7.11] 东华公司本月计提固定资产折旧 25 500 元。其中，企业生产车间使用的固定资产计提折旧 20 000 元；企业管理部门使用的固定资产计提折旧 3 000 元；企业销售部门使用的固定资产计提折旧 2 500 元。

要求：编制东华公司计提折旧的会计分录。

[例题解答]

相关分录：

借：制造费用　　20 000
　　管理费用　　3 000
　　销售费用　　2 500
　　贷：累计折旧　　25 500

[例 7.12] 东华公司将不需用的设备一台出售给西京公司，其原价为 200 000 元，累计折旧为 80 000 元。

要求：编制东华公司的固定资产转入清理时的会计分录。

[例题解答]

相关分录：

借：固定资产清理　　120 000
　　累计折旧　　80 000
　　贷：固定资产　　200 000

（三）固定资产减值损失的核算

1. 固定资产减值的概念

固定资产减值是指固定资产的可收回金额低于其账面价值的情况。我国《企业会计准则》规定，企业应当在会计期末判断资产是否存在可能发生减值的迹象。存在下列迹象的，表明资产可能发生了减值。

（1）资产的市价当期大幅度下跌，其跌幅明显高于因时间的推移或者正常使用而预计的下跌；

（2）企业经营所处的经济、技术或者法律等环境以及资产所处的市场在当期或者将在近期发生重大变化，从而对企业产生不利影响；

（3）市场利率或者其他市场投资回报率在当期已经提高，从而影响企业计算资产预计未来现金流量现值的折现率，导致资产可收回金额大幅度降低；

（4）有证据表明资产已经陈旧过时或者其实体已经损坏；

（5）资产已经或者将被闲置、终止使用或者计划提前处置；

（6）企业内部报告的证据表明资产经济绩效已经低于或者将低于预期，如资产所创造的净现金流量或者实现的营业利润（或者亏损）远远低于（或者高于）预计金额等；

（7）其他表明资产可能已经发生减值的迹象。

资产存在减值迹象时，应当估计其可收回金额。可收回金额应当根据资产的公允价值减去处置费用后的净额与资产预计未来现金流量的现值两者之间较高者确定。处置费用包括与资产处置有关的法律费用、相关税费、搬运费以及为使资产达到可销售状态发生的直接费用等。资产的公允价值减去处置费用后的净额与资产预计未来现金流量的现值，只要有一项超过了资产的账面价值，就表明资产没有发生减值，不需要再估计另一项金额。

2. 固定资产减值损失的确定及账务处理

（1）固定资产减值损失的确定。固定资产减值损失是指可收回金额低于其账面价值所形成的损失，对此，应当将资产的账面价值减记至可收回金额，减记的金额确认为资产减值损失，计入当期损益，同时计提相应的减值准备。例如，企业某项资产经测试有减值迹象，其账面价值为200 000元，经计算其可收回金额为150 000元，确定的固定资产减值损失应为50 000元。

固定资产减值准备是根据谨慎性原则的要求，为应对固定资产的减值有可能给企业带来的风险而预先计提的一种准备金。如同企业为应对可能发生的坏账损失而预先计提坏账准备，企业提取固定资产减值准备，就是为了应对固定资产的减值有可能给企业带来的损失，化解由于固定资产减值损失可能给企业的经营带来的风险，也有利于科学地确定各个会计期间的损益，进而合理地确认企业各个会计期间的财务成果。

（2）固定资产减值损失的账务处理。为进行固定资产减值损失的核算，企业应设置“资产减值损失”和“固定资产减值准备”等账户。“资产减值损失”核算企业计提的包括固定资产在内的各项资产减值准备所形成的损失，“固定资产减值准备”账户核算企业固定资产发生减值时计提的减值准备。

在资产负债表日，企业根据资产减值准则确定固定资产发生减值的，按应减记的金额，借记“资产减值损失”科目，贷记“固定资产减值准备”科目。期末，将“资产减值损失”账户发生额结转至“本年利润”账户，结转后“资产减值损失”账户应无余额。

处置固定资产时同时结转已计提的固定资产减值准备，记入“固定资产减值准备”账户的借方，“固定资产减值准备”账户的期末余额在贷方，反映企业已计提但尚未结转的固定资产减值准备。

[例 7.13] 东华公司某一设备发生减值，其账面价值为200 000元，经计算其可收回金额为160 000元，确认的减值损失为40 000元。

要求：编制东华公司相关的会计分录。

[例题解答]

相关分录：

借：资产减值损失　　　　40 000

　　贷：固定资产减值准备　　　　40 000

（四）固定资产减少的核算

1. 固定资产终止确认的条件

固定资产减少意味着固定资产在企业中不复存在，因而应终止确认。终止确认是根据终止确认的条件将原来已确认的固定资产从账面上处理掉，并对其在处置过程中发生的收入或费用等进行账务处理的过程。按照我国《企业会计准则》的规定，固定资产满足下列条件之一的，应当予以终止确认。

（1）该固定资产处于处置状态。处于处置状态的固定资产不再用于生产商品、提供劳务、出租或经营管理，因此不再符合固定资产的定义，应予以终止确认。

（2）该固定资产预期通过使用或处置不能产生未来经济利益。固定资产的确认条件之一是“与该固定资产有关的经济利益很可能流入企业”，如果一项固定资产预期通过使用或处置不能产生经济利益，就不再符合固定资产的定义和确认条件，应予以终止确认。

2. 固定资产减少的账务处理

企业出售、转让，以及因报废、毁损而处置固定资产时，损益通过“固定资产清理”账户进行核算。“固定资产清理”账户核算企业因出售、转让、报废和毁损等原因转入清理的固定资产价值以及在清理过程中所发生的清理费用和清理收入等。固定资产处置的会计处理一般有以下几个步骤。

第一步，固定资产转入清理。固定资产转入清理时，应按固定资产账面净值记入“固定资产清理”账户的借方，按已计提的累计折旧记入“累计折旧”账户的借方，按已计提的减值准备借记“固定资产减值准备”账户，按固定资产账面余额贷记“固定资产”科目。

第二步，发生的清理费用。在固定资产清理过程中发生的其他有关费用以及应支付的相关税费，记入“固定资产清理”账户的借方，并贷记“银行存款”等账户。

第三步，出售收入和残料等的处理。在固定资产清理过程中发生的各种收入，借记“银行存款”“原材料”等账户，贷记“固定资产清理”账户。

第四步，保险赔偿的处理。企业应收保险公司或过失人的赔偿，借记“其他应收款”等账户，贷记“固定资产清理”账户。

第五步，清理净损益的处理。固定资产清理完成后产生的净损失，借记“资产处置损益”账户或“营业外支出”账户，贷记“固定资产清理”账户；固定资产清理完成后实现的净收益，记入“固定资产清理”账户的借方，贷记“资产处置损益”账户。

固定资产清理的账户结构及其与其他账户的关系见图 7-2。

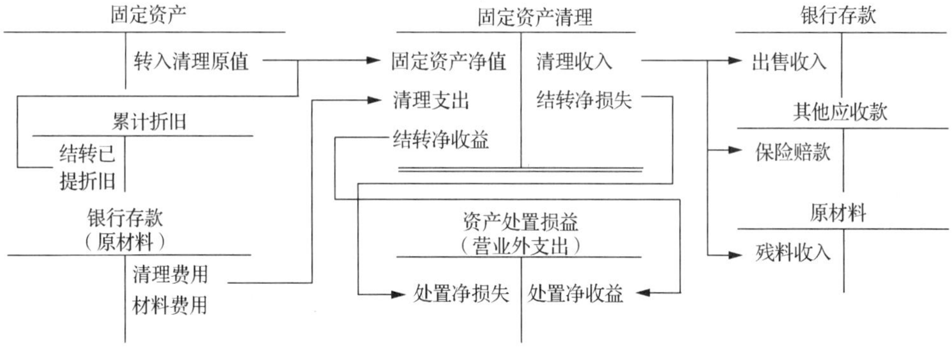

图 7-2 固定资产清理的账户结构及其与其他账户的关系

[例 7.14] 东华公司将不需用的设备一台出售给西京公司，其原始价值为 200 000 元，累计折旧为 50 000 元，已计提减值准备 10 000 元。设备在清理过程中，使用原材料 2 000 元，用银行存款支付清理费 3 200 元。出售设备收到价款 160 000 元，已存入银行。假设不考虑相关税费。

要求：编制东华公司相关的会计分录。

[例题解答]

（1）转入清理：

借：固定资产清理　　140 000

　　累计折旧　　50 000

　　固定资产减值准备　　10 000

　　贷：固定资产　　200 000

（2）发生清理费用：

借：固定资产清理　　5 200

　　贷：原材料　　2 000

　　　　银行存款　　3 200

（3）收取出售价款：

借：银行存款　　160 000

　　贷：固定资产清理　　160 000

（4）结转净收益：

借：固定资产清理　　14 800

　　贷：资产处置损益　　14 800

[例 7.15] 东华公司一台生产品用设备因自然灾害毁损，其原价为 160 000 元，累计折旧为 80 000 元，将该设备转入清理过程；在清理过程中发生清理费用 800 元，已用银行存款支付；收回残料 300 元；根据保险合同，设备损失应由保险公司赔偿 50 000 元。

要求：编制东华公司相关的会计分录。

[例题解答]

（1）转入清理：

借：固定资产清理　　80 000

　　累计折旧　　80 000

　　贷：固定资产　　160 000

（2）发生清理费用：

借：固定资产清理　　800

　　贷：银行存款　　800

（3）收取残料收入：

借：银行存款　　300

　　贷：固定资产清理　　300

（4）收取保险公司赔款：

借：其他应收款　　50 000

　　贷：固定资产清理　　50 000

（5）结转净损失：

借：营业外支出　　30 500

　　贷：固定资产清理　　30 500

（五）固定资产盘亏的核算

固定资产属于企业的劳动资料，是生产和管理的要素之一。由于固定资产的种类及数量较多，使用中存在变动等复杂情况，企业应定期或者至少于每年年末对固定资产实物进行清查，以保证账实相符和企业财产的安全和完整。对于查账发现的盘盈、盘亏应当填制固定资产盘点报告表，并及时查明原因，按规定程序报批处理。

固定资产盘亏是指经过盘点得到的固定资产实有数量小于其账面结存数量。企业在财产清查中发现的固定资产盘亏，应通过“待处理财产损溢”账户进行核算。发现盘亏的固定资产，在未经批准处理前，应借记“待处理财产损益”“累计折旧”“固定资产减值准备”科目，贷记“固定资产”科目。经批准处理后，按收回残料的价值以及保险赔偿或过失人赔偿，借记“原材料”“其他应收款”科目，贷记“待处理财产损溢”科目，按借贷方之间的差额，借记“营业外支出”等科目。

需要说明的是，和存货盘盈不同，固定资产如果发现盘盈被归属于会计差错，其调整方式有其特殊性，在此不做讲述。

[例 7.16] 东华公司在财产清查中发现，企业用于产品生产的一台设备盘亏。设备实际成本为 250 000 元，已计提折旧 150 000 元，已计提减值准备 20 000 元。由于参加了财产保险，应由保险公司赔偿部分为 70 000 元。经批准将盘亏净损失 10 000 元转为企业的营业外支出。

要求：编制东华公司相关的会计分录。

[例题解答]

（1）报经批准前，对发现的固定资产盘亏进行处理：

借：待处理财产损溢　　80 000
　　累计折旧　　150 000
　　固定资产减值准备　　20 000
　　贷：固定资产　　250 000

（2）报经批准后，按批准意见进行处理：

借：其他应收款　　70 000
　　营业外支出　　10 000
　　贷：待处理财产损溢　　80 000

第三节 无形资产

一、无形资产的概念及其特征

（一）无形资产的概念

无形资产是指企业拥有或者控制的没有实物形态的可辨认非货币性资产，包括专利权、非专利技术、商标权、著作权、土地使用权和特许权等。

（二）无形资产的特征

相对于流动资产和固定资产等其他资产，无形资产具有如下特征。

1. 无形资产不具有实物形态

无形资产所代表的是企业拥有的某些特殊权利或优势。它是通过拥有的某些特殊权利或优势使企业获得高于一般盈利水平的额外经济利益，具有极大的潜在价值。它与固定资产通过实物价值的磨损和转移为企业带来未来经济利益具有明显区别。某些无形资产有赖于实物载体而存在，如计算机软件存储在介质（具有实物形态）中，但不改变无形资产没有实物形态的特征。

2. 无形资产具有可辨认性

符合以下条件之一的，则应认为其具有可辨认性。

（1）能够从企业中分离或者划分出来，并能单独用于出售或转让等，而不需要同时处置在同一获利活动中的其他资产，则表明无形资产可以辨认。例如，企业只是向另一方转让了其自行研制的某种软件，而不是连同研制该软件所使用的设备等一起转让。在某些情况下，无形资产可能需要与有关合同一起用于出售转让等，在这种情况下也视为可辨认无形资产。例如，根据合同约定，企业将研制某产品专利权的设备及已经获取的该产品生产的专利权一并出售给某软件开发企业。

（2）产生于合同性权利或其他法定权利，无论这些权利是否可以从企业或其他权利和义务中转移或者分离。有些无形资产虽然不能够从企业中分离或者划分出来，但按照合同性权利或其他法定权利，可以将其使用权通过授予许可的方式允许其他企业加以利用。例如，一方通过与另一方签订特许权合同而获得的特许使用权，通过法律程序申请获得的商标权、专利权等。

需要注意的是：可辨认性只是无形资产的特征之一，有些资源虽然具有可辨认性，对企业的经营也具有相当大的影响，但是，并不能将其确认为企业的无形资产。例如，客户关系、人力资源等，由于企业无法控制其带来的未来经济利益，不符合无形资产的定义，因而不应将其确认为无形资产。又如，企业内部产生的品牌、客户名单和实质上类似的项目支出，由于不能与整个业务开发成本区分开来，这类项目也不应确认为无形资产。

3. 将在较长时期内为企业提供经济利益

无形资产所代表的特权或优势一般可以在较长的时期内存在，不会很快消逝，企业可以长期受益。但除了法律规定的年限之外，企业是无法断定无形资产经济年限的长短的。

4. 所提供的未来经济利益具有高度的不确定性

无形资产能否为企业提供未来的经济利益以及提供多大的未来经济利益在很大程度上要受到企业外部因素的影响，如技术进步、市场需求变化、同行业竞争等，使得其预期的获利能力具有高度的不确定性，分布区间在零到相当大金额的范围内。同时，无形资产通常都不能单独获利，需借助有形资产才能发挥作用，因而企业的收益中究竟有多少来自无形资产是很难辨认的。此外，无形资产的取得成本与其能为企业带来的未来经济利益之间并无内在联系，因而很难对其未来的获利能力做出合理估计。

二、无形资产的内容

无形资产通常包括专利权、非专利技术、商标权、著作权、特许权和土地使用权等。

（1）专利权。专利权是指国家专利主管机关依法授予发明创造专利申请人，对其发明创造在法定期限内所享有的专有权利。包括发明专利权、实用新型专利权和外观设计。

（2）非专利技术。非专利技术也称专有技术。它是指不为外界所知、在生产经营活动中已采用的、不享有法律保护的、可以带来经济效益的各种技术和诀窍。非专利技术一般包括工业专有技术、商业贸易专有技术和管理专有技术等。

（3）商标权。商标是用来辨认特定的商品或劳务的标记。商标权是指专门在某类指定的商品或产品上使用特定的名称或图案的权利。

（4）著作权。著作权又称版权，是指作者对其创作的文学、科学和艺术作品依法享有的某些特殊权利。著作权包括作品署名权、发表权、修改权和保护作品完整权，还包括复制权、发行权、出租权、展览权、表演权、放映权、广播权、信息网络传播权、摄制权、改编权、翻译权、汇编权以及应当由著作权人享有的其他权利。

（5）特许权。特许权又称经营特许权、专营权，是指企业在某一地区经营或销售某种特定商品的权利或是一家企业接受另一家企业使用其商标、商号、技术秘密等的权利。通常有两种形式。一种是由政府机构授权，准许企业使用或在一定地区享有经营某种业务的特权，如水、电、邮电通信等专营权，烟草专卖权等；另一种是指企业间依照签订的合同，有限期或无限期地使用另一家企业的某些权利，如连锁店分店使用总店的名称等。

（6）土地使用权。土地使用权是指国家准许某企业在一定期间内对国有土地享有开发、利用、经营的权利。根据《中华人民共和国土地管理法》的规定，我国土地实行公有制，任何单位和个人不得侵占、买卖或者以其他形式非法转让土地。企业取得土地使用权的方式大致有以下几种：行政划拨取得、外购取得及投资者投入取得。

三、无形资产的确认与计量

企业取得无形资产的来源较多，包括外购无形资产、投资者投入和企业内部研究开发形成的无形资产等。本部分探讨实务中常见的企业的外购无形资产和内部研究开发无形资产的确认与计量问题。

（一）无形资产的确认

1. 无形资产的初始确认

无形资产的初始确认是企业对通过不同来源取得的无形资产加以认定的过程。同时满足下列条件的，才能确认为无形资产。

（1）符合无形资产的概念；

（2）与该无形资产相关的预计未来经济利益很可能流入企业；

（3）该无形资产的成本能够可靠计量。

其中，符合无形资产的概念是确认无形资产的最基本依据，后两点应是所有资产的确认必须同时满足的条件，无形资产也不例外。企业在判断无形资产产生的经济利益是否很可能流入企业时，应当对无形资产在预计使用年限内可能存在的各种经济因素做出合理估计，并且应当有明确的证据支持。

关于无形资产的确认，需要注意以下几点。

其一，关于土地使用权的确认。在我国，土地所有权归国家所有。因而企业能取得的只是土地的使用权。在一般情况下，当企业利用土地使用权建造其自用的厂房等地上建筑物时，相关的土地使用权的价值不计入在建工程成本，而是作为无形资产进行核算，并按照预计使用年限及确定的摊销方法进行摊销。而地上的建筑物则应作为固定资产进行核算，按其使用寿命和企业选定的折旧方法计提折旧。

其二，关于内部研究开发费用的确认。根据《企业会计准则》的相关规定，企业内部研究开发项目的支出，应当区分为研究阶段支出与开发阶段支出，分别按规定的方法进行核算。其中，研究是指为获取并理解新的科学或技术知识而进行的独创性的有计划调查；开发是指在进行商业性生产或使用前，有针对性地将研究成果或其他知识应用于某项计划或设计，以生产出新的或具有实质性改进的材料、装置、产品等。企业在内部研究阶段发生的支出，应当于发生时计入当期损益。而无形资产的开发阶段相对于研究阶段更进一步，且很大程度上已经具备了形成一项新产品或新技术的基本条件，此时如果企业能够证明所发生的开发支出满足无形资产的定义及相关确认条件，所发生的开发支出可以资本化，确认为无形资产的成本，形成企业的无形资产。在开发阶段，将有关支出资本化确认为无形资产必须同时满足下列条件：第一，从可能性方面看，完成该无形资产以使其能够使用或出售在技术上具有可行性；第二，从目的性方面看，具有完成该无形资产并使用或出售的意图；第三，从效益性方面看，具有明确的无形资产产生未来经济利益的方式，包括能够证明运用该无形资产生产的产品存在市场或无形资产自身存在市场；无形资产将在内部使用时，应当证明其效益性；第四，从完成能力方面看，有足够的技术、财务资源和其他资源支持，以完成该无形资产的开发，并有能力使用或出售该无形资产；第五，从可计量性方面看，归属于该无形资产开发阶段的支出能够可靠计量。

2. 无形资产的后续确认

无形资产的后续确认是指对无形资产在使用过程中的变化情况所进行的确认，包括无形资产价值的摊销、无形资产减值准备的计提和无形资产的处置等。企业在处置无形资产时，如将无形资产出售、对外出租、对外捐赠，或者原来确认的无形资产无法为企业带来未来经济利益，应予转销并终止确认。

（二）无形资产的计量

1. 无形资产的初始计量

无形资产的初始计量是指企业对其取得的无形资产成本的确定。无形资产通常是按实际成本计量的，即以取得无形资产并使之达到预定用途而发生的全部支出作为无形资产的成本。企业从不同来源取得的无形资产，其成本构成也不同。

（1）外购无形资产的成本包括购买价款、其他税费以及直接归属于使该项资产达到预定用途所发生的其他支出。其中，直接归属于使该项资产达到预定用途所发生的其他支出包括使无形资产达到预定用途所发生的专业服务费用、测试无形资产是否能够正常发挥作用的费用等。但不包括为引入新产品进行宣传发生的广告费、管理费用及其他间接费用，也不包括在无形资产已经达到预定用途以后发生的费用。无形资产达到预定用途后所发生的支出不构成无形资产的成本，一般应于发生时计入当期损益。

（2）自行开发无形资产的成本包括可直接归属于该资产的创造、生产并使该资产能够以管理层预定的方式运作的所有必要支出。可直接归属于该资产的成本包括开发该无形资产时耗费的材料、劳务成本、注册费，在开发该无形资产过程中使用的其他专利权和特许权的摊销、按照有关规定资本化的利息支出，以及为使该无形资产达到预定用途前所发生的其他费用。在开发无形资产过程中发生的除上述可直接归属于无形资产开发活动的其他销售费用、管理费用等间接费用，无形资产达到预定用途前发生的可辨认的无效损失和初始运作损失、为运行该无形资产发生的培训支出等不构成无形资产的开发成本。应强调的是，内部开发无形资产的成本仅包括在满足资本化条件的时点至无形资产达到预定用途前发生的支出总和，对于同一项无形资产在开发过程达到资本化之前已经费用化计入损益的支出不再进行调整。

关于其他方式取得无形资产的内容可参见本书的相关部分。

2. 无形资产的后续计量

无形资产经初始确认和计量后，在其后使用该项无形资产期间内应以成本减去累计摊销额和累计减值损失后的余额计量。需要强调的是，确定无形资产在使用过程中的累计摊销额的基础是估计其使用寿命，只有使用寿命有限的无形资产才需要在估计的使用寿命内采用系统合理的方法进行摊销，对于使用寿命不确定的无形资产，应每年进行减值测试。

企业应当于取得无形资产时分析判断其使用寿命。无形资产的使用寿命如为有限的，应当估计该使用寿命的年限或者构成使用寿命的产量等类似计量单位数量；无法预见无形资产为企业带来未来经济利益期限的，应当视为使用寿命不确定的无形资产。

（1）无形资产使用寿命的确定

无形资产的后续计量是以其使用寿命为基础的。无形资产的使用寿命包括法定寿命和经济寿命。法定寿命是指有些无形资产的使用寿命受法律、规章或合同的限制。例如，我国法律规定发明专利权的有效期为 20 年，商标权的有效期为 10 年。而永久性特许经营权、非专利技术等的寿命则不受法律或合同的限制。经济寿命是指无形资产可以为企业带来经济利益的年限。由于受技术进步、市场竞争等因素的影响，无形资产的经济寿命往往短于其法定寿命。因此，在估计无形资产的使用寿命时，应当综合考虑各方面相关因素的影响，合理确定无形资产的使用寿命。如果经过这些努力仍无法合理判断无形资产为企业带来经济利益的期限，再将其作为使用寿命不确定的无形资产。

对于使用寿命有限的无形资产，企业至少应当于每年年度终了对其使用寿命进行复核，如果有证据表明其使用寿命不同于以前的估计，由于合同的续约或无形资产应用条件的改善，延长了无形资产的使用寿命，应改变其摊销年限，并按照会计政策、会计估计变更进行处理。对于使用寿命不确定的无形资产，如果有证据表明其使用寿命是有限的，应当按照无形资产准则中关于使用寿命有限的无形资产的处理原则进行处理。

（2）使用寿命有限的无形资产摊销

对使用寿命有限的无形资产，应在其预计的使用寿命内采用系统合理的方法对应摊销金额进行摊销。应摊销金额是指无形资产的成本扣除残值后的金额。无形资产的残值一般为零。对使用寿命不确定的无形资产不应摊销。

（三）业财融合视角下无形资产核算思维导航

无形资产经济效益也会延续多个会计期间，所以其价值和固定资产的相似，也存在使用过程中价值损耗的问题，所以它的经济事项也是三个。从经济业务上看，不同于固定资产的在于价值损耗，无形资产中有使用寿命明确的，例如专利权；也有使用寿命是不确定的，也可以称为无使用寿命的无形资产，例如非专利技术。有使用寿命的无形资产使用过程中价值减少的核算与计提折旧相似；而无使用寿命的无形资产，我们是通过减值测试的方式来确定其价值的变化的。

无形资产的三个经济事项具体如下。

（1）无形资产的取得：

借：无形资产

　　贷：取得方式（银行存款或者研发支出等）

（2）使用过程中无形资产价值的减少：

① 有使用寿命的无形资产

借：成本费用（制造费用、管理费用等）

　　贷：累计摊销

② 无使用寿命的无形资产（有使用寿命的无形资产发现减值迹象也可以同时计提）

借：资产减值损失

　　贷：无形资产减值准备

（3）无形资产本身的减少：

借：无形资产减少获得的对价（如银行存款等）

　　累计摊销、无形资产减值准备等

　　贷：无形资产

借或者贷：资产处置损益或营业外收入或营业外支出（无形资产减少经济事项的净损益）

四、无形资产的核算

（一）无形资产增加的核算

企业应设置“无形资产”账户，核算企业持有的无形资产的增减变动及结存情况。

企业外购无形资产时，借记“无形资产”“应交税费——应交增值税（进项税额）”科目，贷记“银行存款”等科目。

企业自行开发无形资产发生的研发支出，对于不满足资本化条件的，应借记“研发支出——费用化支出”科目，满足资本化条件的，借记“研发支出——资本化支出”科目，贷记“原材料”“银行存款”“应付职工薪酬”等科目。研究开发项目达到预定用途形成无形资产的，应按“研发支出——资本化支出”科目的余额，借记“无形资产”科目，贷记“研发支出——资本化支出”科目。期末，企业应将本科目归集的费用化支出金额转入“管理费用”科目，借记“管理费用”科目，贷记“研发支出——费用化支出”科目。

[例 7.17] 2021 年 3 月 5 日，东华公司购得一项专利权，价款 120 000 元，款项已用银行存款支付。

要求：编制东华公司相关的会计分录。

[例题解答]

相关分录：

借：无形资产——专利权　　120 000

　　贷：银行存款　　120 000

[例 7.18] 东华公司自行开发一项非专利技术。在研究开发过程中，发生材料费 60 000 元，开发研究人员薪酬 90 000 元，另用银行存款支付其他费用 150 000 元。

要求：编制东华公司相关的会计分录。

[例题解答]

相关分录：

借：研发支出　　300 000

　　贷：原材料　　60 000

　　　　应付职工薪酬　　90 000

　　　　银行存款　　150 000

[例 7.19] 接[例 7.18]，经确认，东华公司上述研发支出中的 250 000 元满足资本化支出的确认条件，应计入无形资产成本，另外 50 00 元应作为费用化支出计入当期损益。

要求：编制东华公司相关的会计分录。

[例题解答]

相关分录：

借：无形资产——非专利技术　　250 000

　　管理费用　　50 000

　　贷：研发支出　　300 000

（二）使用寿命确定的无形资产摊销的核算

企业进行无形资产摊销的核算，应设置“累计摊销”账户。本账户核算企业对使用寿命有限的无形资产计提的累计摊销。企业按月计提无形资产摊销时，借记“管理费用”“制造费用”“其他业务成本”等科目，贷记“累计摊销”科目。本账户期末贷方余额，反映企业无形资产累计摊销额。

无形资产的摊销金额一般应当计入当期损益，但如果某项无形资产是专门用于生产某种产品的，其所包含的经济利益是通过转入到所生产的产品中体现的，无形资产的摊销费用应构成产品成本的一部分。

[例 7.20] 东华公司本月应摊销无形资产使用费 8 000 元，其中 5 000 元使用费为生产 A 产品专门使用的无形资产的摊销额。

要求： 编制东华公司相关的会计分录。

[例题解答]

相关分录：

借：管理费用——无形资产摊销　　3 000
　　生产成本——A 产品　　5 000
　　贷：累计摊销　　8 000

[例 7.21] 东华公司将一项专利技术出租给西京公司使用，出租合同规定，承租方每销售一件用该专利生产的产品必须付给本公司 10 元专利技术使用费。假定承租方本月销售该产品 30 000 件。款项暂未收到。根据预计使用寿命，此项专利技术本月摊销额为 100 000 元，假定暂不考虑其他税费。

要求： 编制东华公司相关的会计分录。

[例题解答]

相关分录：

借：其他应收款　　300 000
　　贷：其他业务收入　　300 000
借：其他业务成本　　100 000
　　贷：累计摊销　　100 000

（三）使用寿命不确定的无形资产减值的核算

按照无形资产准则规定，对于使用寿命不确定的无形资产，在持有期间内不需要摊销，如果期末重新复核后仍为使用寿命不确定的无形资产，应当在每个会计期间进行减值测试。严格按照《企业会计准则》的有关规定，需要计提减值准备的无形资产，相应计提有关的减值准备。

进行使用寿命不确定的无形资产减值核算，应设置“无形资产减值准备”账户。计提使用寿命不确定的无形资产减值准备时，借记“资产减值损失”科目，贷记“无形资产减值准备”科目。本账户期末贷方余额，反映企业使用寿命不确定的无形资产累计计提的减值准备。

[例 7.22] 东华公司购入的专利权经测试有减值迹象。该专利权的账面价值为 50 000 元，可收回金额为 38 000 元。确认减值损失为 12 000 元。

要求： 编制东华公司相关的会计分录。

[例题解答]

相关分录：

借：资产减值损失　　12 000
　　贷：无形资产减值准备　　12 000

（四）无形资产减少的核算

企业无形资产的减少包括无形资产的出售、无形资产的报废等。进行无形资产减少的核算主要利用前面已经介绍的相关账户，表现为减少的无形资产账面价值的转销。此外，对无形资产出售、报废的核算还要涉及由此而产生的利得和损失的处理，还涉及“资产处置损益”“营业外支出”等账户。

出售无形资产时，应按实际收到的金额，借记“银行存款”科目，按已计提的累计摊销，借记“累计摊销”科目，按累计计提的减值准备，借记“无形资产减值准备”科目，按应支付的相关税费，贷记“应交税费——应交增值税（销项税额）”科目，按其账面余额，贷记“无形资产”科目，差额计入“资产处置损益”科目。

无形资产报废时，表明该无形资产预期不能为企业带来未来经济利益，不再符合无形资产的定义，应将其转销。已计提的累计摊销和已累计计提减值准备，以及“无形资产”账面余额转销的处理方法同上，按其差额借记“营业外支出”科目。

[例 7.23] 东华公司将拥有的一项商标权出售给西京公司，取得收入 180 000 元，已存入银行。该商标权账面余额为 300 000 元，累计摊销额为 100 000 元，已计提减值准备 50 000 元（假设不考虑相关税费）。

要求： 编制东华公司相关的会计分录。

[例题解答]

相关分录：

借：银行存款	180 000	
累计摊销	100 000	
无形资产减值准备	50 000	
贷：无形资产——商标权		300 000
资产处置损益		30 000

[例 7.24] 东华公司的某项非专利技术因不再适用予以报废，其账面余额为 180 000 元，累计摊销额为 120 000 元，假定该非专利技术的残值为 0，已计提减值准备 50 000 元。假定不考虑其他相关因素。

要求： 编制东华公司相关的会计分录。

[例题解答]

相关分录：

借：累计摊销	120 000	
无形资产减值准备	50 000	
营业外支出	10 000	
贷：无形资产——非专利技术		180 000

第四节 交易性金融资产

一、业财融合视角下交易性金融资产核算思维导航

（一）所有对外投资核算思维导航

所有的对外投资核算，不管其分类为哪一种，其基本的经济业务不外乎三个，一是取得对外投资，二是持有期间获得投资收益，三是收回投资。

（1）对外投资的取得：

借：投资的具体类别或账户

　　贷：取得方式（一般为银行存款，特殊可以非现金资产、股权、发行债务等）

（2）持有期间的收益：

借：收益形式（应收股利、应收利息等）

　　贷：投资收益

（3）收回投资，一般会发生损益，这是投资收益的一种：

借：银行存款

　　贷：与该投资相关的所有账户（包括该投资自身、相关减值准备等）

借或者贷：投资收益（收回投资的价款和其账面成本的差额，收益记贷方，损失记借方）

当然，由于会计准则对于各种投资的期末计量属性不同，通常在会计期末会增加一个调整会计分录，这个调整会计分录的实际形式与具体的核算账户有关，我们即将在交易性金融资产的核算框架中看到其特点。

（二）交易性金融资产核算思维导航

交易性金融资产是属于“以公允价值计量且其变动计入当期损益的金融资产”，因此，它的核算框架的特殊性主要体现在它的期末计量，这个经济业务属于按照准则规定所做的期末调整事项。交易性金融资产的期末计量采用的公允价值是公开交易市场上的期末价格，公允价值计量属性对应的“如实反映”和“相关性”的信息质量特征比较高，交易性金融资产期末的计价选择是唯一和确定的。所以其核算框架如下。

（1）取得交易性金融资产：

借：交易性金融资产（只核算公允价值）

　　投资收益（准则规定交易费用计入当期损益，这也是交易性金融资产核算的特殊点）

　　贷：银行存款

（2）持有期间的收益：

借：收益形式（应收股利、应收利息等）

　　贷：投资收益

（3）期末计量，一方面将交易性金融资产账面价值调整为期末公允价值，另一方面计入当期损益：

① 如期末价值上升

借：交易性金融资产

　　贷：公允价值变动损益（损益类科目，贷方表示收益，借方表示损失）

② 如期末价值下降

借：公允价值变动损益

　　贷：交易性金融资产

（4）收回投资：

借：银行存款

　　贷：交易性金融资产

借或者贷：投资收益（收回投资的价款和其账面成本的差额，收益记贷方，损失记借方）

二、交易性金融资产的取得

企业应设置“交易性金融资产”科目，核算为交易目的而持有的股票投资、债券投资、基金投资等交易性金融资产的公允价值，并按照交易性金融资产的类别和品种，分别以“成本”“公允价值变动”进行明细核算。其中，“成本”明细科目反映交易性金融资产的初始入账金额，“公允价值变动”明细科目反映交易性金融资产在持有期间的公允价值变动金额。需要注意的是，企业持有的指定为以公允价值计量且其变动计入当期损益的金融资产，也通过“交易性金融资产”科目核算。

交易性金融资产的取得的核算存在两个需要注意的地方。

1. 取得价款中交易费用单独核算

交易性金融资产应当按照取得时的公允价值作为初始入账金额，相关的交易费用在发生时直接计入当期损益，这是准则的规定。其中，交易费用是指可直接归属于购买、发行或处置金融工具的增量费用，包括支付给代理机构、咨询公司、券商、证券交易所、政府有关部门等的手续费、佣金、相关税费及其他必要支出，但不包括债券溢价和折价、融资费用、内部管理成本和持有成本等与交易不直接相关的费用。这是交易性金融资产的初始确认与其他金融资产甚至其他我们所学过的资产不同的地方。

2. 取得价款中所含应收项目单独核算

企业取得交易性金融资产所支付的价款中，如果包含已宣告但尚未发放的现金股利或已到付息期但尚未领取的债券利息，性质上属于暂付应收款，应当单独确认为应收项目，不计入交易性金融资产的初始入账金额。这是由于经济业务导致的，后面即将介绍的债权投资中同样适用此类处理方法。

企业取得交易性金融资产时，按其公允价值（不含支付的价款中所包含的已宣告但尚未发放的现金股利或已到付息期但尚未领取的债券利息），借记“交易性金融资产——成本”科目；按发生的交易费用，借记“投资收益”科目；按已宣告但尚未发放的现金股利或已到付息期但尚未领取的债券利息，借记“应收股利”或“应收利息”科目；按实际支付的金额，贷记“银行存款”科目。收到上述现金股利或债券利息时，借记“银行存款”科目，贷记“应收股利”或“应收利息”科目。

[例 7.25] 2021 年 2 月 15 日，东华公司按每股 6 元的价格从二级市场购入 A 公司每股面值 1 元的股票 50 000 股并分类为以公允价值计量且其变动计入当期损益的金融资产，支付交易费用 1 500 元。

要求：编制东华公司相关的会计分录。

[例题解答]

相关分录：

初始入账金额=6×50 000=300 000（元）

借：交易性金融资产——A 公司股票（成本）　　300 000

　　投资收益　　1 500

　　贷：银行存款　　301 500

[例 7.26] 2021 年 3 月 15 日，东华公司按每股 8.20 元的价格从二级市场购入 B 公司每股面值 1 元的股票 30 000 股并分类为以公允价值计量且其变动计入当期损益的金融资产，支付交易费用 1 200 元。股票购买价格中包含每股 0.20 元已宣告但尚未发放的现金股利，该现金股利于 2021 年 4 月 15 日发放。

要求：编制东华公司相关的会计分录。

[例题解答]

（1）2021 年 3 月 15 日，购入 B 公司股票：

初始入账金额=（8.20−0.20）×30 000=240 000（元）

应收现金股利=0.20×30 000=6 000（元）

借：交易性金融资产——B公司股票（成本）　240 000
　　应收股利　6 000
　　投资收益　1 200
　　贷：银行存款　247 200

（2）2021年4月15日，收到发放的现金股利：

借：银行存款　6 000
　　贷：应收股利　6 000

[例 7.27] 2021年7月1日，东华公司支付价款87 500元从二级市场购入甲公司于2020年7月1日发行的面值80 000元、期限5年、票面利率6%、每年6月30日付息、到期还本的债券并分类为以公允价值计量且其变动计入当期损益的金融资产，支付交易费用500元。债券购买价格中包含已到付息期但尚未领取的利息4 800元。

要求：编制东华公司相关的会计分录。

[例题解答]

（1）2021年7月1日，购入甲公司债券：

初始入账金额=87 500-4 800=82 700（元）

借：交易性金融资产——甲公司债券（成本）　82 700
　　应收利息　4 800
　　投资收益　500
　　贷：银行存款　88 000

（2）收到甲公司支付的债券利息：

借：银行存款　4 800
　　贷：应收利息　4 800

三、交易性金融资产持有收益的确认

企业取得债券并分类为以公允价值计量且其变动计入当期损益的金融资产，在持有期间，应于每一资产负债表日或付息日计提债券利息，计入当期投资收益。企业取得股票并分类为以公允价值计量且其变动计入当期损益的金融资产，在持有期间，只有在同时符合下列条件时，才能确认股利收入并计入当期投资收益。

（1）企业收取股利的权利已经确立。

（2）与股利相关的经济利益很可能流入企业。

（3）股利的金额能够可靠计量。

[例 7.28] 接[例 7.25]，东华公司持有A公司股票50 000股。2021年3月15日，A公司宣告2020年度利润分配方案，每股分派现金股利0.20元（该现金股利已同时满足股利收入的确认条件），并于2021年4月10日发放。

要求：编制东华公司相关的会计分录：

[例题解答]：

（1）2021年3月15日，A公司宣告分派现金股利：

应收现金股利=0.20×50 000=10 000（元）

借：应收股利　10 000
　　贷：投资收益　10 000

（2）4 月 10 日，收到 A 公司派发的现金股利：

借：银行存款　　　　　　　　　　　　　　10 000

　　贷：应收股利　　　　　　　　　　　　　　10 000

[例 7.29] 接[例 7.27]，2021 年 12 月 31 日，东华公司对持有的面值 80 000 元期限 5 年、票面利率 6%、每年 6 月 30 日付息的甲公司债券计提利息。

要求：编制东华公司相关的会计分录。

[例题解答]

相关分录：

应收债券利息=80 000×6%×1÷2=2 400（元）

借：应收利息　　　　　　　　　　　　　　2 400

　　贷：投资收益　　　　　　　　　　　　　　2 400

四、交易性金融资产的期末计量

交易性金融资产在最初取得时，是按公允价值入账的，反映了企业取得交易性金融资产的实际成本，但交易性金融资产的公允价值是不断变化的，会计期末的公允价值则代表了交易性金融资产的现时价值。根据《企业会计准则》的规定，资产负债表日，交易性金融资产应按公允价值反映，公允价值的变动计入当期损益。

资产负债表日，交易性金融资产的公允价值高于其账面余额时，应按二者之间的差额，调增交易性金融资产的账面余额，同时确认公允价值上升的收益，借记“交易性金融资产——公允价值变动”科目，贷记“公允价值变动损益”科目；交易性金融资产的公允价值低于其账面余额时，应按二者之间的差额，调减交易性金融资产的账面余额，同时确认公允价值下跌的损失，借记“公允价值变动损益”科目，贷记“交易性金融资产——公允价值变动”科目。

[例 7.30] 接[例 7.25]、[例 7.26]和[例 7.27]，东华公司每年 12 月 31 日对持有的交易性金融资产按公允价值进行后续计量，确认公允价值变动损益。2021 年 12 月 31 日，东华公司持有的交易性金融资产账面余额和当日公允价值资料，见表 7-3。

要求：编制东华公司相关的会计分录。

表 7-3　　交易性金融资产账面余额和公允价值表

2021 年 12 月 31 日　　单位：元

交易性金融资产项目	调整前账面余额	期末公允价值	公允价值变动损益	调整后账面余额
A 公司股票	300 000	250 000	−50 000	250 000
B 公司股票	240 000	265 000	25 000	265 000
甲公司债券	82 700	84 700	2 000	84 700

[例题解答]

根据表 7-3 的资料，东华公司 2021 年 12 月 31 日确认公允价值变动损益的会计处理：

借：公允价值变动损益　　　　　　　　　　50 000

　　贷：交易性金融资产——A 公司股票（公允价值变动）　50 000

借：交易性金融资产——B 公司股票（公允价值变动）　25 000

　　贷：公允价值变动损益　　　　　　　　　　25 000

借：交易性金融资产——甲公司债券（公允价值变动）　2 000

　　贷：公允价值变动损益　　　　　　　　　　2 000

五、交易性金融资产的处置

企业处置交易性金融资产的主要会计问题是正确确认处置损益。交易性金融资产的处置损益，是指处置交易性金融资产实际收到的价款，减去所处置交易性金融资产账面余额后的差额。其中，交易性金融资产的账面余额，是指交易性金融资产的初始入账金额加上或减去资产负债表日累计公允价值变动后的金额。如果在处置交易性金融资产时，已计入应收项目的现金股利或债券利息尚未收回，还应从处置价款中扣除该部分现金股利或债券利息之后，确认处置损益。

处置交易性金融资产时，应按实际收到的处置价款，借记“银行存款”科目；按该交易性金融资产的初始入账金额，贷记“交易性金融资产——成本”科目；按该项交易性金融资产的累计公允价值变动金额，贷记或借记“交易性金融资产——公允价值变动”科目；按已计入应收项目但尚未收回的现金股利或债券利息，贷记“应收股利”或“应收利息”科目；按上述所列差额，贷记或借记“投资收益”科目。

[例 7.31] 接[例 7.25]和[例 7.30]，2022 年 2 月 15 日，东华公司将持有的 A 公司股票售出，实际收到出售价款 288 000 元。股票出售日，A 公司股票账面价值 250 000 元，其中，成本 300 000 元，已确认公允价值变动损失 50 000 元。

要求：编制东华公司相关的会计分录。

[例题解答]

相关分录：

处置损益=288 000−250 000=38 000（元）

借：银行存款	288 000	
交易性金融资产——A 公司股票（公允价值变动）	50 000	
贷：交易性金融资产——A 公司股票（成本）		300 000
投资收益		38 000

[例 7.32] 接[例 7.26]和[例 7.30]，东华公司持有 B 公司股票 30 000 股。2022 年 3 月 15 日，B 公司宣告 2021 年度利润分配方案，每股分派现金股利 0.20 元（该现金股利已同时满足股利收入的确认条件），并拟于 2022 年 4 月 15 日发放；2021 年 3 月 18 日，东华公司将持有的 B 公司股票售出，实际收到出售价款 266 000 元。股票出售日，B 公司股票账面价值 265 000 元，其中，成本 240 000 元，已确认公允价值变动收益 25 000 元。

要求：编制东华公司相关的会计分录。

[例题解答]

（1）2022 年 3 月 15 日，B 公司宣告分派现金股利：

应收现金股利=0.20×30 000=6 000（元）

借：应收股利	6 000	
贷：投资收益		6 000

（2）2022 年 3 月 18 日，将 B 公司股票售出：

处置损益=266 000−265 000−6 000=−5 000（元）

借：银行存款	266 000	
投资收益	5 000	
贷：交易性金融资产——B 公司股票（成本）		240 000
交易性金融资产——B 公司股票（公允价值变动）		25 000
应收股利		6 000

[例 7.33] 接[例 7.27]、[例 7.29]和[例 7.30]，2022 年 5 月 10 日，东华公司将甲公司债券售出，实际收到出售价款 88 800 元。债券出售日，甲公司债券已计提但尚未收到的利息为 2 400 元，账面价值为 84 700 元，其中，成本 82 700 元，已确认公允价值变动收益 2 000 元。

要求：编制东华公司相关的会计分录。

[例题解答]

相关分录：

处置损益=88 800−84 700−2 400=1 700（元）

借：银行存款　　88 800

　　贷：交易性金融资产——甲公司债券（成本）　　82 700

　　　　交易性金融资产——甲公司股票（公允价值变动）　　2 000

　　　　应收利息　　2 400

　　　　投资收益　　1 700

第五节 债权投资

一、业财融合视角下债权投资核算思维导航

（一）基本原理

债权投资是属于“以摊余成本计量的金融资产”，核算的是企业购买的债券，管理模式是持有获得利息和收回本金，它不存在期末按照公允价值计价的问题。所以其核算框架基本原理和其他所有投资类似，主要分为三步。

第一步，取得债权投资：

借：债权投资（公允价值+交易费用）

　　贷：银行存款

第二步，持有期间的收益：

借：应收利息

　　贷：投资收益

第三步，收回投资：

借：银行存款

　　贷：债权投资

（二）债券的基本要素

债券（不管是国债还是企业债券）最普通的基本要素包括：（1）债券面值，即票面价值，是企业在还款日应偿还的本金额；（2）债券利率，即票面利率，又称名义利率，是指债券上载明的利息率，通常用年利率表示，是债券发行人用于计算每年应付利息的依据；（3）利息支付方式，即债券是一次付息还是分期付息，分期付息的期限是一年还是半年等；（4）债券还本期限，即债券发行人偿还本金的时间，本金的偿还方式可以一次还本或多次还本。债券的面值决定了债券到期时偿还的本金金额，债券的面值与票面利率的乘积决定了每个付息日应支付的利息金额。这两个金额是确定的，不因为会计核算方法的改变而发生变化。

（三）基于业务分析的债权投资核算分析

假设一个债券的面值是 100 元，票面利率 6%，五年期，每年付息一次，到期还本。企业的

投资成本是 100 元。我们分析这个经济业务，企业总共支付了 100 元资金，其后每年按照面值与票面利率的乘积收到利息 6 元，5 年共计 30 元，5 年后到期按照面值收回本金 100 元。从现金流来看，企业付出 100 元，收回 130 元，所以这个投资的 5 年投资收益合计是 30 元，和债券的票面利息是一致的。其基本核算框架就比较简单。

（1）取得债权投资：

借：债权投资　　100

　　贷：银行存款　　100

（2）计提应收利息（包含收到利息，每年一次，做 5 次）：

借：应收利息　　6

　　贷：投资收益　　6

借：银行存款　　6

　　贷：应收利息　　6

（3）到期收回本金：

借：银行存款　　100

　　贷：债权投资　　100

但是，由于种种原因，企业的实际投资成本可能并不等于债券面值，这部分内容将在筹资活动中讲解，另外，企业在购买债券时如果需要支付费用，也会计入“债权投资”的成本。我们将购买支付价款高于面值称为溢价购买，低于面值称为折价购买。

仍然看上面的债券，假设溢价购买，实际支付 103 元。我们分析这个经济业务，企业购买债券支付了 103 元，其后每年按照面值与票面利率的乘积得到利息 6 元，5 年共计 30 元，5 年后到期按照面值收回本金 100 元。从现金流来看，企业付出 103 元，收回 130 元，所以这个投资的 5 年投资收益合计是 27 元，低于债券的票面利息 30 元。那么，不管如何进行具体的会计核算，我们做出的会计处理计入投资收益的利息收入 5 年合计是 27 元，而不是 30 元。其基本核算框架就会有变化。

（1）取得投资：

借：债权投资　　100

　　准则规定的相关账户　　3

　　贷：银行存款　　103

（2）计提应收利息（包含收到利息，每年一次，做 5 次）：

借：应收利息　　6（5 年的合计数为 30）

　　贷：投资收益　　<6 的某个值（5 年的合计数为 27）

　　　　准则规定的相关账户　　6-投资收益（5 年的合计数为 3）

借：银行存款　　6

　　贷：应收利息　　6

（3）收回本金：

借：银行存款　　100

　　贷：债权投资　　100

“准则规定的相关账户”是上述核算框架新的变化，具体怎么做分录取决于准则的规定，但是账务处理的结构和结果必须符合我们对于上面这个经济事项的分析。

二、债权投资的取得

债权投资，是指企业以购买债券等方式投放资本、分期或到期一次向债务人收取利息并收回本金的一种投资方式。企业应设置“债权投资”科目，核算持有的以摊余成本计量的债权投资，并按照债权投资的类别和品种，分别“成本”“利息调整”“应计利息”等进行明细核算。其中，“成本”明细科目反映债权投资的面值；“利息调整”明细科目反映债权投资的初始入账金额与面值的差额，以及按照实际利率法分期摊销后该差额的摊余金额；“应计利息”明细科目反映企业计提的到期一次还本付息的债权应计未收的利息。

债权投资应当按取得时的公允价值与相关交易费用之和作为初始入账金额。如果实际支付的价款中包含已到付息期但尚未领取的债券利息，应单独确认为应收项目，不构成债权投资的初始入账金额。

企业取得债权投资时，应按该投资的面值，借记“债权投资——成本”科目；按支付的价款中包含的已到付息期但尚未领取的债券利息，借记“应收利息”科目；按实际支付的金额，贷记“银行存款”科目；按其差额，借记或贷记“债权投资——利息调整”科目。收到支付的价款中包含的已到付息期但尚未领取的利息，借记“银行存款”科目，贷记“应收利息”科目。

[例 7.34] 东华公司于 2021 年 1 月 1 日从市场上购入甲公司当日发行的面值 500 000 元、期限 5 年、票面利率 6%、每年 12 月 31 日付息、到期还本的债券并分类为以摊余成本计量的金融资产，实际支付的购买价款（包括交易费用）为 500 000 元。

要求：编制东华公司的会计分录。

[例题解答]

相关分录：

借：债权投资——甲公司债券（成本）　　500 000

　　贷：银行存款　　50 000

[例 7.35] 东华公司于 2021 年 1 月 1 日从活跃市场上购入乙公司当日发行的面值 10 000 000 元、期限 5 年、票面利率 6%、每年 12 月 31 日付息、到期还本的债券并分类为以摊余成本计量的金融资产，该债券的实际利率为 5%，实际支付的购买价款（包括交易费用）为 10 437 400 元。

要求：编制东华公司的会计分录。

[例题解答]

相关分录：

借：债权投资——乙公司债券（成本）　　10 000 000

　　　　　　——乙公司债券（利息调整）　　437 400

　　贷：银行存款　　10 437 400

三、债权投资利息收入的确认

（一）确认利息收入的方法

1. 债权投资的账面余额与摊余成本

以摊余成本计量的债权投资的账面余额，是指“债权投资”科目的账面实际余额，即债权投资的初始入账金额加上（初始入账金额低于债券面值时）或减去（初始入账金额高于债券面值时）利息调整的累计摊销额后的余额，或者债权投资的面值加上（初始入账金额高于面值时）或减去（初始入账金额低于面值时）利息调整的摊余金额，用公式表示如下：

账面余额=初始入账金额±利息调整累计摊销额

=面值±利息调整的摊余金额

需要注意的是，如果金融资产为到期一次还本付息的债券，其账面余额还应当包括应计未付的债券利息；如果金融资产提前收回了部分本金（即面值），其账面余额还应当扣除已偿还的本金。

债权投资的摊余成本，是指该债权投资的初始入账金额经下列调整后的结果。

（1）扣除已偿还的本金。

（2）加上或减去采用实际利率法将该初始入账金额与到期日金额之间的差额进行摊销形成的累计摊销额（即利息调整的累计摊销额）。

（3）扣除累计计提的损失准备。

在会计处理上，以摊余成本计量的债权投资计提的损失准备是通过专门设置的备抵调整科目单独核算的，从会计科目之间的关系来看，债权投资的摊余成本也可用下式来表示：

摊余成本=“债权投资”科目的账面余额－“债权投资减值准备”科目的账面余额

因此，如果债权投资没有计提损失准备，摊余成本等于“债权投资”科目的账面余额。

2. 实际利率法

实际利率法，是指以实际利率为基础计算债权投资的摊余成本以及将利息收入分摊计入各会计期间的方法。实际利率，是指将债权投资在预期存续期的预计未来现金流量，折现为该债权投资账面余额所使用的利率。例如，企业购入债券作为债权投资，实际利率就是将该债券未来收回的利息和本金折算为现值恰好等于债权投资初始入账金额的折现率。

对于没有发生信用减值的债权投资，采用实际利率法确认利息收入并确定债权投资账面余额的程序如下。

（1）以债权投资的面值乘以票面利率计算确定应收利息。

（2）以债权投资的期初账面余额乘以实际利率计算确定利息收入。

（3）以应收利息与利息收入的差额作为当期利息调整摊销额。

（4）以债权投资期初账面余额加上（初始入账金额低于面值时）或减去（初始入账金额高于面值时）当期利息调整摊销额作为期末账面余额。

对于已发生信用减值的债权投资，应当以债权投资的摊余成本乘以实际利率计算确定其利息收入。本章不涉及发生信用减值的债权投资的会计处理。

（二）分期付息债券利息收入的确认

债权投资如为分期付息、一次还本的债券，企业应当于资产负债表日或付息日计提债券利息，同时，按账面余额和实际利率计算确认当期利息收入并摊销利息调整。

资产负债表日或付息日，按照以债权投资的面值和票面利率计算确定的应收利息，借记“应收利息”科目；按照以债权投资的账面余额和实际利率计算确定的利息收入，贷记“投资收益”科目；按其差额，借记或贷记“债权投资——利息调整”科目。收到上列应计未收的利息时，借记“银行存款”科目，贷记“应收利息”科目。

[例 7.36] 接[例 7.34]，东华公司于 2021 年 1 月 1 日从市场上购入甲公司当日发行的面值 500 000 元、期限 5 年、票面利率 6%、每年 12 月 31 日付息、到期还本的债券并分类为以摊余成本计量的金融资产，实际支付的购买价款（包括交易费用）为 500 000 元。

要求：编制东华公司持有期间确认利息、收到利息并收回本金的会计分录。

[例题解答]

（1）确认利息时：

借：应收利息　　30 000

　　贷：投资收益　　30 000

（2）收到利息时：

借：银行存款　　30 000

　　贷：应收利息　　30 000

（3）收回本金时：

借：银行存款　　500 000

　　贷：债权投资——甲公司债券（成本）　　500 000

[例 7.37] 接[例 7.35]，东华公司于2021年1月1日从市场上购入乙公司当日发行的面值10 000 000元、期限5年、票面利率6%、每年12月31日付息、到期还本的债券并分类为以摊余成本计量的金融资产，该债券的实际利率为5%，实际支付的购买价款（包括交易费用）为10 437 400元。

要求：编制东华公司持有期间确认利息收入、摊销利息调整并收回本金的会计分录。

[例题解答]

东华公司采用实际利率法编制的利息收入与摊余成本计算表见表7-4。

表7-4　　东华公司利息收入与摊余成本计算表　　金额单位：元

日期	应收利息	实际利率	利息收入	利息调整摊销	账面余额
2021年1月1日					10 437 400
2021年12月31日	600 000	5%	521 870	78 130	10 359 270
2022年12月31日	600 000	5%	517 964	82 036	10 277 234
2023年12月31日	600 000	5%	513 862	86 138	10 191 096
2024年12月31日	600 000	5%	509 555	90 445	10 100 651
2025年12月31日	600 000	5%	499 349	100 651	10 000 000
合计	3 000 000		2 562 600	437 400	

编制各年确认利息收入、摊销利息调整并收回本金的会计分录（各年收到利息略）。

（1）2021年12月31日确认利息收入时编制的会计分录为：

借：应收利息　　600 000

　　贷：投资收益　　521 870

　　　　债权投资——乙公司债券（利息调整）　　78 130

（2）2022年12月31日确认利息收入时编制的会计分录为：

借：应收利息　　600 000

　　贷：投资收益　　517 964

　　　　债权投资——乙公司债券（利息调整）　　82 036

（3）2023年12月31日确认利息收入时编制的会计分录为：

借：应收利息　　600 000

　　贷：投资收益　　513 862

　　　　债权投资——乙公司债券（利息调整）　　86 138

（4）2024年12月31日确认利息收入时编制的会计分录为：

借：应收利息　　600 000

　　贷：投资收益　　509 555

　　　　债权投资——乙公司债券（利息调整）　　90 445

（5）2025年12月31日确认利息收入时编制的会计分录为：

借：应收利息　　600 000

　　贷：投资收益　　499 349

　　　　债权投资——乙公司债券（利息调整）　　100 651

（6）2025 年 12 月 31 日债券到期收回本金时编制的会计分录为：

借：银行存款　　10 000 000

　　贷：债权投资——乙公司债券（成本）　　10 000 000

四、债权投资的处置

企业处置以摊余成本计量的债权投资时，应将所取得的价款与该债权投资账面价值之间的差额计入投资收益。其中，债权投资的账面价值是指债权投资的账面余额减去已经计提的减值准备后的差额，即摊余成本。如果在处置债权投资时，已计入应收项目的债券利息尚未收回，还应从处置价款中扣除该部分债券利息之后确认处置损益。

[例 7.38] 接[例 7.37]，2025 年 1 月 10 日，东华公司将持有的乙公司债券全部售出，实际收到出售价款 10 105 651 元，出售时债权投资的账面摊余成本为 10 100 651 元。

要求：编制东华公司处置债权投资的会计分录。

[例题解答]

相关分录：

借：银行存款　　10 105 651

　　贷：债权投资——乙公司债券（成本）　　10 000 000

　　　　　　　　——乙公司债券（利息调整）　　100 651

　　　　投资收益　　5 000

第六节 长期股权投资

一、业财融合视角下长期股权投资核算思维导航

（一）基本框架

长期股权投资，是指投资方对被投资方能够实施控制或具有重大影响的权益性投资，以及对其合营企业的权益性投资。按照控制权或者影响力的大小分为控制（对子公司的投资）、共同控制（对合营企业的投资）和具有重大影响（对联营企业的投资）。

整体结构和基本的投资核算一样，分为三步。

第一步，长期股权投资的取得：

借：长期股权投资

　　贷：取得方式（一般为银行存款，特殊可以非现金资产、股权、发行债务等）

第二步，持有期间的收益：

借：收益形式（应收股利等）

　　贷：投资收益

第三步，收回投资，一般会发生损益，这是投资收益的一种：

借：银行存款

　　贷：长期股权投资（包括该投资自身、相关减值准备等）

借或者贷：投资收益（收回投资的价款和其账面成本的差额，收益记贷方，损失记借方）

但是，由于长期股权投资自身业务的特殊性，导致其在会计核算中出现了诸多与我们前面

所学的资产不一样的环节和方法。下面分别介绍。

（二）长期股权投资取得环节的特殊性

1. 按照取得方式分类的特殊性

长期股权投资可以分为合并取得和其他方式取得。合并取得又可以分为同一控制下的企业合并和非同一控制下的企业合并。不同的取得方式对于长期股权投资核算的影响主要体现在不同取得方式取得的长期股权投资初始确认时的入账价值的确定原则有差异，这种差异既是准则的规定，也是对经济业务分析得到的合理结果。

2. 按照付出对价形式的特殊性

与其他投资主要以货币资金取得不同，长期股权投资的取得成本可以表现为货币资金，也可以是直接用非现金资产投入被投资企业（按照公司法的规定，可以以固定资产、无形资产等出资入股），也可以是发行股票换取对方股权，也可以是发行债券换取对方股权。付出对价不同，企业取得长期股权投资所套用的核算业务及框架就不一样。企业用银行存款作为对价最简单；如果用发行股票换股的方式，那么基本核算框架就要和后面介绍的发行股票的核算方式相结合；如果用发行债券方式，那么基本核算框架就要和后面介绍的发行债券的核算方式相结合；如果用非现金资产作为对价，那么基本核算框架就要和后面介绍的非现金资产的视同销售核算方式相结合。

（三）长期股权投资收益确认观点的特殊性

长期股权投资自取得之日后，到底以什么经济事项的发生作为投资方的投资收益？这个观点上的差异就形成了在其存续期间后续计量的两种方法，一种为成本法，即以取得被投资方发放的现金股利作为投资收益；另一种为权益法，即以被投资方获得净利润作为投资收益。这就造成了同样面临被投资方宣告发放现金股利的情况，成本法下投资方确认投资收益，而权益法下投资方冲减长期股权投资的成本。

上述的长期股权投资自身业务特殊性造成了长期股权投资的核算是资产核算中最为复杂的业务。

二、长期股权投资的取得

企业在取得长期股权投资时，应按初始投资成本入账。长期股权投资可以通过企业合并取得，也可以通过企业合并以外的其他方式取得。在不同的取得方式下，初始投资成本确定的方法有所不同。企业在取得长期股权投资时，如果实际支付的价款或对价中包含已宣告但尚未发放的现金股利或利润，应该将现金股利或利润作为应收项目单独入账，不计入长期股权投资的初始投资成本。

（一）企业合并形成的长期股权投资

企业合并，是指将两个或者两个以上单独的企业合并形成一个报告主体的交易或事项。企业合并通常包括吸收合并、新设合并和控股合并三种形式。其中，吸收合并和新设合并均不形成投资关系，只有控股合并形成投资关系。因此，企业合并形成的长期股权投资，是指控股合并所形成的合并方（合并后的母公司，即投资方）对被合并方（合并后的子公司，即被投资方）的股权投资。企业合并所形成的长期股权投资，应当区分同一控制下的企业合并和非同一控制下的企业合并分别确定初始投资成本。

1. 同一控制下企业合并形成的长期股权投资

同一控制下的企业合并，是指参与合并的企业在合并前后均受同一方或相同的多方最终控制且该控制并非暂时性的。对于同一控制下的企业合并，从能够对参与合并各方在合并前及合并后均实施最终控制的一方来看，其能够控制的资产在合并前及合并后并没有发生变化，合并方通过企业合并形成的对被合并方的长期股权投资，其成本代表的是按其持股比例享有的被合并方所有者权益在最终控制方合并财务报表中的账面价值份额。

合并方支付合并对价的方式主要有支付现金、转让非现金资产、承担债务、发行权益性证券等。如果合并方的初始投资成本大于支付的合并对价的账面价值，则其差额应当计入资本公积（资本溢价或股本溢价）；如果合并方的初始投资成本小于支付的合并对价的账面价值，则其差额应当首先冲减资本公积（仅限于资本溢价或股本溢价），资本公积余额不足冲减的，应依次冲减盈余公积、未分配利润。

合并方为进行企业合并而发行债券或权益性证券支付的手续费、佣金等，应当计入所发行债券或权益性证券的初始确认金额；合并方为进行企业合并而发生的各项直接相关费用，如审计费用、评估费用、法律服务费用等，应当于发生时计入当期管理费用。

合并方应当在企业合并日，按取得的被合并方所有者权益在最终控制方合并会计报表中的账面价值的份额，借记“长期股权投资”科目；按应享有被合并方已宣告但尚未发放的现金股利或利润，借记“应收股利”科目；按支付的合并对价的账面价值，贷记有关资产或负债科目；按其差额，贷记“资本公积——资本溢价（或股本溢价）”科目；如为借方差额，借记“资本公积——资本溢价（或股本溢价）”科目，“资本公积”科目不足冲减的，应依次冲减“盈余公积”“利润分配——未分配利润”科目。

[例 7.39] 东华公司和 A 公司是同为甲公司所控制的两个子公司。2021 年 2 月 20 日，东华公司和 A 公司达成合并协议，约定东华公司以 4 200 万元的银行存款作为合并对价，取得 A 公司 80%的股份。A 公司所有者权益在最终控制方合并会计报表中的账面价值总额为 5 000 万元，东华公司“资本公积——股本溢价”科目余额为 150 万元。在与 A 公司的合并中，东华公司以银行存款支付审计费用、评估费用、法律服务费用等共计 58 万元。

要求：编制东华公司取得投资的会计分录。

[例题解答]

相关分录：

初始投资成本=5 000×80%=4 000（万元）

借：长期股权投资——A 公司	40 000 000	
资本公积——股本溢价	1 500 000	
盈余公积	500 000	
贷：银行存款		42 000 000
借：管理费用	580 000	
贷：银行存款		580 000

2. 非同一控制下企业合并形成的长期股权投资

非同一控制下的企业合并，是指参与合并的各方在合并前后不受同一方或相同的多方最终控制。非同一控制下的企业合并，购买方（即投资方）应将企业合并视为一项购买交易，合理确定合并成本，作为长期股权投资的初始投资成本。合并成本为购买方在购买日为取得对被购买方（即被投资方）的控制权而付出的资产、发生或承担的负债以及发行的权益性证券的公允价值。

购买方作为合并对价付出的资产，应当按照以公允价值处置该资产进行会计处理。其中，付出资产为固定资产、无形资产的，付出资产的公允价值与其账面价值的差额，计入资产处置损益；付出资产为金融资产的，付出资产的公允价值与其账面价值的差额，计入投资收益；付出资产为存货的，按其公允价值确认收入，同时按其账面价值结转成本。

购买方为进行企业合并而发行债券或权益性证券支付的手续费、佣金等，应当计入所发行债券或权益性证券的初始确认金额；购买方为进行企业合并而发生的各项直接相关费用、如审计费用、评估费用、法律服务费用等，应当于发生时计入当期管理费用。

购买方应当在购买日按照确定的合并成本，借记“长期股权投资”科目；按应享有被购买方已宣告但尚未发放的现金股利或利润，借记“应收股利”科目；按支付合并对价的账面价值，贷记有关资产或负债科目；按支付合并对价的公允价值与账面价值的差额，贷记或借记“资产处置损益”“投资损益”等科目。企业合并发生的各项直接相关费用，借记“管理费用”科目，贷记“银行存款”等科目。

[例 7.40] 东华公司和 B 公司为两个独立的法人企业，合并之前不存在任何关联方关系。2021 年 1 月 10 日，东华公司和 B 公司达成合并协议，约定东华公司以库存商品和银行存款作为合并对价，取得 B 公司 70%的股份。东华公司付出库存商品的账面价值为 3 800 万元，购买日公允价值为 5 000 万元，增值税税额为 650 万元；付出银行存款的金额为 3 000 万元。2021 年 2 月 1 日，东华公司实际取得对 B 公司的控制权。在与 B 公司的合并中，东华公司以银行存款支付审计费用、评估费用、法律服务费用等共计 60 万元。

要求：编制东华公司取得投资的会计分录。

[例题解答]

相关分录：

合并成本=5 000+650+3 000=8 650（万元）

借：长期股权投资——B 公司　　86 500 000
　　贷：主营业务收入　　50 000 000
　　　　应交税费——应交增值税（销项税额）　　6 500 000
　　　　银行存款　　30 000 000

借：主营业务成本　　38 000 000
　　贷：库存商品　　38 000 000

借：管理费用　　600 000
　　贷：银行存款　　600 000

（二）非企业合并方式取得的长期股权投资

除企业合并形成的对子公司的长期股权投资外，企业以支付现金、发行权益性证券等方式取得的对被投资方不具有控制的长期股权投资，为非企业合并方式取得的长期股权投资，包括取得的对合营企业、联营企业的长期股权投资。企业通过非企业合并方式取得的长期股权投资，应当根据不同的取得方式，按照实际支付的价款、发行权益性证券的公允价值确定其初始投资成本。

企业支付现金取得长期股权投资时，按照确定的初始投资成本（包括相关手续费用等），借记“长期股权投资”科目；按应享有被投资单位已宣告但尚未发放的现金股利或利润，借记“应收股利”科目；按实际支付的买价及手续费、佣金等，贷记“银行存款”等科目。

企业发行权益性证券取得长期股权投资时，按照确定的初始投资成本，借记“长期股权投资”科目；按应享有被投资单位已宣告但尚未发放的现金股利或利润，借记“应收股利”科目；按照权益性证券的面值，贷记“股本”科目；按其差额，贷记“资本公积——股本溢价”科目。发行权益性证券所支付的手续费、佣金等相关税费及其他直接相关支出，借记“资本公积——股本溢价”科目，贷记“银行存款”科目；溢价发行收入不足冲减的，依次借记“盈余公积”“利润分配——未分配利润”科目。

[例 7.41] 东华公司以支付现金的方式取得 C 公司 25%的股份，实际支付的买价为 3 600 万元，在购买过程中另支付手续费等相关费用 15 万元，购买价款中包含 C 公司已宣告但尚未发

放的现金股利 200 万元。公司在取得 C 公司股份后，派人员参与了 C 公司的生产经营决策，能够对 C 公司施加重大影响，东华公司将其划分为长期股权投资。

要求：编制东华公司取得投资的会计分录。

[例题解答]

相关分录：

借：长期股权投资——C 公司　　34 150 000

　　应收股利　　2 000 000

　　贷：银行存款　　36 150 000

三、长期股权投资的后续计量

投资方取得的长期股权投资在持有期间，要根据对被投资方是否能够实施控制，分别采用成本法或权益法进行核算。

（一）长期股权投资的成本法

成本法，是指长期股权投资的账面价值按初始投资成本计量，除追加或收回投资外，一般不对长期股权投资的账面价值进行调整的一种会计处理方法。投资方对被投资方能够实施控制的长期股权投资，即对子公司的长期股权投资，应当采用成本法核算。

在成本法下，当被投资方宣告发放现金股利或利润时，投资方应当按照本企业应享有的份额，借记“应收股利”科目，贷记“投资收益”科目；当被投资方宣告分派股票股利时，投资方应于除权日对获得的股份作备忘记录；被投资方未分派股利，投资方不做任何会计处理。收到上述现金股利或利润时，借记“银行存款”科目，贷记“应收股利”科目。

[例 7.42] 2015 年 3 月 15 日，东华公司以 6 500 万元的价款（包括相关税费和已宣告但尚未发放的现金股利 250 万元）取得 D 公司普通股股票 2 500 万股，占 D 公司普通股股份的 70%，形成非同一控制下的企业合并，东华公司将其划分为长期股权投资并采用成本法核算。2015 年 4 月 8 日，东华公司收到支付的投资价款中包含的已宣告但尚未发放的现金股利；2016 年 3 月 15 日，D 公司宣告 2015 年度股利分配方案，每股分派现金股利 0.30 元，并于 2016 年 4 月 10 日派发；2017 年 4 月 15 日，D 公司宣告 2016 年度股利分配方案，每股派送股票股利 0.3 股，除权日为 2017 年 5 月 12 日；2017 年度 D 公司发生亏损，以留存收益弥补亏损后，于 2018 年 4 月 15 日宣告 2017 年度股利分配方案，每股分派现金股利 0.10 元，并于 2018 年 5 月 15 日派发；2018 年度 D 公司继续亏损，该年未进行股利分配；2019 年度 D 公司扭亏为盈，该年未进行股利分配；2020 年度 D 公司继续盈利，于 2021 年 3 月 15 日宣告 2020 年度股利分配方案，每股现金股利 0.20 元，于 2021 年 4 月 20 日派发。

要求：编制东华公司相关的会计分录。

[例题解答]

（1）2015 年 3 月 15 日，东华公司取得 D 公司普通股股票：

借：长期股权投资——D 公司　　62 500 000

　　应收股利　　2 500 000

　　贷：银行存款　　65 000 000

（2）2015 年 4 月 8 日，东华公司收到 D 公司派发的现金股利：

借：银行存款　　2 500 000

　　贷：应收股利　　2 500 000

（3）2016 年 3 月 15 日，D 公司宣告 2015 年度股利分配方案：

现金股利=0.30×25 000 000=7 500 000（元）

借：应收股利　　　　　　　　　　　7 500 000

　　贷：投资收益　　　　　　　　　　　　7 500 000

（4）2016 年 4 月 10 日，东华公司收到 D 公司派发的现金股利：

借：银行存款　　　　　　　　　　　7 500 000

　　贷：应收股利　　　　　　　　　　　　7 500 000

（5）2017 年 5 月 12 日，D 公司派送的股票股利除权。

东华公司不做正式会计处理，但应于除权日在备忘记录中登记增加的股份：

股票股利=0.3×25 000 000=7 500 000（股）

持有 D 公司股票总数=25 000 000+7 500 000=32 500 000（股）

（6）2018 年 4 月 15 日，D 公司宣告 2017 年度股利分配方案：

现金股利=0.10×32 500 000=3 250 000（元）

借：应收股利　　　　　　　　　　　3 250 000

　　贷：投资收益　　　　　　　　　　　　3 250 000

（7）2018 年 5 月 15 日，东华公司收到 D 公司派发的现金股利：

借：银行存款　　　　　　　　　　　3 250 000

　　贷：应收股利　　　　　　　　　　　　3 250 000

（8）2018 年度 D 公司继续亏损，该年未进行股利分配：

东华公司不必做任何会计处理。

（9）2019 年度 D 公司扭亏为盈，该年未进行股利分配：

东华公司不必做任何会计处理。

（10）2021 年 3 月 15 日，D 公司宣告 2020 年度股利分配方案：

现金股利=0.20×32 500 000=6 500 000（元）

借：应收股利　　　　　　　　　　　6 500 000

　　贷：投资收益　　　　　　　　　　　　6 500 000

（11）2021 年 4 月 20 日，东华公司收到 D 公司派发的现金股利：

借：银行存款　　　　　　　　　　　6 500 000

　　贷：应收股利　　　　　　　　　　　　6 500 000

（二）长期股权投资的权益法

权益法，是指在取得长期股权投资时以投资成本计量，在投资持有期间则要根据投资方应享有被投资方所有者权益份额的变动，对长期股权投资的账面价值进行相应调整的一种会计处理方法。投资方对被投资方具有共同控制或重大影响的长期股权投资，即对合营企业或联营企业的长期股权投资，应当采用权益法核算。

企业采用权益法核算，在“长期股权投资”科目下应当设置“投资成本”“损益调整”“其他综合收益”“其他权益变动”明细科目，分别反映长期股权投资的初始投资成本、被投资方发生净损益及利润分配引起的所有者权益变动、被投资方确认其他综合收益引起的所有者权益变动以及被投资方除上述原因以外的其他原因引起的所有者权益变动而对长期股权投资账面价值进行调整的金额。

1. 长期股权投资初始成本的确认

企业在取得长期股权投资时，按照确定的初始投资成本入账。初始投资成本与应享有被投资方可辨认净资产公允价值份额之间的差额，应区别情况处理。

（1）如果长期股权投资的初始投资成本大于取得投资时应享有被投资方可辨认净资产公允价值的份额，不调整已确认的初始投资成本。

（2）如果长期股权投资的初始投资成本小于取得投资时应享有被投资方可辨认净资产公允价值的份额，应按二者之间的差额调整长期股权投资的账面价值，同时计入当期营业外收入。

2. 确认投资损益及取得现金股利或利润的会计处理

投资方取得长期股权投资后，应当按照在被投资方实现的净利润或发生的净亏损中，投资方应享有或应分担的份额确认投资损益，同时相应调整长期股权投资的账面价值。即按应享有的收益份额，借记“长期股权投资——损益调整”科目，贷记“投资收益”科目；按应分担的亏损份额，借记“投资收益”科目，贷记“长期股权投资——损益调整”科目。

投资方应当在被投资方账面净损益的基础上，考虑以下因素对被投资方净损益的影响并进行适当调整后，作为确认投资损益的依据。

（1）被投资方采用的会计政策及会计期间与投资方不一致的，应当按照投资方的会计政策及会计期间对被投资方的财务报表进行调整；

（2）投资方以取得投资时被投资方各项可辨认资产等的公允价值为基础，对被投资方的净损益进行调整，但应考虑重要性原则，不具重要性的项目可不予调整；

（3）投资方与联营企业及合营企业之间进行商品交易形成的未实现内部交易损益按照持股比例计算的归属于投资方的部分，应当予以抵销。

当被投资方宣告分派现金股利或利润时，投资方按应获得的现金股利或利润确认应收股利，同时，抵减长期股权投资的账面价值，即借记“应收股利”科目，贷记“长期股权投资——损益调整”科目；被投资方分派股票股利，投资方不进行账务处理，但应于除权日在备忘记录中登记增加的股份。

[例 7.43] 2018 年 7 月 1 日，东华公司购入 E 公司股票 1 600 万股，占 E 公司普通股股份的 25%，能够对 E 公司施加重大影响，东华公司对该项股权投资采用权益法核算。假定东华公司与 E 公司的会计年度及采用的会计政策相同，投资时，E 公司各项可辨认资产、负债的公允价值与其账面价值相同，双方未发生任何内部交易。E 公司 2018 年至 2021 年各年取得的净收益及其分配情况如下：

（1）2018 年度，E 公司报告净收益 3 200 万元；2019 年 3 月 8 日，E 公司宣告 2018 年度利润分配方案，每股分派现金股利 0.20 元。

（2）2019 年度，E 公司报告净收益 2 000 万元；2020 年 4 月 5 日，E 公司宣告 2019 年度利润分配方案，每股派送股票股利 0.30 股，除权日为 2020 年 5 月 5 日。

（3）2020 年度，E 公司报告净收益 1 200 万元，未进行利润分配。

（4）2021 年度，E 公司发生亏损 600 万元，未进行利润分配。

要求：编制东华公司相关的会计分录。

[例题解答]

（1）2018 年度，E 公司报告净收益 3 200 万元；2019 年 3 月 8 日，E 公司宣告 2018 年度利润分配方案，每股分派现金股利 0.20 元。

① 确认投资收益：

应确认投资收益=3 200×25%×6÷12=400（万元）

借：长期股权投资——E 公司（损益调整）　　4 000 000
　　贷：投资收益　　4 000 000

② 确认应收股利：

应收现金股利=0.20×1 600=320（万元）

借：应收股利　　3 200 000
　　贷：长期股权投资——E 公司（损益调整）　　3 200 000

③ 收到现金股利：

借：银行存款　　　　3 200 000

　　贷：应收股利　　　　3 200 000

（2）2019 年度，E 公司报告净收益 2 000 万元；2020 年 4 月 5 日，E 公司宣告 2019 年度利润分配方案，每股派送股票股利 0.30 股，除权日为 2020 年 5 月 5 日。

① 确认投资收益：

应确认投资收益=2 000×25%=500（万元）

借：长期股权投资——E 公司（损益调整）　　　　5 000 000

　　贷：投资收益　　　　5 000 000

② 除权日，在备忘记录中登记增加的股份：

股票股利=0.30×1 600=480（万股）

持有股票总数=1 600+480=2 080（万股）

（3）2020 年度，E 公司报告净收益 1 200 万元，未进行利润分配。

应确认投资收益=1 200×25%=300（万元）

借：长期股权投资——E 公司（损益调整）　　　　3 000 000

　　贷：投资收益　　　　3 000 000

（4）2021 年度，E 公司发生亏损 600 万元，未进行利润分配。

应确认投资损失=600×25%=150（万元）

借：投资收益　　　　1 500 000

　　贷：长期股权投资——E 公司（损益调整）　　　　1 500 000

3. 其他综合收益的确认

被投资方确认其他综合收益及其变动，会导致其所有者权益总额发生变动，从而影响投资方在被投资方所有者权益中应享有的份额。因此，在权益法下，当被投资方确认其他综合收益及其变动时，投资方应按持股比例计算应享有或分担的份额，调整长期股权投资的账面价值，同时计入其他综合收益。

4. 其他权益变动的确认

其他权益变动是指被投资方除发生净损益、分配利润以及确认其他综合收益以外所有者权益的其他变动，主要包括被投资方接受其他股东的资本性投入、以权益结算的股份支付、其他股东对被投资方增资导致投资方持股比例变动等。投资方对于按照持股比例计算的应享有或应分担的被投资方其他权益变动份额，应调整长期股权投资的账面价值，同时计入资本公积（其他资本公积）。

四、长期股权投资的处置

企业处置长期股权投资时，应当按取得的处置收入扣除长期股权投资的账面价值和已确认但尚未收到的现金股利之后的差额，确认为处置损益。已计提减值准备的长期股权投资，处置时应将与所处置的长期股权投资相对应的减值准备予以转出。处置长期股权投资时，按实际收到的价款，借记“银行存款”科目；按已计提的长期股权投资减值准备，借记“长期股权投资减值准备”科目；按长期股权投资的账面余额，贷记“长期股权投资”科目；按已确认但尚未收到的现金股利，贷记“应收股利”科目；按上述差额，借记或贷记“投资收益”科目。

处置采用权益法核算的长期股权投资时还应将与所处置的长期股权投资相对应的原记入“其他综合收益”（不能结转的除外）和“资本公积”科目的金额转出，计入处置当期损益。

[例 7.44] 2021 年 5 月 10 日，东华公司以 7 850 万元的价款取得 M 公司普通股股票 2 000 万股，占 M 公司普通股股份的 60%，能够对 M 公司实施控制，东华公司将其划分为长期股权投资并采用成本法核算。2021 年 12 月 31 日，东华公司为该项股权投资计提了 1 950 万元的减值准备；2022 年 9 月 25 日，东华公司将持有的 M 公司股份全部转让，实际收到转让价款 6 000 万元。

要求：编制东华公司出售长期股权投资的会计分录。

[例题解答]

相关分录：

转让损益=6 000-（7 850-1 950）=100（万元）

借：银行存款	60 000 000	
长期股权投资减值准备	19 500 000	
贷：长期股权投资——M 公司		78 500 000
投资收益		1 000 000

[例 7.45] 东华公司对持有的 L 公司股份采用权益法核算。2021 年 4 月 5 日，东华公司将持有的 L 公司股份全部转让，收到转让价款 3 500 万元。转让日，该项长期股权投资的账面余额为 3 300 万元，所属明细科目中，投资成本 2 500 万元，损益调整（借方）500 万元，其他综合收益（借方）200 万元（均为在 L 公司持有的其他债权投资公允价值变动中应享有的份额），其他权益变动（借方）100 万元。

要求：编制东华公司出售长期股权投资的会计分录。

[例题解答]

相关分录：

转让损益=3 500 -3 300=200（万元）

借：银行存款	35 000 000	
贷：长期股权投资——L 公司（投资成本）		25 000 000
——L 公司（损益调整）		5 000 000
——L 公司（其他综合收益）		2 000 000
——L 公司（其他权益变动）		1 000 000
投资收益		2 000 000
借：其他综合收益	2 000 000	
贷：投资收益		2 000 000
借：资本公积——其他资本公积	1 000 000	
贷：投资收益		1 000 000

管理延伸

1. 查阅资料，了解上市公司发放现金股利的流程，理解分析在哪一阶段的交易性金融资产——股票中的取得付出价款中包含了需要单独核算的、已经宣告但是尚未发放的应收股利？

2. 查阅资料，了解在公开交易的二级市场上可以交易的债券投资的利息发放方式，理解分析，为什么在大多数时候的买卖价款里是包含已经到期但是尚未支付的利息？

3. 将合并取得的长期股权投资划分为同一控制下的企业合并取得和非同一控制下的企业合并取得是符合我国国情的处置方式。思考哪种合并是正常现象？哪种是特殊情况？思考这两种情况下尤其是特殊情况下长期股权投资入账价值确定原则的合理性。

4. 思考长期股权投资后续计量的权益法的理念及其合理性。
5. 思考债权投资的利息调整采用实际利率法背后的经济原理及其合理性。

关键词

固定资产；折旧；无形资产；成本法；权益法

思考题

1. 什么是固定资产？有哪些分类？如何确认和计量？
2. 如何理解“在建工程”账户？
3. 简述固定资产折旧的概念、计提折旧范围以及影响因素。
4. 固定资产折旧有哪些方法？
5. 如何理解“固定资产清理”账户？
6. 什么是无形资产？包括哪些内容？如何确认和计量？
7. 简述无形资产研究与开发的账务处理原则。
8. 无形资产出租和出售账务处理有何区别？
9. 简述交易性金融资产取得、持有、期末及处置时账务处理的原则。
10. 同一控制下企业合并与非同一控制下企业合并初始投资成本确定有何区别？
11. 长期股权投资的成本法与权益法有何区别？

自测题

一、单项选择题

1. 企业购入债券作为以摊余成本计量的债权投资，该债券的初始入账金额应为（　　）。
A. 债券面值　　B. 债券面值加相关交易费用
C. 债券公允价值　　D. 债券公允价值加相关交易费用

2. 对于购买债券的企业而言，债券折价的实质是为以后按票面利率（　　）。
A. 多付利息而预先得到的补偿　　B. 多得利息而预先付出的代价
C. 少付利息而预先付出的代价　　D. 少得利息而预先得到的补偿

3. 对于购买债券的企业而言，债券溢价的实质是为以后按票面利率（　　）。
A. 多付利息而预先得到的补偿　　B. 多得利息而预先付出的代价
C. 少付利息而预先付出的代价　　D. 少得利息而预先得到的补偿

4. 资产负债表日交易性金融资产应当以公允价值计量，且公允价值的变动计入（　　）。
A. 资本公积　　B. 投资收益　　C. 营业外收入　　D. 公允价值变动损益

5. 企业购入一批股票作为交易性金融资产核算，发生的交易费用应记入（　　）账户。
A. 应收股利　　B. 投资收益　　C. 营业外收入　　D. 应收利息

6. 企业购入一批股票作为交易性金融资产核算，其中包含的已宣告但尚未发放的股利应记入（　　）。
A. 应收股利　　B. 投资收益　　C. 营业外收入　　D. 应收利息

7. 企业购入债券并分类为以摊余成本计量的金融资产，支付的价款中所包含的已到付息期但尚未领取的利息应当作为（　　）。

A. 利息调整　B. 应收利息　C. 初始入账金额　D. 投资收益

8. 长期股权投资采用权益法核算，下列事项中不会影响股权投资账面价值的是（　　）。

A. 被投资方取得利润　B. 被投资方发生亏损

C. 被投资方派发现金股利　D. 被投资方派发股票股利

9. 长期股权投资采用成本法核算，如果被投资方发生亏损且未分配股利，投资方应当（　　）。

A. 冲减投资收益　B. 冲减投资成本　C. 冲减资本公积　D. 不做账务处理

10. 长期股权投资采用权益法核算，如果被投资方发生亏损且未分配股利，投资方应当（　　）。

A. 冲减投资收益　B. 冲减投资成本　C. 冲减资本公积　D. 不做账务处理

11. 在下列各项中，不属于固定资产计量属性的是（　　）。

A. 历史成本　B. 重置成本　C. 计划成本　D. 公允价值

二、多项选择题

1. 资产的计量属性有（　　）。

A. 历史成本　B. 重置成本　C. 现值　D. 公允价值

2. 下列各项中应计入"固定资产清理"科目借方的有（　　）。

A. 因自然灾害损失的固定资产账面净值　B. 因自然灾害损失的固定资产取得的赔款

C. 支付清理固定资产人员的工资　D. 固定资产残值收入

3. 下列各项中，属于各种计提折旧方法都要考虑的有（　　）。

A. 固定资产原值　B. 预计净残值　C. 预计使用寿命　D. 预计工作总量

4. 下列属于企业非流动资产的项目有（　　）。

A. 债权投资　B. 交易性金融资产　C. 固定资产　D. 无形资产

5. 长期股权投资的后续计量方法包括（　　）。

A. 成本法　B. 总价法　C. 净价法　D. 权益法

6. 长期股权投资采用权益法核算，应当调整股权投资账面价值的情况有（　　）。

A. 被投资方获得利润　B. 被投资方发生亏损

C. 被投资方宣告分配现金股利　D. 被投资方确认其他综合收益

7. 长期股权投资采用权益法核算时，"长期股权投资"科目下应设置的明细科目有（　　）。

A. 投资成本　B. 损益调整

C. 其他综合收益　D. 其他权益变动

8. 企业计算固定资产折旧的方法主要有（　　）。

A. 年限平均法　B. 工作量法　C. 年数总和法　D. 双倍余额递减法

9. 长期股权投资的权益法适用于（　　）。

A. 控股　B. 联营

C. 合营　D. 无控制、重大影响的其他情况

三、判断题

1. 长期股权投资采用成本法核算，投资方应当在被投资方宣告分派现金股利时，按照应收取的股利确认投资收益。（　　）

2. 固定资产提足折旧后，如果继续使用则应继续计提折旧。（　　）

3. 无形资产摊销期限一经确定，不得随意改变。（　　）

4. 对于购买债券的企业而言，债券折价的实质是为以后按票面利率少得利息而事先得到的补偿。（　　）

5. 对于购买债券的企业而言，债券溢价的实质是为以后按票面利率多得利息而事先付出的代价。（　　）

6. 企业生产用固定资产计提折旧时应借记“制造费用”科目，贷记“固定资产”科目。（　　）

7. 企业取得的交易性金融资产，支付的价款中已宣告尚未发放的现金股利，计入应收股利。（　　）

8. 企业内部研究开发项目研究阶段的支出，应当于发生时计入当期损益。（　　）

9. 企业内部研发阶段发生的所有费用，应于发生时计入当期损益。（　　）

10. 累计折旧是资产备抵类账户。（　　）

11. 债权投资应当按取得时公允价值作为初始入账金额，支付的相关交易费用应当计入当期损益。（　　）

12. 长期股权投资采用权益法核算时，应按在被投资方实现的净利润中投资方应当享有的份额确认投资收益。（　　）

四、计算与账务处理题

1. 2021 年 9 月 15 日，鸿运公司自行建造仓库一座，耗用工程物资 200 000 元；领用企业生产用的原材料一批，实际成本为 20 000 元；发生工程人员工资 50 000 元；用银行存款支付施工机械费 8 000 元，工程完工交付使用。

要求：根据上述资料编制有关会计分录。

2. 鸿运公司本月计提固定资产折旧 13 200 元。其中，企业生产车间使用的固定资产计提折旧 10 000 元；企业管理部门使用的固定资产计提折旧 2 000 元；企业销售部门使用的固定资产计提折旧 1 200 元。

要求：根据上述资料编制有关会计分录。

3. 2021 年 4 月 15 日，鸿运公司某一设备发生减值，其账面价值为 360 000 元，经计算其可收回金额为 280 000 元，确认的减值损失为 80 000 元。

要求：根据上述资料编制有关会计分录。

4. 2021 年 7 月 20 日，鸿运公司研发支出共计 320 000，其中 275 000 元满足资本化支出的确认条件，应计入无形资产成本，另外 45 000 元应作为费用化支出计入当期损益。

要求：根据上述资料编制有关会计分录。

5. 2021 年 9 月 15 日，鸿运公司将一项专利技术出租给 B 公司使用，出租合同规定，承租方每销售一件用该专利生产的产品必须付给本公司 8 元专利技术使用费。假定承租方本月销售该产品 20 000 件。款项暂未收到。根据预计使用寿命，此项专利技术本月摊销额为 40 000 元，假定暂不考虑其他税费。

要求：根据上述资料编制有关会计分录。

6. 2021 年 7 月 1 日，鸿运公司支付价款 32 800 元从二级市场购入甲公司于 2020 年 7 月 1 日发行的面值 30 000 元期限 5 年、票面利率 6%、每年 6 月 30 日付息、到期还本的债券并分类为以公允价值计量且其变动计入当期损益的金融资产，支付交易费用 280 元。债券购买价格中包含已到付息期但尚未领取的利息 1 800 元。

要求：根据上述资料编制有关会计分录。

五、综合练习

1. 2021 年 10 月 15 日，鸿运公司自行购入设备一台，买价 40 000 元，税费 5 200 元，支付运杂费 1 500 元，安装调试费 8 500 元。该设备预计残值收入 2 200 元，预计清理费用 200 元，即净残值为 2 000 元。预计使用年限为 5 年。

要求：（1）计算该设备的入账价值，并作出相关账务处理；（2）分别采用平均年限法、双倍余额递减法和年数总和法计算该项设备每年的折旧额。

2. 鸿运公司出售一栋办公楼，该办公楼的账面原值为400 000元，已提折旧100 000元，出售收入320 000元已存入银行，出售过程中用银行存款支付清理费用5 000元（不考虑相关税费）。

要求：根据上述资料编制固定资产清理有关会计分录。

3. 鸿运公司用银行存款10万元购入一项专利权的所有权，该项专利权法律规定的有效年限为10年。两年后，公司将上述专利权的所有权转让，取得转让收入10万元（不考虑相关税费）。

要求：编制该企业购入专利权，每年专利权摊销和转让专利权的会计分录。

4. 鸿运公司于2021年3月10日购入A公司股票10万股作为交易性金融资产。每股购入价5元，另支付相关税费1万元。2021年3月20日A公司宣告分配现金股利，每股0.5元。鸿运公司于2021年4月10日收到应得现金股利。2021年6月30日该批股票的市价为40万元。2021年8月10日，鸿运公司将A公司股票对外转让5万股，实得价款22万元。

要求：编制鸿运公司从购入股票到转让股票的全部会计分录。

5. 鸿运公司2021年1月1日购入乙公司当日发行的五年期债券，准备持有至到期。债券的票面利率为12%，债券面值1 000元，企业按1 050元的价格购入80张。该债券每年年末付息一次，最后一年还本并付最后一次利息。假定不考虑相关税费。该债券的实际利率为10.66%。

要求：做出鸿运公司有关上述债权投资的会计处理（计算结果保留整数）。

6. 2018年1月1日，鸿运公司以3 800万元的价款（包括相关税费）取得E公司普通股股票1 000万股。

（1）2018年度，E公司报告净收益1 200万元；2019年3月10日，E公司宣告2018年度利润分配方案，每股分派现金股利0.20元。2019年3月15日收到股利。

（2）2019年度，E公司报告净收益1 600万元；2020年4月15日，E公司宣告2019年度利润分配方案，每股派送股票股利0.30股，除权日为2020年5月10日。

（3）2020年度，E公司报告净收益800万元，未进行利润分配。

（4）2021年度，E公司发生亏损600万元，弥补亏损后2021年3月15日，E公司宣告每股分派现金股利0.10元。

要求：（1）假设鸿运公司占E公司普通股股份的60%，形成非同一控制下的企业合并，鸿运公司将其划分为长期股权投资并采用成本法核算。编制鸿运公司相关的会计分录。

（2）假设鸿运公司占E公司普通股股份的25%，鸿运公司将其划分为长期股权投资并采用权益法核算。编制鸿运公司相关的会计分录。

7. 2021年1月1日，鸿运公司与A公司达成合并协议，以一台固定资产和银行存款200万元取得A公司60%的股权，A公司所有者权益在最终控制方合并财务报表中的账面价值总额为1 000万元。该固定资产的账面原价为800万元，已计提累计折旧100万元，已计提固定资产减值准备50万元，公允价值为680万元。

要求：分别就鸿运公司与A公司属于同一控制下的两个公司、鸿运公司与A公司不属于同一控制下的两个公司这两种情况做出不同的账务处理。

第八章 筹资

引言

2007 年 9 月 19 日经中国证监会核准，中国长江电力股份有限公司（简称长江电力）获准发行不超过 80 亿元（含 80 亿元）公司债券，采取分期发行的方式，第一期发行 40 亿元；第二期在中国证监会核准后的 24 个月内择期发行，发行规模不超过 40 亿元（含 40 亿元）。第一期发行的公司债券，每股面值 100 元，按面值发行，期限为 10 年，按年付息，到期一次还本，债券持有人在债券存续期间第 7 年的付息日可将持有的债券全部或部分按面值回售给公司。长江电力第一期发行的 40 亿元债券筹集的资金，其中 35 亿元用于偿还借款，剩余的资金用于补充公司流动资金，由主承销商华泰证券有限责任公司组织承销团，采取余额包销的方式承销，发行费用预计为 5 600 万元，债券于 2007 年 10 月 12 日在上海债券交易所上市。

长江电力为什么选择发行债券筹集资金？企业的筹资方式还有哪些？其会计核算有何区别？本章我们重点讲解企业的筹资方式及会计核算。

学习目标

1. 了解筹资业务循环；
2. 掌握短期借款和经营性流动负债的种类及会计核算方法；
3. 掌握长期借款和应付债券的性质及会计核算方法；
4. 掌握所有者权益的性质、种类及会计核算方法。

第一节 资金来源及筹资业务循环

企业资金的来源渠道有两个，即负债和所有者权益。企业使用债权人提供的资金形成企业的负债；企业接受资金所有者投资的资金，或将经营过程中实现利润中的一部分留存下来，则形成企业的所有者权益。

狭义上，负债筹资主要包括短期借款、长期借款、应付债券等，这一类负债的特征是有确定的借款费用（即利息），在现金流量表中归入“筹资活动的现金流量”。广义上，负债筹资还包括企业运营过程中占用的其他企业或者单位的资金。例如赊购原材料，实际上占用了原材料供应商的资金，这一类负债在正常情况下没有利息，属于企业生产经营过程中商业信用带来的资金，在财务管理中属于“营运资金”，企业按照正常的信用期及时还款即可，这类负债一般偿还期在一年以内，在现金流量表中归入“经营活动的现金流量”。

一、资金来源

（一）负债

1. 负债的性质

负债是指由企业过去的交易或者事项形成的、预期会导致经济利益流出企业的现时义务。

负债主要具备以下三个特征：第一，负债是企业承担的现时义务，现时义务是指企业在现行条件下已承担的义务，而非潜在义务；第二，负债的清偿预期会导致经济利益流出企业，企业在履行现时义务时会导致以现金、实物资产或提供劳务等形式的经济利益流出企业；第三，负债是由过去的交易或者事项形成的，因此企业将在未来发生的承诺、经营亏损或签订的合同等不构成企业的负债。

2. 负债的分类

负债按照偿还期限的长短，分为流动负债和非流动负债。

（1）流动负债

流动负债是指为筹集生产经营活动所需资金而发生的、期限在一年以内（含）或超过一年的一个营业周期以内的债务，主要包括短期借款、应付账款、应付票据、应付职工薪酬、应交税费、其他应付款等。

（2）非流动负债

非流动负债是指偿还期在一年（以上）或超过一年的一个营业周期以上的债务，主要包括长期借款、应付债券、长期应付款等。非流动负债是企业为筹集长期投资项目所需资金发生的，如企业为购买大型设备、购建厂房等发生的中长期借款等。

将负债划分为流动负债和非流动负债，并在资产负债表中分别列示，有助于信息使用者利用会计报表进行对比，以评价企业的财务状况和偿债能力。

（二）所有者权益

1. 所有者权益的性质

所有者权益是指企业资产扣除负债后由所有者享有的剩余权益，是投资人对企业净资产的要求权。所有者对企业的经营活动承担着最终的风险，也享有最终的权益。企业在经营活动中获利，则所有者权益随之增加；若企业亏损，则所有者权益随之减少。

2. 所有者权益的分类

所有者权益按照形成来源的不同，主要分为投入资本和留存收益两个部分。投入资本是投资者投入企业的资本金，包括实收资本（股份有限公司称为股本）和资本公积；留存收益是企业生产经营活动所产生的利润在缴纳所得税后留存在公司的部分，包括盈余公积和未分配利润。

我国《企业会计准则》规定，企业资产负债表中的所有者权益应当至少按照实收资本（股本）、资本公积、盈余公积和未分配利润等项目分项列示，以便于信息使用者了解所有者权益的来源和变动情况。

（三）负债和所有者权益的区别

1. 性质不同

负债是在经营或其他活动中产生的，是债权人要求企业清偿的权利；所有者权益是投资者所享有的对投入资本及其所产生盈余或亏损的权利。

2. 享有权利不同

债权人享有到期收回本息的权利，在企业清算时，有优先获取资产赔偿的权利，但债权人不能参与经营决策，不能享有收益分配的权利；所有者享有参与经营决策、收益分配等多项权利，但对企业资产的要求权在债权人之后，即只享有对剩余财产的要求权。

3. 偿还期限不同

负债有明确的偿还期限，债务人必须要按期偿还；所有者权益一般不存在约定的偿还日期，因而是企业可以长期使用的资金，上市公司的股本可以通过金融市场进行转让，只有在企业解散或清算时，所有者权益（投入资本）才能退还给投资者。

4. 回报不同

负债的回报是固定的，债权人获取的利息是预先可以确定的固定数额，无论盈亏，企业均需按期支付；所有者的回报是不固定的，需视企业的盈利水平和股利政策等因素而定。

随着金融衍生工具的出现，负债和所有者权益的界限也变得越来越模糊，如可转换公司债券、可转换优先股等。

二、筹资业务循环

企业经营活动产生的负债，一般是向银行借款、发行债券产生的负债，除了到期要偿还本金外，还需支付资金的使用成本，即利息。不同用途的负债，利息的会计处理方法也不一样。一般经营活动形成的流动负债支付的利息直接计入财务费用；而非流动负债，如专门用于长期资产建设或建设期在一年以上的存货（如房地产开发企业建造商品房）的利息支出，则分别计入长期资产或存货成本。

企业成立之初，资金的基本来源是所有者投入的资本。投入资本后，经过一段时期的经营取得经营成果，经营成果一方面以利润分配的形式分配给所有者，另一方面未分配的利润则形成企业的留存收益，增加了企业的所有者权益。经营成果也可能表现为亏损，此时对企业的影响则表现为所有者权益的减少。企业筹资与会计信息处理系统的关系如图 8-1 所示。

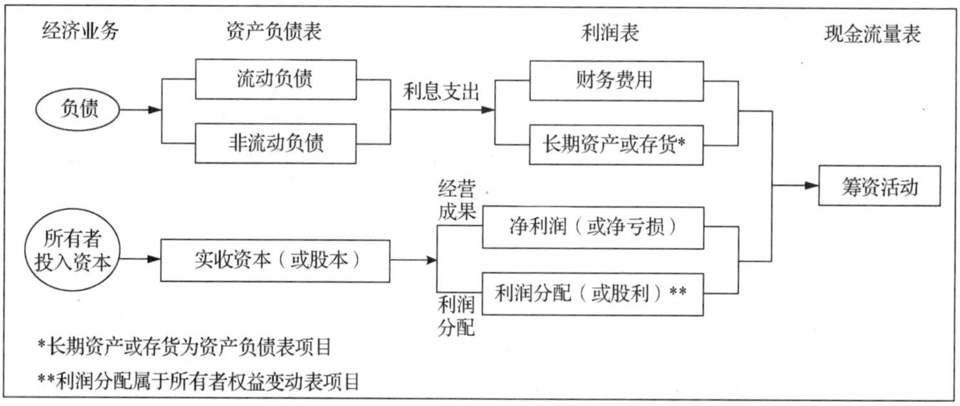

图 8-1　筹资与会计信息处理系统的关系

三、业财融合视角下负债核算思维导航

和资产一样，与负债有关的最基本的经济事项是关于负债增加和减少的事项，即负债的形成和负债的偿还，下面分无息负债和有息负债两种情况来讨论负债的核算。

（一）无息负债

无息负债主要产生于企业生产经营环节，通常属于流动负债，债权人是与企业的生产经营有关的利益相关者，例如，欠供应商的“应付账款”（我们在介绍采购及存货业务循环的时候已经接触过，它产生于采购环节）、欠职工的“应付职工薪酬”、欠税务机关的“应交税费”等。这类负债的经济业务和核算要点分两步。

第一步，负债的形成：

借：资产类或者成本费用类账户（形成负债的原因或者形成负债之后的结果）

　　贷：负债类账户（具体的各类负债）

第二步，负债的偿还：

借：负债类账户（具体的各类负债）

　　贷：银行存款（绝大多数的负债都是用银行存款偿还）

（二）有息负债

有息负债在负债的存续期内还存在一个经济事项，即应计利息的计提，由此会形成利息费用和与应计利息相关的负债。为什么说是应计利息的计提呢？因为借款利息很多不是按月支付的，例如短期借款一般是到期一次还本付息的，企业发行的债券更加复杂一些，有按年付息的，也有到期一次还本付息的，按照权责发生制的要求则应按月计算应承担的利息费用，此时一方面形成一项费用“财务费用”，另一方面就形成了一个新的负债，即应付未付的利息，如果该利息在一年以内支付，则在“应付利息”中核算；如果偿还期超过一年，则要计入相关长期负债。

这类负债的经济业务和核算要点分三步。

第一步，负债的形成：

借：资产类或者成本费用类账户（形成负债的原因或者形成负债之后的结果）

　　贷：负债类账户（具体的各类负债）

第二步，计提应计利息：

借：财务费用或者在建工程或者存货（取决于利息是否符合资本化条件）

　　贷：应付利息（偿还期在一年以内）或具体的非流动负债账户（偿还期在一年以上）

第三步，负债的偿还：

借：负债类账户（具体的各类负债本金）

　　应付利息或具体的非流动负债账户（具体的各种负债利息）

　　贷：银行存款（绝大多数的负债都是用银行存款偿还）

第二节 短期借款

一、短期借款的核算内容

短期借款，是指企业向银行或其他金融机构借入的、偿还期限在一年以内（含）的各种借款。企业取得短期借款主要是为了满足企业日常生产经营所需或为抵偿某项债务，企业借入的短期借款，无论用于哪个方面，都形成一项企业的负债。归还借款时，除了归还借入的本金之外，还应支付相应的利息。短期借款的主要优点是筹资速度快、筹资弹性大，主要缺点是筹资风险高。

二、短期借款的会计核算

短期借款是一项有息负债，其核算要点分为三步，即短期借款的形成、利息计提和偿还本息。具体账户设置和核算如下。

企业应当设置“短期借款”科目，核算企业实际取得和归还短期借款的经济业务。企业取得短期借款时，借记“银行存款”科目，贷记“短期借款”科目。

短期借款的利息属于企业的筹资成本，计入“财务费用”科目，并在期末结转至当期损益。在实务中，短期借款的利息是按季、按半年或在到期时支付的，为了正确计算各期的盈亏，根据权责发生制的要求，企业应当在每月月末计提借款利息，即设置“应付利息”科目核算当期计提的应付未付的利息，并将其直接计入当期的财务费用。计提各月借款利息时，借记“财务费用”科目，贷记“应付利息”科目。

企业应于短期借款到期日偿还本金以及尚未支付的利息，借记“短期借款”“应付利息”等科目，贷记“银行存款”科目。

[例 8.1] 2021 年 8 月 1 日东华公司从银行取得短期借款 100 000 元。借款合同规定，借款利率为 6%，期限为 1 年，利息按季支付。

要求：编制东华公司借入短期借款、每月计提利息、每季支付利息及到期偿还本金和利息的会计分录。

[例题解答]

（1）2021 年 8 月 1 日，东华公司取得短期借款时编制会计分录：

借：银行存款　　　　100 000

　　贷：短期借款　　　　100 000

（2）2021 年 8 月 31 日，东华公司计提利息时编制会计分录：

每月应付利息=100 000×6%×1÷12=500（元）

借：财务费用　　　　500

　　贷：应付利息　　　　500

以后每月计提利息费用均需完成上述相同的会计分录。

（3）2021 年 9 月 30 日，东华公司支付 8 月和 9 月的利息时编制会计分录：

借：应付利息　　　　500

　　财务费用　　　　500

　　贷：银行存款　　　　1 000

（4）2022 年 8 月 1 日，东华公司归还本金和尚未支付的利息时编制会计分录：

东华公司在借款到期日尚未支付 2022 年 7 月的利息，所以：

借：短期借款　　　　100 000

　　应付利息　　　　500

　　贷：银行存款　　　　100 500

第三节 经营性流动负债

一、应付账款

（一）应付账款的核算内容

应付账款，是指企业因购买材料、商品或接受劳务等经营活动应支付的款项。应付账款应当于收到相关发票时按照发票账单注明的价值入账，具体入账价值包括购货方因购买材料、商品或接受劳务应向销货方或提供劳务方支付的合同或协议价款，按照价款计算的增值税进项税额，购货方应负担的运杂费和包装费等。

（二）应付账款的会计核算

应付账款是一个无息负债，其核算要点分为两步，即负债形成和负债的偿还。具体描述如下。

企业应设置“应付账款”科目，核算企业因购买材料、商品或接受劳务等经营活动应支付的款项。应付账款形成于采购环节，因此其对应科目为“原材料”“在途物资”等。应付账款入账时间的确定，应以所购买材料或商品的所有权已转移或接受劳务已发生为标志。在购买材料和发票账单同时到达或发票账单先于购买材料到达的情况下，应付账款一般在材料验收入库后，按发票账单登记入账；对于月末材料已经入库但发票账单尚未到达的，企业应按照暂估金额或计划成本确定应付账款的入账价值，再于下月初将暂估价值冲销，待收到发票账单时重新入账。

[例 8.2] 2021 年 4 月 10 日，东华公司从西京公司购买一批商品。收到的增值税专用发票上注明货款 50 000 元，增值税进项税额 6 500 元，应由东华公司负担的运杂费为 1 000 元（假设运杂费不考虑增值税）。商品尚未收到，款项尚未支付。

要求：编制东华公司购买商品的会计分录。

[例题解答]

相关分录：

借：在途物资	51 000	
应交税费——应交增值税（进项税额）	6 500	
贷：应付账款		57 500

某些情况下，由于债权单位撤销或其他原因而无法支付的应付账款，应按其账面余额转入营业外收入，借记“应付账款”科目，贷记“营业外收入”科目。

二、应付票据

（一）应付票据的核算内容

应付票据核算企业采用商业汇票支付方式购买物资或接受劳务等而签发、承兑的商业汇票。商业汇票根据承兑人的不同，可以分为银行承兑汇票和商业承兑汇票；商业汇票根据是否带息，可以分为带息的商业汇票和不带息的商业汇票。

（二）应付票据的会计核算

应付票据有带息的商业汇票和不带息的商业汇票两种，其中不带息的商业汇票就是无息负债，其核算与应付账款的核算基本相同，区别在于企业采购时承担的偿还义务是以商业汇票的结算方式完成的。带息的商业汇票初始确认的核算和应付账款相同，其利息的确认与短期借款相似，区别在于应付票据的利息是计入“应付票据”科目，而短期借款的利息是计入“应付利息”科目，因此应付票据的核算是应付账款和短期借款的结合。按照准则的规定，“短期借款”只核算本金，利息是在“应付利息”中核算；而“应付票据”不仅核算本金，同时也核算利息。

企业在购买材料并以商业汇票作为结算方式时，应在收到材料时按照其成本金额，借记“原材料”“库存商品”等科目，按增值税专用发票上注明的金额，借记“应交税费——应交增值税（进项税额）”科目，贷记“应付票据”科目。

对于带息的应付票据，企业通常在期末对尚未支付的应付票据计提利息，并将其计入当期财务费用，即借记“财务费用”科目，贷记“应付票据”科目。

企业应于到期日按照票面金额偿还应付票据（对于带息的商业汇票还应支付相应的利息），借记“应付票据”“财务费用”等科目，贷记“银行存款”科目。

[例 8.3] 2021 年 3 月 5 日，东华公司从西京公司购买一批原材料，收到的增值税专用发票上注明材料的价款为 30 000 元，增值税税额为 3 900 元。东华公司签发一张面值为 33 900 元的

不带息商业承兑汇票，期限为3个月。该批材料已经验收入库。

要求：编制东华公司购买材料、到期支付款项的会计分录。

[例题解答]

（1）3月5日东华公司赊购材料的会计分录：

借：原材料	30 000	
应交税费——应交增值税（进项税额）	3 900	
贷：应付票据		33 900

（2）6月5日票据到期时，东华公司支付款项的会计分录：

借：应付票据	33 900	
贷：银行存款		33 900

商业汇票到期，如果企业无法支付票据款项，应考虑对不同的承兑人进行不同的会计处理。对于商业承兑汇票，企业应将“应付票据”的账面价值结转至“应付账款”，即借记“应付票据”科目，贷记“应付账款”科目；对于银行承兑汇票，承兑银行向持票人无条件付款，同时将出票人尚未支付的汇票金额作为逾期贷款处理，即借记“应付票据”科目，贷记“短期借款”科目。

三、应付职工薪酬

（一）职工薪酬的含义

职工薪酬，是指企业为获得职工提供的服务或解除劳动关系而给予的各种形式的报酬或补偿。职工薪酬中所指的职工是广义的职工概念，具体范围包括。

（1）与企业订立正式劳动合同的所有人员，含全职、兼职和临时职工；

（2）虽未与企业订立正式劳动合同但由企业正式任命的人员，如董事会的成员；

（3）未与企业订立劳动合同或未由其正式任命，但向企业提供的服务与企业的职工所提供服务类似的人员，包括通过企业与劳务中介公司签订用工合同而向企业提供服务的人员。

（二）职工薪酬的类型

职工薪酬主要包括短期薪酬、离职后福利、辞退福利和其他长期职工福利。

短期薪酬主要包括：（1）职工工资、奖金、津贴和补贴；（2）职工福利费；（3）医疗保险费、工伤保险费和生育保险费等社会保险费；（4）住房公积金；（5）工会经费和职工教育经费；（6）非货币性福利；（7）短期带薪缺勤；（8）短期利润分享计划；（9）其他短期薪酬。

离职后福利是指企业为获得职工提供的服务而在职工退休或与企业解除劳动关系后，提供的各种形式的报酬和福利。

辞退福利是指企业在职工劳动合同到期之前解除与职工的劳动关系，或者为鼓励职工自愿接受裁减而给予职工的补偿。

其他长期职工福利是指除短期薪酬、离职后福利、辞退福利之外所有的职工薪酬，包括长期带薪缺勤、长期残疾福利、长期利润分享计划等。本书不涉及这部分长期薪酬。

（三）职工薪酬的会计核算

“应付职工薪酬”是一个无息负债，其核算要点分为两步，即负债形成和负债的偿还。与应付账款不同，应付职工薪酬产生于权责发生制下企业成本费用的归集，企业核算其人工成本时，一方面计入与该人工相关的成本或费用项目，另一方面形成“应付职工薪酬”的负债。

应付职工薪酬这个总账科目按照具体的薪酬项目设置了明细账科目，例如工资、福利费、医疗保险费、住房公积金等，核算企业承担的各类职工薪酬。

按照相关规定，职工的社会保险和公积金账户的资金来源有两个，一是企业承担的部分，二是职工个人承担的部分。职工个人承担的部分应该与企业无关，但是在经济实务中，由个人承担的费用，例如“五险一金”中应由职工个人承担的部分、职工个人所得税等，是由企业代扣代缴的，所以企业一般会从应付给职工的工资中将这部分资金扣除下来，替职工代缴到相关中心进入职工账户，这部分先扣除后代缴的资金就形成了一个新的负债，将其归入“其他应付款”或“应交税费”。支付工资时职工个人实际收到的资金叫“实发工资”，“实发工资”会小于工资结算表中的“应发工资”，因此“应付职工薪酬——工资”的偿还方式与其他负债的偿还方式有所区别，实际发放工资时涉及“银行存款”“其他应付款”“应交税费”等科目，分别核算实际支付给职工的工资、应由职工个人承担的企业代扣代缴的五险一金和个人所得税等。具体如下所述。

一般短期职工薪酬包括短期薪酬中的职工工资、奖金、津贴和补贴；职工福利费；医疗保险费、工伤保险费和生育保险费等社会保险费；住房公积金；工会经费和职工教育经费。企业发生的上述短期职工薪酬，应当根据职工所在部门、提供服务的性质和受益对象等计入资产成本或当期损益，借记“生产成本”“制造费用”“在建工程”“管理费用”“销售费用”等科目，贷记“应付职工薪酬”科目。发放时，实际支付给职工的部分，借记“应付职工薪酬”科目，贷记“银行存款”科目；由企业代扣代缴的职工个人所得税，借记“应付职工薪酬”科目，贷记“应交税费”科目；由企业代扣代缴的医疗保险费、住房公积金等支出，借记“应付职工薪酬”科目，贷记“其他应付款”科目。

[例 8.4] 东华公司 2021 年 3 月职工短期薪酬明细见表 8-1。假定东华公司职工的医疗保险费、住房公积金、工会经费和职工教育经费分别按照工资总额的 10%、8%、2%和 1.5%提取。2021 年 4 月实际发放工资时，应由东华公司代扣代缴的个人所得税为 20 000 元，代扣代缴的各种社会保险费和住房公积金合计为 30 000 元，实发工资通过银行存款转账支付。

表 8-1　东华公司职工短期薪酬明细表

2021 年 3 月　　单位：元

部门＼薪酬	工资总额	医疗保险（10%）	住房公积金（8%）	工会经费（2%）	职工教育经费（1.5%）	合计
基本生产车间	80 000	8 000	6 400	1 600	1 200	97 200
车间管理部门	10 000	1 000	800	200	150	12 150
行政管理部门	50 000	5 000	4 000	1 000	750	60 750
销售部门	25 000	2 500	2 000	500	375	30 375
合计	165 000	16 500	13 200	3 300	2 475	200 475

要求：编制东华公司确认和实际发放职工短期薪酬的会计分录。

[例题解答]

（1）2021 年 3 月，东华公司确认职工薪酬时编制的会计分录：

借：生产成本　　97 200
　　制造费用　　12 150
　　管理费用　　60 750
　　销售费用　　30 375
　　贷：应付职工薪酬——工资　　165 000
　　　　　　　　　——医疗保险费　　16 500
　　　　　　　　　——住房公积金　　13 200
　　　　　　　　　——工会经费　　3 300
　　　　　　　　　——职工教育经费　　2 475

（2）2021 年 4 月，东华公司实际发放职工薪酬时编制的会计分录：

借：应付职工薪酬——工资　　165 000

　贷：银行存款　　115 000

　　应交税费——应交个人所得税　　20 000

　　其他应付款　　30 000

四、应交税费

应交税费核算企业按照税法等相关法规计算应缴纳的各种税费，主要包括增值税、消费税、城市维护建设税、教育费附加、企业所得税、资源税、土地增值税、房产税、车船税、土地使用税等。企业为职工代扣代缴的个人所得税，也通过本科目核算。上述企业应交的各项税费在尚未缴纳之前形成企业的现时义务，应确认为负债。这里主要介绍应交增值税和应交消费税的核算方法。

（一）应交增值税的会计核算

增值税是对在我国境内销售货物、无形资产或者不动产，提供劳务，以及进口货物的增值额征收的一种流转税。增值税是我国目前的第一大税种。根据纳税人年应税销售额的水平，增值税的纳税人分为一般纳税人和小规模纳税人，年应税销售额超过财政部和国家税务总局规定标准的纳税人为一般纳税人，未超过规定标准的纳税人为小规模纳税人。

1. 一般纳税人应交增值税的会计核算

增值税是一个价外税，它的税款在发票中单独列示，不包含在销售价格中（可参照会计凭证中的增值税发票的内容）。它是对货物或劳务的增值部分征税，避免了流通环节的重复征税。一般纳税人应交增值税基本业务流程如图 8-2 所示。

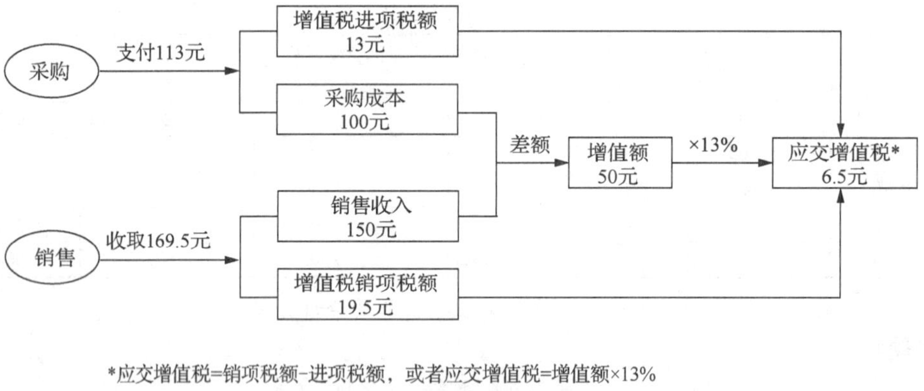

图 8-2　一般纳税人应交增值税基本业务流程

从图 8-2 可以看到，企业在销售过程中向客户收取的增值税（称之为销项税额）减去采购过程中支付给供应商的增值税（称之为进项税额）的差额上交给国家税务机关，据此实现了增值税的价外循环，所以增值税并不构成企业的一项额外开支。所以对于一般纳税人，增值税不会影响企业的损益。

一般纳税人增值税的基本税率为 13%、9%和 6%等。

一般纳税人应交增值税额采用抵扣法，计算公式为：

应交增值税税额=当期销项税额-当期进项税额

（1）一般纳税人当期销项税额的核算

当期销项税额，是指纳税人发生应税行为时按照销售额和适用的增值税税率计算并收取的增值税额。一般纳税人发生应税行为时，应向购买方开具增值税专用发票，按照不含税价格和适用税率，计算应交增值税的销项税额，贷记“应交税费——应交增值税（销项税额）”科目。

[例 8.5] 2021 年 7 月 15 日，东华公司销售一批商品给西京公司，销售合同中注明的合同价款为 80 000 元（不含税价格），适用的增值税税率为 13%。东华公司生产该批商品的成本为 65 000 元，商品已发出，货款尚未收到。

要求：编制东华公司销售业务的会计分录。

[例题解答]

① 东华公司销售商品时编制的会计分录：

借：应收账款	90 400	
贷：主营业务收入		80 000
应交税费——应交增值税（销项税额）		10 400

② 东华公司结转成本的会计分录：

借：主营业务成本	65 000	
贷：库存商品		65 000

（2）一般纳税人当期进项税额的核算

当期进项税额，是指纳税人当期购进货物或接受应税劳务已缴纳的增值税额，进项税额可以从销项税额中抵扣。根据我国增值税法规定，允许从当期销项税额中抵扣进项税额的情形，主要包括以下四种：①从销售方取得的增值税专用发票上注明的增值税额；②从海关取得的海关进口增值税专用缴款书上注明的增值税额；③购进农产品，除取得增值税专用发票或海关进口增值税专用缴款书外，按照农产品收购发票或者销售发票上注明的农产品买价的 11%的扣除率计算的进项税额；④从境外单位或个人购进服务、无形资产或者不动产，自税务机关或者扣缴义务人取得的解缴税款的完税凭证上注明的增值税额。

[例 8.6] 2021 年 5 月 10 日，东华公司从西京公司购买一批材料，取得的增值税专用发票上注明的价款为 50 000 元，增值税 6 500 元。材料已收到并验收入库，货款尚未支付。

要求：编制东华公司采购业务的会计分录。

[例题解答]

相关分录：

借：原材料	50 000	
应交税费——应交增值税（进项税额）	6 500	
贷：应付账款		56 500

（3）一般纳税人当期缴纳增值税和期末结转的核算

企业在向税务部门实际缴纳本期增值税时，按照实际缴纳的金额，借记“应交税费——应交增值税（已交税金）”科目，贷记“银行存款”等科目。企业向税务部门缴纳以前期间的增值税时，按照实际缴纳的增值税金额，借记“应交税费——未交增值税”科目，贷记“银行存款”等科目。

期末，企业应将本期应交或多交的增值税，结转到“应交税费——未交增值税”科目。具体来说，对于企业当期应交未交的增值税，应借记“应交税费——应交增值税（转出未交增值税）”科目，贷记“应交税费——未交增值税”科目；对于企业当期多交的增值税，应借记“应交税费——未交增值税”科目，贷记“应交税费——应交增值税（转出多交增值税）”科目。

2. 小规模纳税人应交增值税的会计核算

小规模纳税人是指应税销售额在规定的标准以下，并且会计核算不健全的纳税人。小规模纳税人增值税核算的主要特点有:（1）小规模纳税人购买货物或者接受应税劳务时，无论是否取得增值税专用发票，其支付的增值税额均不确认为进项税额，按照其所应支付的全部价款计入存货入账价值；（2）小规模纳税人销售货物或者提供应税劳务时，如向客户开具普通发票时，则销售额包含增值税额；（3）小规模纳税人应交增值税额采用简易办法计算，按照不含税销售额和增值税征收率计算确定。小规模纳税人计算增值税税款时使用征收率，目前增值税征收率有4档，0.5%、1%、3%和5%，一般情况下为3%。应交增值税的计算公式为:

不含税销售额=含税销售额÷（1＋增值税征收率）

应交增值税额=不含税销售额×增值税征收率

[例 8.7] 西京公司为小规模纳税人。2022年7月，西京公司购买一批材料，收到的增值税专用发票上注明的材料价款为100 000元，增值税为13 000元，另外负担运杂费3 000元。全部价款已用银行存款支付，材料收到并已验收入库。

要求：编制西京公司采购材料的会计分录。

[例题解答]

相关分录：

借：原材料　　116 000

　　贷：银行存款　　116 000

[例 8.8] 西京公司为小规模纳税人，2021年7月，西京公司销售一批产品，开出的普通发票上注明商品价款为41 200元（含税），价款已收到。该批产品的成本为32 000元。适用的增值税征收率为3%。

要求：编制西京公司销售产品和结转销售成本的会计分录。

[例题解答]

不含税销售额=41 200÷（1＋3%）=40 000（元）

应交增值税=40 000×3%=1 200（元）

（1）西京公司销售商品的会计分录：

借：银行存款　　41 200

　　贷：主营业务收入　　40 000

　　　　应交税费——应交增值税　　1 200

（2）西京公司结转销售成本的会计分录：

借：主营业务成本　　32 000

　　贷：库存商品　　32 000

（二）应交消费税的会计核算

消费税是国家为了正确引导消费方向，对在我国境内生产、委托加工和进口应税消费品的单位和个人，就其销售额或销售数量在特定环节征收的一种税。我国只在特定商品中征收消费税，目前征收消费税的商品有烟酒、鞭炮、高档化妆品、贵重首饰、小汽车、摩托车、成品油等。消费税的征收方法有从价定率计征法、从量定额计征法和复合计征法。实行从价定率计征法的消费税以销售额为基数，乘以适用的比例税率来计算应交消费税的金额，其中，销售额为不含增值税的销售额；实行从量定额计征法的消费税以应税消费品的数量为基数，乘以适用的定额税率来计算应交消费税的金额；实行复合计征法的消费税，既规定了比例税率，又规定了定额税率，其应纳税额实行从价定率和从量定额相结合的复合计征方法，复合计征法目前只适用于卷烟和白酒应交消费税的计算。

因为消费税并不像增值税那样单独收取，因此它的金额其实是包含在应缴纳消费税的商品的销售价格里面的，这一类的税被称为价内税。消费税实行价内征收，企业将生产的应税消费品对外销售时，应按照税法规定计算应交消费税的金额，确认为一项负债，并直接计入当期损益，借记“税金及附加”科目，贷记“应交税费——应交消费税”科目。

[例 8.9] 东华公司为增值税一般纳税人。2021 年 4 月，东华公司销售一批应税消费品。不含税的销售价格为 300 000 元，适用的增值税税率为 13%，适用的消费税税率为 5%。该批产品的成本为 240 000 元。产品已经发出，款项尚未收到。

要求：编制东华公司与销售有关的会计分录。

[例题解答]

（1）东华公司确认收入时编制会计分录：

借：应收账款　　339 000

　　贷：主营业务收入　　300 000

　　　　应交税费——应交增值税（销项税额）　　39 000

（2）东华公司确认应交消费税时编制会计分录：

应交消费税=300 000×5%=15 000（元）

借：税金及附加　　15 000

　　贷：应交税费——应交消费税　　15 000

（3）东华公司结转产品成本时编制会计分录：

借：主营业务成本　　240 000

　　贷：库存商品　　240 000

五、其他应付款

其他应付款，是指除应付账款、应付票据、应付职工薪酬等以外的其他经营活动产生的各项应付、暂收的款项。其核算内容主要包括企业应付租入包装物的租金；企业发生的存入保证金；企业代职工缴纳的社会保险费和住房公积金等。

企业发生的各种应付、暂收款项，借记“管理费用”“银行存款”等科目，贷记“其他应付款”科目；实际支付其他各种应付、暂收款项时，借记“其他应付款”科目，贷记“银行存款”科目。

[例 8.10] 2021 年 4 月，东华公司收到购货客户租用周转包装物的押金 4 000 元存入银行，2021 年 5 月客户如期退还包装物，东华公司退还押金 4 000 元。

要求：编制东华公司收取押金和退还押金有关的会计分录。

[例题解答]

（1）东华公司收到押金时的会计分录：

借：银行存款　　4 000

　　贷：其他应付款　　4 000

（2）东华公司收回包装物，退还押金的会计分录：

借：其他应付款　　4 000

　　贷：银行存款　　4 000

第四节 长期借款

一、长期借款的核算内容

长期借款是指企业向银行或其他金融机构借入的、偿还期限在一年以上的各种借款。企业取得长期借款主要是为了满足建造房屋、购买大型设备等的资金需要。企业取得长期借款，一般要经过申请、审批、签订合同和划拨款项等步骤。通常情况下，借款利息分期支付，本金到期一次偿还或分期偿还。

二、长期借款的会计核算

长期借款的核算与短期借款非常相似，也是经典的有息负债的三部曲。

第一步，长期借款的形成：

借：银行存款

　　贷：长期借款

第二步，计提应计利息：

借：财务费用或者在建工程、存货（看利息是否符合资本化条件）

　　贷：应付利息（偿还期在一年以内）或长期借款——应计利息（偿还期在一年以上）

第三步，负债的偿还：

借：长期借款（借款的本金）

　　应付利息或长期借款——应计利息（借款的利息）

　　贷：银行存款

企业应当设置“长期借款”科目，核算企业长期借款的取得和归还，以及利息确认等业务。企业取得长期借款时，借记“银行存款”科目，贷记“长期借款”科目。

按照现行制度的规定，长期借款的利息费用应根据权责发生制的要求进行确认。在该长期借款所建造的长期工程项目达到预定可使用状态之前发生的利息，应将其资本化，计入工程成本；在工程完工达到预定可使用状态后产生的利息，应予以费用化，计入财务费用。分期付息、到期还本的长期借款，计提利息时，应借记“在建工程”“财务费用”等科目，贷记“应付利息”或“银行存款”科目。

长期借款到期，企业偿还借款本金和利息时，应借记“长期借款”科目，贷记“银行存款”科目。

[例 8.11] 2021 年 1 月 1 日，东华公司为建造一条生产线（建设期为 2 年）从银行借入期限为 3 年的长期借款 5 000 000 元，并将该资金立即投入到生产线的建造中。该借款利率为 6%，合同规定每年 12 月 31 日支付利息，到期偿还本金（资本化的利息按年计算，费用化的利息按月计算）。

要求：编制东华公司与长期借款有关的会计分录。

[例题解答]

（1）东华公司取得长期借款时的会计分录：

借：银行存款	5 000 000	
贷：长期借款		5 000 000

（2）2021 年年末、2022 年年末的会计分录：

借：在建工程　　300 000

　　贷：银行存款　　300 000

（3）2023 年 1 月至 12 月，每月月末的会计分录：

借：财务费用　　25 000

　　贷：应付利息　　25 000

（4）2023 年年末，偿还本金和最后一年利息的会计分录：

借：长期借款　　5 000 000

　　应付利息　　300 000

　　贷：银行存款　　5 300 000

第五节 应付债券

一、债券的基本要素

应付债券又称为应付公司债券，是企业为筹集长期资金而依照法定程序发行的，约定在一定日期还本付息的书面债务契约。本质上讲，应付债券就是企业向社会筹集资金归还本金和利息的一种承诺和约定，本质上是向广大的债券投资者借款。正因为如此，为保护投资者利益，我国对企业发行债券的条件有明确的规定，只有符合条件的企业才能够发行企业债券。

根据有关规定，发行公司债券必须符合下列条件。

（1）股份有限公司的净资产额不低于人民币 3 000 万元，有限责任公司的净资产额不低于人民币 6 000 万元；

（2）累计债券总额不超过公司净资产的 40%；

（3）最近三年平均可分配利润足以支付公司债券一年的利息；

（4）筹集资金的投向符合国家产业政策；

（5）债券利率不得超过国务院限定的利率水平；

（6）公司内部控制制度健全，内部控制制度的完整性、合理性和有效性不存在重大缺陷；

（7）经资信评级机构评级，债券信用级别良好；

（8）国务院规定的其他条件。

此外，发行公司债券所筹集的资本必须按审批机关批准的用途使用，不得用于弥补亏损和非生产性支出。

债券的票面一般载明以下要素。

（1）债券面值，即票面价值，是企业在还款日应偿还的本金额；

（2）债券利率，即票面利率，又称名义利率，是指债券上载明的利息率，通常用年利率表示，是债券发行人用于计算每年应付利息的依据；

（3）利息支付方式，即公司债券是一次付息还是分期付息，分期付息的期限是一年还是半年；

（4）债券还本期限，是债券发行人偿还本金的时间，本金的偿还方式可以一次还本或多次还本。

二、业财融合视角下应付债券基本核算思维导航

企业应设置“应付债券”科目，核算企业债券的发行、计息和偿还情况。其中，债券的面值决定了债券到期时偿还的本金金额，债券的面值乘以票面利率决定了每个付息日应支付的利息金额。这两个金额是确定的，不因为会计核算方法的改变而发生变化。

假设一个债券的面值是100元，票面利率6%，五年期，每年付息一次，到期还本。按照面值发行，也就是面值100元的债券的销售价格为100元，发行债券筹集到的资金和面值是相同的。在这个经济业务中，企业筹集到了100元资金，以后每年按照面值乘以票面利率支付利息6元，5年共计30元，5年后到期按照面值偿还本金100元。从现金流来看，企业借入100元，付出130元，所以这个筹资活动5年的利息费用合计是30元，和债券的票面利息是一致的。其基本核算框架就比较简单。

（1）应付债券的形成：

借：银行存款　　　　100

　　贷：应付债券　　　　100

（2）计提应计利息（包含支付利息，每年一次，做5次）：

借：财务费用或者在建工程或存货　　　　6

　　贷：应付利息　　　　6

借：应付利息　　　　6

　　贷：银行存款　　　　6

（3）负债的偿还：

借：应付债券（借款的本金）　　　　100

　　贷：银行存款　　　　100

但是，由于债券的发行比较复杂，从债券条款设计到最终发行成功有一定的时间差，由此可能会造成债券的票面利率和发行时的市场利率不同，出现债券不按面值发行的情况。我们将发行价格高于面值称为溢价发行，低于面值称为折价发行。

仍然看上面的债券，假设溢价发行，实际发行收入103元。我们分析这个经济业务，企业筹集到了103元资金，以后每年按照面值乘以票面利率支付的利息为6元，5年共计30元，5年后到期按照面值偿还本金100元。从现金流来看，企业取得103元，付出130元，所以这个筹资5年的利息费用合计是27元，低于债券的票面利息30元。因此，不管如何进行具体的会计核算，会计处理的结果一定是计入财务费用或者在建工程等的利息费用5年合计是27元，而不是30元。其基本核算框架就会有变化。

（1）应付债券的形成：

借：银行存款　　　　103

　　贷：应付债券　　　　100

　　　　准则规定的相关账户　　　　3

（2）计提应计利息（包含支付利息，每年一次，做5次）：

借：财务费用或者在建工程或存货　　　　<6的某个值（这个数值5年的合计数为27）

　　准则规定的相关账户　　　　6-财务费用等（这个数值5年的合计数为3）

　　贷：应付利息　　　　6（5年的合计数为30）

借：应付利息　　　　6

　　贷：银行存款　　　　6

（3）负债的偿还：

借：应付债券（借款的本金）　　100

　　贷：银行存款　　100

相关账户的具体处理方法取决于会计准则的规定，但账务处理的结构和结果一定要符合对经济事项的分析，我们将在以下具体环节的核算中详细展开。

三、应付债券发行的会计核算

债券的发行价格随市场利率的变动呈反方向变动，当市场利率低于债券票面利率时，债券发行价格高于面值，即溢价发行；当市场利率高于债券票面利率时，债券发行价格低于面值，即折价发行；当市场利率等于债券票面利率时，债券发行价格等于面值，即平价发行。债券的发行价格是通过债券发行期间产生的现金流量的现值来确定的，包括债券本金的现金流量现值和债券利息的现金流量现值两个部分。其中，债券本金一般在债券到期日一次性支付，因而其现值采用复利现值系数计算确定；而债券利息通常由发行方定期支付，比如每年支付一次，或每半年支付一次，因而其现值采用年金现值系数计算确定。现值的计算以市场利率为折现率。

为反映和监督债券的发行、计息和偿还情况，债券的发行人应当设置“应付债券”科目，并设置“面值”“利息调整”和“应计利息”等明细科目，进行明细核算。

当企业按面值发行债券时，债券价格和债券面值一致，可按债券面值金额，借记“银行存款”等科目，贷记“应付债券——面值”科目。

当企业溢价发行债券时，债券价格高于债券面值，按实际收到的款项借记“银行存款”等科目，按债券的面值贷记“应付债券——面值”科目，实际收到的款项与债券面值之间的差额，贷记“应付债券——利息调整”科目。债券溢价发行意味着企业将要高于市场利率支付利息，溢价的实质是发行方为以后各期多付利息而预先从债权人处得到的补偿。

当企业折价发行债券时，债券价格低于债券面值，按实际收到的款项借记“银行存款”等科目，按债券的面值贷记“应付债券——面值”科目，实际收到的款项与债券面值之间的差额，借记“应付债券——利息调整”科目。债券折价发行意味着企业将要低于市场利率支付利息，折价的实质是发行方为以后各期少付利息而预先付出的代价。

[例 8.12] 东华公司于 2021 年 1 月 1 日经批准发行一批 5 年期债券，总面值为 10 000 000 元，票面年利率 6%，每年 12 月 31 日付息一次，债券本金于到期日一次偿还。该债券的实际利率为 5%，发行价格为 10 437 400 元。假定公司发行债券筹集的资金专门用于厂房建设，建设期为 2021 年 1 月 1 日至 2023 年 12 月 31 日。

要求：编制发行债券的会计分录。

[例题解答]

债券每年应付利息=10 000 000×6%=600 000（元）。

年金现值系数表和复利现值系数表中 5 年期、5%的年金现值系数和复利现值系数分别为 4.329 和 0.784。东华公司债券的利息和面值按 5%的折现率计算现值，即发行价格如下：

发行价格=600 000×4.329+10 000 000×0.784=10 437 400（元）

借：银行存款　　10 437 400

　　贷：应付债券——面值　　10 000 000

　　　　　　　　——利息调整　　437 400

四、应付债券利息费用的会计核算

根据规定，应付债券的利息费用应当采用实际利率法在债券发行期间的每个资产负债表日分期确认。实际利率法是以债券发行时的实际利率，乘以每期期初债券账面价值（也称摊余成本），计算求得当期利息费用，当期利息费用与应付利息之间的差额，即为该期的溢价或折价摊销额。公式表示为：

当期利息费用=期初账面价值×实际利率

溢价摊销额=应付利息-当期利息费用

折价摊销额=当期利息费用-应付利息

当期利息费用应计入有关资产的成本或财务费用，即借记“在建工程”“财务费用”等科目。同时，按照债券面值和票面利率计算应付利息，对于分期付息、到期还本的债券，应贷记“应付利息”科目；对于一次还本付息的债券，应贷记“应付债券——应计利息”科目。应付利息和当期利息费用的差额为债券溢价的摊销额，应借记“应付债券——利息调整”科目；利息费用和应付利息的差额为债券折价的摊销额，应贷记“应付债券——利息调整”科目。

[例 8.13] 东华公司于 2021 年 1 月 1 日经批准发行一批 5 年期债券，总面值为 10 000 000 元，票面年利率 6%，每年 12 月 31 日付息一次，债券本金于到期日一次偿还。该债券的实际利率为 6%。假定公司发行债券筹集的资金专门用于厂房建设，建设期为 2021 年 1 月 1 日至 2023 年 12 月 31 日（说明：本例中每年年末付息，无须单独计提应付利息）。

要求：编制东华公司发行债券有关的会计分录。

[例题解答]

（1）2021 年 1 月 1 日的会计分录为：

借：银行存款　　　　10 000 000

　　贷：应付债券——面值　　　　10 000 000

（2）2021 年 12 月 31 日确认利息费用时编制的会计分录为：

借：在建工程　　　　600 000

　　贷：银行存款　　　　600 000

2022 年 12 月 31 日和 2023 年 12 月 31 日确认利息的会计分录同上。

（3）2024 年 12 月 31 日和 2025 年 12 月 31 日确认利息费用时编制的会计分录为：

借：财务费用　　　　600 000

　　贷：银行存款　　　　600 000

[例 8.14] 接[例 8.12]，东华公司于 2021 年 1 月 1 日经批准发行一批 5 年期债券，总面值为 10 000 000 元，票面年利率 6%，每年 12 月 31 日付息一次，债券本金于到期日一次偿还。该债券的实际利率为 5%，发行价格为 10 437 400 元。假定公司发行债券筹集的资金专门用于厂房建设，建设期为 2021 年 1 月 1 日至 2023 年 12 月 31 日。

要求：编制东华公司确认利息费用的会计分录。

[例题解答]

在债券的存续期间，东华公司应当采用实际利率法计算每期的应付债券利息费用，应付债券利息费用计算见表 8-2。

表 8-2　应付债券利息费用计算表　单位：元

日期	应付利息	利息费用	溢价摊销	未摊销溢价	摊余成本
2021 年 1 月 1 日				437 400	10 437 400
2021 年 12 月 31 日	600 000	521 870	78 130	359 270	10 359 270
2022 年 12 月 31 日	600 000	517 964	82 036	277 234	10 277 234
2023 年 12 月 31 日	600 000	513 862	86 138	191 096	10 191 096
2024 年 12 月 31 日	600 000	509 555	90 445	100 651	10 100 651
2025 年 12 月 31 日	600 000	499 349	100 651	0	10 000 000
合计	3 000 000	2 562 600	437 400		

（1）2021 年 12 月 31 日确认利息费用时编制的会计分录为：

借：在建工程　521 870
　　应付债券——利息调整　78 130
　　贷：银行存款　600 000

（2）2022 年 12 月 31 日确认利息费用时编制的会计分录为：

借：在建工程　517 964
　　应付债券——利息调整　82 036
　　贷：银行存款　600 000

（3）2023 年 12 月 31 日确认利息费用时编制的会计分录为：

借：在建工程　513 862
　　应付债券——利息调整　86 138
　　贷：银行存款　600 000

（4）2024 年 12 月 31 日确认利息费用时编制的会计分录为：

借：财务费用　509 555
　　应付债券——利息调整　90 445
　　贷：银行存款　600 000

（5）2025 年 12 月 31 日确认利息费用时编制的会计分录为：

借：财务费用　499 349
　　应付债券——利息调整　100 651
　　贷：银行存款　600 000

五、应付债券还本的会计核算

债券到期时，发行企业应按照发行时约定的还本期限和方式，偿还债权人的本金。对于分期付息，到期还本的债券，偿还时应按照票面价值借记“应付债券——面值”科目，贷记“银行存款”科目；对于到期一次还本付息的债券，到期时需偿还债务的本金和利息，应借记“应付债券——面值”“应付债券——应计利息”科目，贷记“银行存款”科目。

[例 8.15] 接[例 8.14]，东华公司于 2021 年 1 月 1 日经批准发行一批 5 年期债券，总面值为 10 000 000 元，票面年利率 6%，每年 12 月 31 日付息一次，债券本金于到期日一次偿还。该债券的实际利率为 5%，发行价格为 10 437 400 元。假定公司发行债券筹集的资金专门用于厂房建设，建设期为 2021 年 1 月 1 日至 2023 年 12 月 31 日。

要求： 编制东华公司到期偿还本金的会计分录。

[例题解答]

相关分录：

借：应付债券——面值　　　　　　　　　　　　　10 000 000

　　贷：银行存款　　　　　　　　　　　　　　　　10 000 000

前面我们分别以面值发行和溢价发行为例进行了应付债券的核算，下面我们介绍一个折价发行的例子。

[例 8.16] 东华公司于 2022 年 1 月 1 日经批准发行一批 5 年期债券，总面值为 10 000 000 元，票面年利率 6%，每年 12 月 31 日付息一次，债券本金于到期日一次偿还。该债券的实际利率为 7%，发行价格为 9 590 000 元。假定公司发行债券筹集的资金专门用于厂房建设，建设期为 2022 年 1 月 1 日至 2024 年 12 月 31 日。

要求：编制东华公司所有相关会计分录。

[例题解答]

债券每年应付利息=10 000 000×6%=600 000（元）

年金现值系数表和复利现值系数表中 5 年期、7%的年金现值系数和复利现值系数分别为 4.100 和 0.713。东华公司债券的利息和面值按 7%的折现率计算现值，即发行价格如下：

发行价格=600 000×4.100+10 000 000×0.713=9 590 000（元）

（1）2022 年 1 月 1 日东华公司发行债券时编制的会计分录：

借：银行存款　　　　　　　　　　　　　　　　9 590 000

　　应付债券——利息调整　　　　　　　　　　　410 000

　　贷：应付债券——面值　　　　　　　　　　　　10 000 000

在债券的存续期间，东华公司应当采用实际利率法计算每期的利息费用，利息费用计算见表 8-3。

表 8-3　　　　　　　　　　应付债券利息费用计算表　　　　　　　　　　单位：元

日期	应付利息	利息费用	折价摊销	未摊销折价	摊余成本
2022 年 1 月 1 日				410 000	9 590 000
2022 年 12 月 31 日	600 000	671 300	71 300	338 700	9 661 300
2023 年 12 月 31 日	600 000	676 291	76 291	262 409	9 737 591
2024 年 12 月 31 日	600 000	681 631	81 631	180 778	9 819 222
2025 年 12 月 31 日	600 000	687 346	87 346	93 432	9 906 568
2026 年 12 月 31 日	600 000	693 432	93 432	0	10 000 000
合计	3 000 000	3 410 000	410 000		

（2）2022 年 12 月 31 日东华公司确认利息费用时编制的会计分录：

借：在建工程　　　　　　　　　　　　　　　　　671 300

　　贷：银行存款　　　　　　　　　　　　　　　　　600 000

　　　　应付债券——利息调整　　　　　　　　　　　71 300

（3）2023 年 12 月 31 日东华公司确认利息费用时编制的会计分录：

借：在建工程　　　　　　　　　　　　　　　　　676 291

　　贷：银行存款　　　　　　　　　　　　　　　　　600 000

　　　　应付债券——利息调整　　　　　　　　　　　76 291

（4）2024 年 12 月 31 日东华公司确认利息费用时编制的会计分录：

借：在建工程　　　　　　　　　　　　　　　　　681 631

　　贷：银行存款　　　　　　　　　　　　　　　　　600 000

　　　　应付债券——利息调整　　　　　　　　　　　81 631

（5）2025 年 12 月 31 日东华公司确认利息费用时编制的会计分录：

借：财务费用　687 346

　贷：银行存款　600 000

　　应付债券——利息调整　87 346

（6）2026 年 12 月 31 日东华公司确认利息费用时编制的会计分录：

借：财务费用　693 432

　贷：银行存款　600 000

　　应付债券——利息调整　93 432

（7）2026 年债券到期偿还本金的会计分录：

借：应付债券——面值　10 000 000

　贷：银行存款　10 000 000

第六节 所有者权益

企业的组织形式一般分为三种：独资企业、合伙企业和公司制企业。不同组织形式的企业，其所有者权益的会计处理有明显差异，这主要是由于法律对不同组织形式企业的所有者权益有不同的规定。公司制企业，尤其是股份有限公司，是当今被广泛采用的企业组织形式，它具有独资企业和合伙企业所不具备的优越性，在筹资方式和资本结构上更具灵活性。因此，本书选择公司制企业的所有者权益做重点论述。

企业所有者拥有的权益最初表现为所有者的投入资本。随着企业生产经营活动的开展，企业净利润中提取的盈余公积以及未分配利润等形成企业的资本积累，最终也归所有者所有，与投入资本共同构成企业的所有者权益。所有者权益按其形成的来源不同，分为投入资本和留存收益两个部分。投入资本是所有者投入企业的资金本，包括实收资本（股份有限公司称为股本）和资本公积；留存收益是企业生产经营活动所产生的净利润留存在企业的部分，包括盈余公积和未分配利润。

一、实收资本

（一）实收资本的性质

实收资本（股本）是指公司实际收到投资人投入的资本，它是企业开展生产经营活动的基础。投资人向企业投入的资本在一般情况下，无须偿还，可供企业长期使用。实收资本（股本）的构成比例通常是确定投资人在企业所有者权益中所占的份额和参与企业财务经营决策的基础，也是企业进行利润分配或股利分配的依据，同时还是企业清算时确定所有者对净资产要求权的依据。投资人投入资本的形式有多种，可以用现金、实物资产、无形资产等各种形式的资产对企业投资。投资人按照其投资在企业总投资中的比例享有相应的权利，这些权利包括公司管理权、分享利润权、分享剩余财产权、优先投资权。

有限责任公司的注册资本为在公司登记机关登记的全体股东认缴的出资额。法律、行政法规以及国务院决定对有限责任公司注册资本实缴、注册资本最低限额另有规定的，从其规定。股份有限公司采取发起设立方式设立的，注册资本为在公司登记机关登记的全体发起人认购的股本总额。在发起人认购的股份缴足前，不得向其他人募集股份。股份有限公司采取募集方式设立的，注册资本为在公司登记机关登记的实收股本总额。法律、行政法规以及国务院决定对股份有限公司注册资本实缴、注册资本最低限额另有规定的，从其规定。公司注册资本从实缴登记制改为认缴登记制后，股东的出资期限由公司章程自行约定，原则上不作限制。当一次缴付到位时，实收资本等于注册资本；当分期缴付时，最后一期缴付到位时，实收资本才等于注册资本。

（二）实收资本的会计处理

1. 有限责任公司的实收资本

有限责任公司设置“实收资本”科目反映其实收资本的增减变动情况，收到投资者各种形式的资产投资时，借记“银行存款”“库存商品”“固定资产”“无形资产”等科目，贷记“实收资本”科目。

[例 8.17] 西京公司接受甲、乙两位投资人投资，甲投资人以银行存款投资 280 万元，乙投资人以其拥有的专利权作为投资，双方协议价值（公允价值）为 320 万元，已办妥相关手续。

要求：做出西京公司接受投资的会计分录。

[例题解答]

相关分录：

借：银行存款	2 800 000	
无形资产	3 200 000	
贷：实收资本——甲		2 800 000
——乙		3 200 000

2. 股份有限公司的股本

股份有限公司将公司资本划分为等额股份，并通过发行股票的方式筹集资本。股票是股份有限公司发行的证明股东按其所持股份享有权利和承担义务的书面证明。普通股是股票中最普遍、最重要的一种形式。当公司只发行一种股票时，这种股票就是普通股，此时每股普通股股东享有的权利相同。

股票发行价格可以等于票面金额，也可以超过票面金额，但不得低于票面金额。因此，我国目前仅允许股票平价、溢价发行，不允许折价发行。

股份有限公司设置“股本”科目核算公司发行股票的面值部分，发行价格超过面值的部分在扣除发行手续费、佣金等发行费用后作为股票溢价，记入“资本公积——股本溢价”科目。

[例 8.18] 东华公司（股份有限公司）经中国证监会批准，于 2021 年 4 月 20 日增发普通股 300 万股，每股面值 1 元，每股发行价格 5 元，在增发过程中发生各种费用 45 万元，发行收入扣除发行费用后的款项全部存入银行。

要求：做出东华公司发行普通股的会计分录。

[例题解答]

相关分录：

借：银行存款	14 550 000	
贷：股本		3 000 000
资本公积——股本溢价		11 550 000

二、资本公积

（一）资本公积的来源和用途

资本公积是指企业收到的投资人超出其在企业注册资本（或股本）中所占份额的投资，以及除资本公积（资本溢价或股本溢价）项目以外所形成的其他资本公积。

资本公积与实收资本存在一定的区别。实收资本是投资人为谋求价值增值而对公司的一种原始投入，往往都带有回报要求；而不同来源形成的资本公积却归投资人共同所有，不作为股利分配和投票表决的依据。

资本公积的主要用途在于转增资本，即在办理增资手续后用资本公积转增资本，按股东原有持股比例给股东发新股或增加每股面值。

（二）资本公积的核算

企业应设置“资本公积”科目，反映资本公积的形成和使用情况，并按其不同的形成来源设置“资本溢价”“股本溢价”明细账进行明细分类核算。

有限责任公司收到投资人的投资，按实际收到的现金或非现金资产的价值，借记“银行存款”“固定资产”等科目，按其在注册资本中所占的份额，贷记“实收资本”科目，按二者差额贷记“资本公积——资本溢价”科目。

股份有限公司溢价发行股票时，按实际收到的金额，借记“银行存款”科目，按股票面值和发行股份总数的乘积贷记“股本”科目，扣除股票发行费用后的溢价额，贷记“资本公积——股本溢价”科目。

经股东大会或类似权力机构决议，企业用资本公积转增资本时，借记“资本公积”科目，贷记“实收资本”或“股本”科目。

[例 8.19] 西京公司注册资本为 300 万元，由甲、乙、丙三方各出资 100 万元设立，经营两年后留存收益达 160 万元。为扩大经营规模，三方决定将公司的注册资本增加到 400 万元，并吸收丁投资者加盟，同意丁以银行存款 130 万元出资，占增资后公司全部资本的 25%。

要求：做出西京公司收到丁投资者出资时的会计分录。

[例题解答]

相关分录：

借：银行存款　　　　　　　　　　1 300 000
　　贷：实收资本——丁　　　　　　　　1 000 000
　　　　资本公积——资本溢价　　　　　　300 000

三、留存收益

（一）留存收益的性质和构成

留存收益是股东权益的一个重要项目，是企业从历年实现的净利润中提取或形成的留存于企业内部的积累，其来源于企业的生产经营活动所实现的净利润。留存收益与投资人投入的资本属性一致，均为所有者权益，但与投入资本不同的是，投入资本是由所有者从外部投入公司的，它构成了公司所有者权益的基本部分，而留存收益不是所有者从外部投入的，而是依靠公司经营所得的盈利累积而形成的。留存收益由盈余公积和未分配利润组成，盈余公积包括法定盈余公积、任意盈余公积，它们属于已拨定用途的留存收益，而未分配利润属于未拨定用途的留存收益。

1. 盈余公积

盈余公积是企业按照规定从净利润中提取的各种积累资金。提取盈余公积的主要目的是限制股利的过量分派，以维护债权人的利益。

盈余公积按提取的方式不同，分为法定盈余公积和任意盈余公积两种。股份有限公司应按照净利润的 10%提取法定盈余公积，提取的法定盈余公积累计达到注册资本的 50%时，可以不再提取。任意盈余公积是指提取法定盈余公积之后，企业按照公司章程规定或股东大会决议自行决定提取的盈余公积。法定盈余公积和任意盈余公积的区别在于各自计提的依据不同，前者以国家的法律或行政法规为依据提取，后者则由公司自行决定提取。

企业提取盈余公积后主要用于弥补以前年度的亏损、转增资本、以及分派现金股利。用盈余公积转增资本后，留存的盈余公积不得少于转增前公司注册资本的25%。

2. 未分配利润

未分配利润是企业留待以后年度进行分配的结存利润，也是企业所有者权益的组成部分。从数量上来说，未分配利润是期初未分配利润加上本期实现的净利润减去提取的各种盈余公积和分配出去的利润后的余额，即历年积存的净利润。未分配利润有两层含义：一是留待以后年度分配的利润，二是未拨定用途的利润。

（二）留存收益的核算

1. 盈余公积的核算

企业应设置“盈余公积”科目，反映盈余公积的形成及使用情况，并按其种类设置明细账，分别进行明细核算。企业提取盈余公积时，借记“利润分配”科目，贷记“盈余公积”（法定盈余公积，任意盈余公积）科目。企业用提取的盈余公积转增资本时，借记“盈余公积”科目，贷记“实收资本”或“股本”科目。需要说明的是，用盈余公积弥补亏损或转增资本，只是在所有者权益内部不同项目之间的转换，不影响所有者权益总额。

[例 8.20] 东华公司 2021 年度实现净利润 400 万元。公司董事会于 2022 年 3 月 31 日提出 2021 年利润分配方案，按净利润的 10%提取法定盈余公积，按净利润的 5%提取任意盈余公积。

要求：做出东华公司提取盈余公积的会计分录。

[例题解答]

相关分录：

借：利润分配——提取法定盈余公积　　400 000
　　　　　　——提取任意盈余公积　　200 000
　贷：盈余公积——法定盈余公积　　　　400 000
　　　　　　　——任意盈余公积　　　　200 000

2. 未分配利润的核算

在会计核算上，应设置“利润分配”科目下的“未分配利润”明细科目，核算未分配利润。会计期末，企业将本期实现的各项收入和发生的各项费用全部转入“本年利润”科目，计算出本期的经营成果，然后转入“利润分配——未分配利润”科目进行分配，该科目的贷方余额为未分配利润，借方余额则为未弥补亏损。

企业用当年实现的利润弥补以前年度亏损时，不必专门做会计分录，只需在年末结账时将实现的利润转至“利润分配”账户的贷方，即借记“本年利润”科目，贷记“利润分配——未分配利润”科目，结账后自然抵减了借方的未弥补亏损。

[例 8.21] 东华公司年初未分配利润为 40 万元，本年实现净利润 100 万元。经股东大会批准的利润分配方案为：本年提取法定盈余公积 10 万元，提取任意盈余公积 5 万元，向投资者分配现金股利 50 万元。

要求：做出东华公司结转利润、进行利润分配的会计分录，并计算未分配利润的余额。

[例题解答]

（1）结转利润的会计分录：

借：本年利润　　1 000 000
　贷：利润分配——未分配利润　　1 000 000

（2）进行利润分配的会计分录：

借：利润分配——提取法定盈余公积　　100 000
　　　　——提取任意盈余公积　　50 000
　　　　——应付现金股利　　500 000
　贷：盈余公积——法定盈余公积　　100 000
　　　　——任意盈余公积　　50 000
　　应付股利　　500 000

（3）结转利润分配的会计分录：

借：利润分配——未分配利润　　650 000
　贷：利润分配——提取法定盈余公积　　100 000
　　　　——提取任意盈余公积　　50 000
　　　　——应付现金股利　　500 000

（4）分派现金股利的会计分录：

借：应付股利　　500 000
　贷：银行存款　　500 000

经过上述分配后，“利润分配——未分配利润”科目的贷方余额，即公司年末未分配利润为75 万元（40+100−10−5−50）。

管理延伸

1. 经营性的负债没有利息，企业是否可以无限制使用？为什么？

2. 学习了负债的账务处理，从会计处理的结果来看，负债给企业带来了什么？对于资产负债表、利润表和现金流量表有什么影响？在此基础上探讨负债经营对于企业的价值、意义和风险。

3. 从所有者权益的各个账户会计核算的角度看，导致所有者权益增加的经济事项有哪些？它们对于企业现金流量有什么影响？在此基础上探讨健康持续的企业所有者权益的变化类别。

关键词

短期借款；应付职工薪酬；长期借款；应付债券；留存收益

思考题

1. 什么是流动负债？常见的流动负债包括哪些内容？
2. 应付职工薪酬核算的内容包括哪些？确认原则是什么？
3. 一般纳税人应交增值税的金额如何确定？如何进行会计核算？
4. 发行债券时的溢价和折价是什么原因造成的？溢价和折价的性质是什么？

5. 什么是所有者权益？所有者权益的来源构成项目有哪些？
6. 试述留存收益的构成内容。

自测题

一、单项选择题

1. 企业在购买材料时签发并承兑的商业汇票如果到期无法支付，则应当将应付票据的账面价值结转至（　　）。

A. 短期借款　B. 应收账款　C. 坏账准备　D. 应付账款

2. 某一般纳税企业从其他企业购入原材料一批，货款为 100 000 元，增值税税额为 13 000 元，对方代垫运杂费 5 000 元，该原材料已经验收入库，所有款项均未支付。该购买业务所发生的应付账款的入账价值为（　　）。

A. 113 000 元　B. 118 000 元　C. 100 000 元　D. 105 000 元

3. 以下各项不属于流动负债的是（　　）。

A. 应交税费　B. 应付职工薪酬　C. 应付股利　D. 应付债券

4. 计提短期借款利息时应贷记的科目是（　　）。

A. 预收账款　B. 应付账款　C. 应付利息　D. 预付账款

5. 建造工程所使用的长期借款资金，在工程完工达到预定可使用状态之前发生的利息支出应记入（　　）账户。

A. 管理费用　B. 财务费用　C. 固定资产　D. 在建工程

6. 如果债券发行时票面利率低于市场利率，则应（　　）。

A. 面值发行　B. 折价发行　C. 溢价发行　D. 平价发行

7. 盈余公积提取的依据是（　　）。

A. 当年实现的净利润　B. 可供投资者分配的利润
C. 可供分配的利润　D. 当年实现的净利润加年初未分配利润

8. 企业用资本公积转增资本时，会引起所有者权益（　　）。

A. 增加　B. 减少　C. 不变　D. 既可能增加，也可能减少

9. 资本公积的主要用途是（　　）。

A. 弥补亏损　B. 转增资本　C. 分配股利　D. 归还投资

10. 股份有限公司溢价发行股票支付的手续费等发行费用（低于发行溢价收入），应（　　）。

A. 从溢价收入中扣除　B. 全部列作开办费
C. 全部计入财务费用　D. 全部计入管理费用

二、多项选择题

1. “应付债券”账户的借方反映的内容有（　　）。

A. 债券发行时产生的债券折价　B. 债券折价摊销
C. 债券发行时产生的债券溢价　D. 债券溢价摊销

2. 下列事件中，会导致所有者权益总额发生变化的有（　　）。

A. 接受投资者投入资本　B. 分配股票股利
C. 提取盈余公积　D. 实现净利润

3. 在下列各项中，属于法定盈余公积用途的有（　　）。

A. 弥补亏损　B. 转增资本　C. 分配股利　D. 归还投资

4. 留存收益的内容包括（　　）。

A. 资本公积　　B. 法定盈余公积　　C. 任意盈余公积　D. 未分配利润

5. 在下列各项中，属于投入资本的有（　　）。

A. 盈余公积　　B. 未分配利润　　C. 实收资本　　D. 资本公积

三、判断题

1. 负债的清偿一定会减少企业的资产。（　　）

2. 一般纳税人购买材料所支付的增值税进项税额，记入“应交税费—应交增值税”账户的借方。（　　）

3. “短期借款”账户既核算短期借款的本金，又核算短期借款的利息。（　　）

4. 小规模纳税人在销售货物或提供劳务时，实行简易办法计算应纳税额，不需计算增值税进项税。（　　）

5. 长期借款所发生的借款利息必须全部计入固定资产的购建成本。（　　）

6. 企业增资扩股时，新进入的投资者缴纳的出资额高于按约定比例计入注册资本的份额的部分，应作为资本公积入账。（　　）

7. 公司用实现的利润弥补亏损不必专门做会计处理。（　　）

8. 年末结账后，“利润分配”账户贷方余额为企业的未分配利润。（　　）

9. 我国股票发行价格可以是票面金额，也可以是超过或低于票面的金额。（　　）

10. 企业对应付的银行承兑汇票，如果到期不能足额付款，应将其转作“应付账款”科目。（　　）

四、计算与账务处理题

1. 2021 年 12 月 1 日鸿运公司偿还短期借款 20 000 元，并支付利息 500 元（利息尚未计提）。

要求：编制鸿运公司偿还短期借款和利息的会计分录。

2. 2021 年 12 月 31 日鸿运公司分配本月工资费用 104 000 元，其中，生产工人工资 80 000 元，车间管理人员工资 10 000 元，行政管理人员工资 6 000 元，销售人员工资 3 000 元，在建工程人员工资 5 000 元。

要求：编制鸿运公司结算工资费用的会计分录。

3. 2022 年 1 月 1 日鸿运公司按面值发行公司债券 1 000 000 元，2 年期，年利率为 6%，到期一次还本付息，发行债券筹集的资金用于建造房屋，工期为 2022 年 1 月 1 日至 2023 年 12 月 31 日。

要求：编制鸿运公司发行债券的会计分录。

4. 2022 年 1 月 1 日鸿运公司向银行借入长期借款 500 000 元，用于生产用房建设，到期一次还本付息。

要求：编制鸿运公司借入长期借款的会计分录。

5. 2022 年 1 月 20 日鸿运公司接受投资者甲以一台专用设备作为投资，其账面原值 125 000 元，已提折旧 50 000 元，经双方协商，作价 85 000 元。

要求：编制鸿运公司接受投资者甲的投资的会计分录。

6. 2022 年 1 月 20 日鸿运公司收到投资者乙以一批原材料作为投资，取得的增值税专用发票上注明价款 70 000 元，增值税 9 100 元，材料已验收入库。

要求：编制鸿运公司接受投资者乙的投资的会计分录。

五、综合练习

1. 鸿运公司 2021 年 1 月 1 日向银行借入资金 1 500 万元（用于非资本性支出），借款年利率 6%，借款期限为两年，每年年底支付利息，两年期满后一次还清本金。

要求：编制该公司借款、每年年末支付利息、到期归还本金的会计分录。

2. 鸿运公司为建造一条生产线，于2021年1月1日以1 945 840元发行债券，债券面值2 000 000元，票面利率4%、期限3年，每年付息一次，到期一次还本。假如债券发行时的市场利率为5%，生产线于2021年1月1日开始建造，2022年年底完工。

要求：请编制以下分录：（1）发行债券；（2）第一年年末确认利息费用及折价摊销；（3）每年年末支付利息；（4）到期偿还本金。

3. 鸿运公司2021年实现净利润500 000元。2021年年初未分配利润账户为贷方余额20 000元。2021年度利润分配方案如下：按净利润的10%提取法定盈余公积，按净利润的5%提取任意盈余公积，支付普通股现金股利150 000元。

要求：根据上述业务编制利润分配有关的会计分录并计算年末“未分配利润”账户的余额。

第九章 成本、费用及利润

引言

格兰仕公司充分利用为世界知名家电企业做OEM代工的方式换取生产线，然后利用生产线的剩余生产能力为自己生产产品。1993年格兰仕第一批万台微波炉正式下线，到了1996年，格兰仕微波炉产量增至60万台，随即在全国掀起了大规模的降价风暴，当年降价40%。降价的结果是格兰仕微波炉产量增至近200万台，市场占有率达到47.1%。规模扩大带动的是成本下降，微波炉降价又直接扩大了市场容量，企业资金回流也相应增加，企业规模再次扩大，成本再次下降。格兰仕通过合理整合全球家电产品生产线的方式，大大降低了成本。

企业的成本构成有哪些？产品生产成本包括哪些内容？从企业发生成本到实现收入，再到利润分配，需要做哪些会计核算呢？

学习目标

1. 掌握成本核算的循环；
2. 掌握产品生产成本核算的内容及核算方法；
3. 掌握期间费用核算的内容及核算方法；
4. 了解其他损益的内容；
5. 掌握利润形成与利润分配的内容及核算方法。

第一节 成本核算循环

一、成本的内容

成本是企业取得资产的代价，或是生产产品和提供劳务等所发生的支出，包括为取得特定的资产而产生的费用的成本，以及为获取相应的收益所产生的营业成本两部分。

企业要取得一定的资产必然要付出相应的代价，付出的代价首先体现为发生各种各样的费用支出，但费用支出的结果却不相同。有些费用在支出后，虽然对企业原有资产有所消耗，但同时也能形成企业的另一项资产，原有资产被消耗的价值就应该按照规定计入新获取资产的成本。例如，企业采购材料过程中支付的买价和运杂费等，消耗了企业的货币资产，最终要被计入采购材料的采购成本；而在产品生产过程中发生的原材料和设备耗费等，是对企业的存货和固定资产的消耗，也应被计入产品的生产成本。这种成本可视为仅与企业获取一定的资产有关的成本。

企业的另一种成本则不仅能在消耗一种资产后为企业带来新的资产，也能为企业带来相应的营业收入。如企业销售所生产的产品，一方面表现为对库存商品的消耗，但货款的收回又能为企业增加货币资产并为企业带来高于所销售产品价值的收益。这种成本的发生不仅与企业消耗一定的资产有关，而且也与企业取得一定会计期间的营业收入有关。

二、成本与费用的关系

（一）成本与费用的联系

成本与费用存在密切关系，主要体现在以下两个方面。

第一，成本是以费用为基础确定的。一般来说，虽然费用和成本都是企业在生产经营过程中耗费的经济资源的存在形式，但从两者产生的时间顺序上看，费用往往发生在前，成本发生在后。费用是成本计算的前提和基础，而成本是已经对象化了的费用。

第二，成本与费用之间可以相互转化。企业在生产准备过程中进行材料和设备采购所产生的费用支出会形成材料和设备的采购成本；在产品的生产过程中，企业将购入的材料和设备等用于产品生产，上述成本即转化为生产费用；当产品生产完工以后，经过一定的归集，生产费用又构成了产品的生产成本；当完工的产品验收入库后，生产成本进而又构成了库存商品的成本；在产品的销售过程中，库存商品成本又会转化为产品销售成本（即主营业务成本）。

（二）成本与费用的区别

虽然成本与费用有着密切关系，但二者之间的区别也是很明显的。

第一，两者在考察过程中所联系的对象不同。费用一般与一定的会计期间相联系，体现为在某一特定会计期间内企业的经营活动对资产价值消耗的总额；成本则是与一定的成本核算对象相联系，成本是已经计入了一定核算对象的那部分费用，体现了企业资产价值的增加。

第二，一定会计期间的成本与当期的费用并不完全相等。一种情况是成本小于费用，例如，企业一定会计期间的营业成本仅包括主营业务成本和其他业务成本两项，而当期所确认的费用除以上两项外，还应包括可以直接计入当期损益的管理费用和销售费用等，二者之间并不完全相等。另一种情况是费用小于成本，假定某一会计期间只有部分库存商品被销售，那么这部分库存商品成本就可以确认为当期的主营业务成本，而没有被销售的那部分商品的成本则不能确认为当期的主营业务成本。在这种情况下，所确认的主营业务成本明显会小于库存商品成本。

三、成本与会计信息处理系统

企业在生产过程中需要投入材料、人工和制造费用进行产品的生产，这些费用通过生产成本账户归集后，产品完工时再转入产品成本中。无论是完工产品还是在产品，以及各种未耗用的材料，都反映在资产负债表的存货项目中。当产品被销售后，一方面要登记营业收入，另一方面要结转营业成本，营业收入和营业成本都体现在利润表上。同时，企业的生产也表现为现金流量表中的经营活动现金流出。成本与会计信息处理系统的关系如图 9-1 所示。

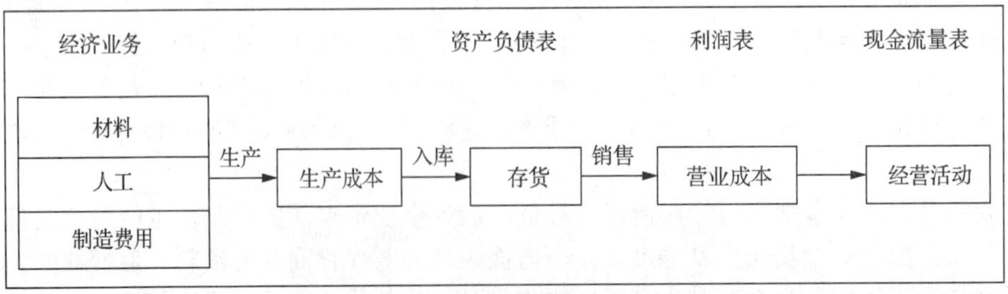

图 9-1　成本与会计信息处理系统

第二节 产品生产成本核算

一、生产成本的概念

生产成本是指企业在一定期间生产产品所发生的直接费用和间接费用的总和。企业的生产成本一般包括直接材料、直接人工和制造费用三个组成部分。

直接材料指构成产品实体的原料、主要材料以及有助于产品形成的辅助材料、设备配件、外购半成品的消耗；直接人工指直接参加生产的工人工资及按生产工人工资和规定比例计提的职工福利费、住房公积金、工会经费、职工教育经费等。直接材料和直接人工是为生产某一种产品而发生的，一般易于辨别，在发生时就可按照成本核算对象进行归集，直接计入所生产产品的成本，因而这两项生产费用也被称为直接费用。

制造费用是指直接用于产品生产，但不便于直接计入产品成本，以及间接用于产品生产的各项费用，如生产车间管理人员的职工薪酬，生产车间固定资产的折旧费和修理费、物料消耗、办公费、水电费、保险费、劳动保护费等项目。制造费用包含的内容比较复杂，是生产多个产品一同消耗的，在发生时无法确定每种产品消耗多少，需将一定期间发生的费用采用一定的分配标准进行分配后计入各种产品的成本，因而制造费用也被称为间接费用。

二、生产费用的归集和分配

企业应设置“生产成本”科目，核算企业进行工业性生产所发生的各项生产费用，包括生产各种产成品、自制半成品、提供劳务、自制材料及自制设备等发生的各项费用。企业发生的各项直接生产费用，应借记“生产成本”科目，贷记“原材料”“银行存款”“应付职工薪酬”等科目。企业生产产品应负担的制造费用，借记“生产成本”科目，贷记“制造费用”科目。已经生产完成并验收入库的产成品，应借记“库存商品”科目，贷记“生产成本”科目。“生产成本”科目的期末借方余额，反映企业尚未加工完成的在产品成本。

企业应设置“制造费用”科目，用来核算企业为生产产品和提供劳务而发生的各项间接费用，包括生产车间管理人员的职工薪酬、折旧费、修理费、办公费、水电费、机物料消耗保险费等。企业产生的各项制造费用，借记“制造费用”科目，贷记“原材料”“应付职工薪酬”“银行存款”“累计折旧”等科目。月末将制造费用分配转入各个产品的成本时，借记“生产成本”科目，贷记“制造费用”科目，结转后“制造费用”科目在期末一般无余额。

（一）直接材料的核算

直接材料费用的归集和分配是会计核算的主要内容，一般是由财务部门在月份终了时，根据当月产品生产领用材料的领料单、限额领料单和退料单等各种原始凭证，按产品的品种和用途等进行完整的归集，并编制“本月发出材料汇总表”。直接用于产品生产的材料，能够直接计入产品核算对象的，计入“生产成本”科目。几种产品合用一种材料，且在使用过程中难以分清成本核算对象时，可采用适当的方法分配计入各种产品成本。

[例 9.1] 东华公司 2021 年 3 月 31 日编制的“本月发出材料汇总表”的汇总结果如下：生产 A 产品耗用材料 45 000 元，生产 B 产品耗用材料 38 000 元，车间一般性耗用材料 4 000 元，

管理部门耗用材料 3 000 元。

要求：编制东华公司发出材料的会计分录。

[例题解答]

相关分录：

借：生产成本——A 产品	45 000	
——B 产品	38 000	
制造费用	4 000	
管理费用	3 000	
贷：原材料		90 000

（二）直接人工的核算

直接人工主要由职工的工资和福利费两个部分组成。企业的各类职工根据其不同的职责分工为企业进行产品生产和经营管理提供不同性质的劳动，企业应根据国家政策以及员工的劳动数量和质量向员工支付劳动报酬。企业职工除可根据其对企业的贡献获得劳动报酬外，还可以按照国家的有关规定，享受一定的福利待遇。企业用于职工福利方面的资金，一般来自按工资总额的一定比例计算提取的福利费。企业计提的福利费计入产品生产成本和有关费用，其中计入产品生产成本部分的福利费，通过产品的销售收回之后，专门用于职工福利方面的开支。企业的福利费不同于工资，一般不直接发放给职工，而是由企业按照规定的管理办法用于职工的集体福利。

企业应设置“应付职工薪酬”科目，核算直接人工的费用，即根据有关规定应付给职工的各种薪酬。企业人工费用的归集和分配是根据工资结算凭证和工时统计记录，并通过编制“工资结算汇总表”进行的。

[例 9.2] 东华公司根据员工的劳动时间和生产产品数量等有关记录，计算出本月应付各类人员的工资数额为：生产 A 产品工人工资 30 000 元，生产 B 产品工人工资 27 000 元，车间管理人员工资 8 000 元，厂部管理人员工资 5 000 元。并按各类人员工资数额的 14%计提职工福利费。

要求：编制东华公司确认职工短期薪酬的会计分录。

[例题解答]

（1）东华公司确认职工工资的会计分录：

借：生产成本——A 产品	30 000	
——B 产品	27 000	
制造费用	8 000	
管理费用	5 000	
贷：应付职工薪酬——工资		70 000

（2）东华公司确认职工福利费的会计分录：

借：生产成本——A 产品	4 200	
——B 产品	3 780	
制造费用	1 120	
管理费用	700	
贷：应付职工薪酬——福利费		9 800

（三）制造费用的核算

制造费用是企业为组织和管理生产所发生的各项费用，其发生往往与多个受益对象有关，因而在发生时不能直接计入产品成本，只有按照一定的方法进行分配以后才能计入产品成本。常用的分配方法有生产工时比例法、生产工人工资比例法、预算分配率法。产品在生产过程中应当负担的制造费用，除消耗的材料和人工费用外，还包括企业当期用货币资金支付的车间水电费、车间管理人员办公费等。

[例 9.3] 接[例 9.1]和[例 9.2]，2021 年 3 月 31 日，东华公司计提本月生产车间固定资产折旧 3 200 元，用银行存款支付本月生产车间水电费 2 000 元，车间技术人员出差报销差旅费 1 630 元。东华公司将本月生产车间发生的制造费用以生产工人工资为标准（生产 A 产品工人工资 30 000 元，生产 B 产品工人工资 27 000 元），分配计入 A、B 两种产品的生产成本。

要求：编制东华公司确认和分配制造费用的会计分录。

[例题解答]

（1）计提生产车间固定资产折旧的会计分录：

借：制造费用　　3 200

　　贷：累计折旧　　3 200

（2）支付本月生产车间水电费的会计分录：

借：制造费用　　2 000

　　贷：银行存款　　2 000

（3）车间技术人员出差报销差旅费的会计分录：

借：制造费用　　1 630

　　贷：银行存款　　1 630

（4）A、B 两种产品分配制造费用的会计分录：

东华公司本月发生的制造费用=4 000+8 000+1 120+3 200+2 000+1 630=19 950（元）

制造费用的分配率=19 950÷（30 000+27 000）=0.35

A 产品应分配制造费用=30 000×0.35=10 500（元）

B 产品应分配制造费用=27 000×0.35=9 450（元）

借：生产成本——A 产品　　10 500

　　　　　　——B 产品　　9 450

　　贷：制造费用　　19 950

三、完工产品成本的计算和结转

完工产品是指已经完成了规定的生产工序，并且已经具备了对外销售条件的各种产成品。工业企业生产过程中发生的各项生产费用，经过在各种产品之间的归集和分配，都已集中登记在“生产成本”的总账和明细账中。进行完工产品成本计算时，不仅要考虑这些产品所发生的直接材料和直接人工等消耗，还应当考虑月初、月末在产品的成本。当月初、月末都没有在产品时，本月发生的费用就等于本月完工产品的成本；如果月初、月末都有在产品时，本月发生的生产费用加上月初在产品成本之后的合计数额，还要在完工产品和在产品之间进行分配，计算完工产品成本。完工产品成本一般按下式计算：

完工产品成本=月初在产品成本+本月发生费用−月末在产品成本

由公式可见，计算月末在产品成本是计算完工产品成本的条件。工业企业的在产品是指生产过程中尚未完工的产品，企业应根据生产特点、月末在产品数量的多少、各项费用的比重大小以及定额管理基础的好坏等具体条件，采用适当的方法计算在产品成本。

在计算出当期完工产品成本后，对验收入库的产成品应结转成本，结转本期完工产品成本时，借记“库存商品”科目，贷记“生产成本”科目。

[例 9.4] 接[例 9.1]至[例 9.3]，东华公司将本月生产完工的 A 产品 100 件全部验收入库，生产成本为 89 700 元。B 产品全部尚未完工。

要求：编制东华公司结转完工 A 产品的会计分录。

[例题解答]

相关分录：

借：库存商品——A 产品　　89 700

　　贷：生产成本——A 产品　　89 700

将完工产品成本发生和结转总分类核算的账户设置及其记录方法归纳如图 9-2 所示。

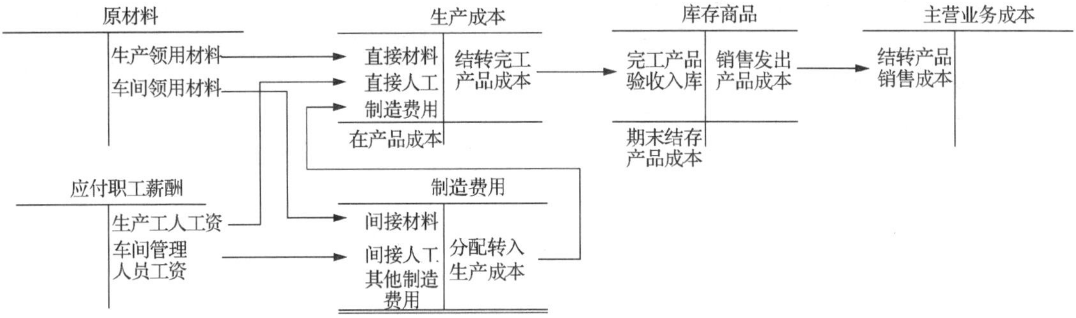

图 9-2　完工产品成本发生和结转总分类核算的账户设置及其记录方法

第三节　期间费用

期间费用是指企业当期发生的不能直接归属于某个特定产品成本的费用。由于期间费用是为组织和管理企业整个生产经营活动而发生的，与产品的生产没有直接关系，所以期间费用不能计入有关成本核算对象，而应在发生的当期直接计入当期损益。期间费用主要包括销售费用、管理费用和财务费用。

一、销售费用

（一）销售费用的内容

销售费用是指企业在销售产品过程中发生的各项费用以及为销售本企业产品而专设的销售机构的经营费用，包括包装费、运输费、装卸费、保险费、展览费、广告费、商品维修费，以及为销售本企业产品而专设的销售机构（销售网点、售后服务网点）的职工薪酬、业务费和折旧费等经营费用（企业内部销售部门所发生的费用，应列入管理费用）。

（二）销售费用的核算

企业应设置“销售费用”科目，核算发生的销售费用。企业发生的各项销售费用，借记“销售费用”科目，贷记“库存现金”“银行存款”“应付职工薪酬”等科目。月末，将“销售费用”科目的本月发生额全部转入“本年利润”科目，借记“本年利润”科目，贷记“销售费用”科目，结转后，该科目无余额。

[例 9.5] 东华公司 2021 年 3 月发生的销售费用包括以银行存款支付广告费 6 000 元，以银行存款支付应由公司负担的销售产品的运输费 1 200 元，本月分配给专设销售机构的职工工资 5 000 元，提取的职工福利费 700 元，月末将全部销售费用予以结转。

要求：编制东华公司确认和结转销售费用的会计分录。

[例题解答]

（1）银行存款支付广告费的会计分录：

借：销售费用	6 000	
贷：银行存款		6 000

（2）银行存款支付销售产品的运输费的会计分录：

借：销售费用	1 200	
贷：银行存款		1 200

（3）分配的专设销售机构的职工工资和福利费的会计分录：

借：销售费用	5 700	
贷：应付职工薪酬——工资		5 000
——福利费		700

（4）结转销售费用的会计分录：

借：本年利润	12 900	
贷：销售费用		12 900

二、管理费用

（一）管理费用的内容

管理费用是指企业为组织和管理企业生产经营活动所发生的费用，包括企业的董事会和行政管理部门在企业的经营管理中发生的或者应由企业统一负担的公司经费（包括行政管理人员工资、福利费、差旅费、办公费、折旧费）、董事会费、聘请中介机构费、诉讼费、业务招待费、研究费用、无形资产摊销等。

（二）管理费用的核算

企业应设置“管理费用”科目，核算发生的管理费用。企业发生的各项管理费用，借记“管理费用”科目，贷记“库存现金”“银行存款”“原材料”“应付职工薪酬”“累计折旧”“累计摊销”等科目。月末，将“管理费用”科目的本月发生额全部转入“本年利润”科目，借记“本年利润”科目，贷记“管理费用”科目，结转后，该科目无余额。

[例 9.6] 东华公司 2021 年 3 月发生以下管理费用，以银行存款支付业务招待费 7 800 元，计提管理部门使用的固定资产折旧费 8 000 元，分配管理人员工资 12 000 元，提取职工福利费 1 680 元，以银行存款支付董事会成员差旅费 4 200 元，摊销无形资产 2 200 元，月末结转管理费用。

要求：编制东华公司确认和结转管理费用的会计分录。

[例题解答]

（1）银行存款支付业务招待费的会计分录：

借：管理费用	7 800	
贷：银行存款		7 800

（2）计提管理部门使用的固定资产折旧费的会计分录：
借：管理费用　　8 000
　　贷：累计折旧　　8 000
（3）分配管理人员工资和福利费的会计分录：
借：管理费用　　13 680
　　贷：应付职工薪酬——工资　　12 000
　　　　　　　　　——福利费　　1 680
（4）银行存款支付董事会成员差旅费的会计分录：
借：管理费用　　4 200
　　贷：银行存款　　4 200
（5）摊销无形资产的会计分录：
借：管理费用　　2 200
　　贷：累计摊销　　2 200
（6）结转管理费用的会计分录：
借：本年利润　　35 880
　　贷：管理费用　　35 880

三、财务费用

（一）财务费用的内容

财务费用是指企业为筹集生产经营所需资金而发生的各项费用，包括利息净支出、汇兑净损失、金融机构手续费，以及筹集生产经营资金发生的其他费用等。

（二）财务费用的核算

企业应设置“财务费用”科目，核算发生的财务费用。企业发生的各项财务费用，借记“财务费用”科目，贷记“银行存款”科目。企业发生利息收入、汇兑收益时，借记“银行存款”科目，贷记“财务费用”科目。月末，将“财务费用”科目的本月发生额全部转入“本年利润”科目，借记“本年利润”科目，贷记“财务费用”科目，结转后，该科目无余额。

[例 9.7] 东华公司 2021 年 3 月发生如下事项，接银行通知，已划拨本月银行借款利息 4 000 元；银行转来存款利息 1 500 元。

要求：编制东华公司确认和结转财务费用的会计分录。

[例题解答]

（1）划拨本月银行借款利息的会计分录：
借：财务费用　　4 000
　　贷：银行存款　　4 000
（2）银行转来存款利息的会计分录：
借：银行存款　　1 500
　　贷：财务费用　　1 500
（3）结转财务费用的会计分录：
借：本年利润　　2 500
　　贷：财务费用　　2 500

第四节 其他损益

回顾我们学习过的损益类科目，主要有主营业务收入、主营业务成本、税金及附加、管理费用、销售费用、财务费用、资产减值损失、信用减值损失、资产处置损益、公允价值变动损益、投资收益等。以下对前文未详细讲解过的其他损益类科目进行简单介绍。

一、信用减值损失

现行企业会计准则要求以预期信用损失为基础计提金融资产损失准备。

预期信用损失，是指以发生违约的风险为权重的金融资产信用损失的加权平均值。

信用损失，是指企业按照原实际利率折算的、根据合同应收的所有合同现金流量与预期收取的所有现金流量之间的差额，即全部现金流短缺的现值。由于预期信用损失考虑付款的金额和时间分布，即使企业预计可以全额收款但收款时间晚于合同规定的到期期限，也会产生信用损失。

以预期信用损失为基础计提金融资产损失准备的方法，称为预期信用损失法或预期信用损失模型。采用预期信用损失法计提金融资产损失准备，不以信用减值已实际发生为前提，而是以未来可能的违约事件造成的损失的期望值来计量资产负债表日应当确认的损失准备，计提的损失计入“信用减值损失”科目。

二、资产减值损失

“资产减值”又称为资产减损，是指因外部因素、内部使用方式或使用范围发生变化，而对资产造成不利影响，导致资产使用价值降低，致使资产未来可流入企业的全部经济利益低于其现有的账面价值。当资产的可收回金额低于其账面价值时，即表明资产发生了减值，应当确认资产减值损失，并把资产的账面价值减记至可收回金额。

这里所指的资产包括固定资产、无形资产、长期股权投资等。资产负债表日，企业应当判断资产是否存在减值的迹象，如市价大幅度下降、资产陈旧过时等。如有确凿证据表明资产存在减值迹象的，应当在资产负债表日进行减值测试，估计可收回金额。

资产的可收回金额是指资产的公允价值减去处置费用后的净额与资产预计未来现金流量的现值两者之间的较高者。企业资产存在减值迹象的，应当估计其可收回金额，然后将所估计的资产可收回金额与账面价值相比较，以确定资产是否发生了减值，以及是否需要计提相应的减值准备并确认相应的资产减值损失。

三、营业外收入

营业外收入是指企业取得的与日常活动没有直接关系的各项利得，主要包括非流动资产毁损报废利得、政府补助利得、捐赠利得、盘盈利得等。

非流动资产毁损报废利得，是指因自然灾害等发生毁损、已丧失使用功能而报废的固定资产等非流动资产所产生的清理净收益。政府补助利得是指企业取得了与其日常活动无关的政府补助，如企业因遭受重大自然灾害而获得的政府补助。捐赠利得是指企业接受外部现金和非现金资产捐赠而获得的利得。盘盈利得是指企业在财产清查中发现的库存现金实存数额超过账面数额而获得的资产利得。

四、营业外支出

营业外支出，是指企业发生的与日常活动没有直接关系的各项损失，主要包括非流动资产毁损报废损失、捐赠支出、非常损失、盘亏损失等。非流动资产毁损报废损失是指因自然灾害等发生毁损、已丧失使用功能而报废的固定资产等非流动资产所产生的清理净损失。捐赠支出是指企业对外进行公益性和非公益性捐赠而付出资产的公允价值。非常损失是指企业由于自然灾害等客观因素造成的财产损失，在扣除保险公司赔款和残料价值后应计入当期损益的净损失。盘亏损失是指企业在财产清查中发现的固定资产实存数量少于账面数量而发生的资产短缺损失。

营业外收入和营业外支出所包括的收支项目互不相关，不存在配比关系，因此，不得以营业外支出直接冲减营业外收入，也不得以营业外收入抵补营业外支出。二者的发生金额应当分别核算。

五、所得税费用

企业所得税是对我国境内的企业和其他取得收入的组织的生产经营所得和其他所得征收的一种所得税，它形成企业的一项费用，我们称之为“所得税费用”，税法上的计算企业所得税的基础是“应纳税所得额”，通俗地讲，这个概念接近于企业的利润，我们称之为“会计利润”或者“税前利润”，但是企业会计准则和所得税法是基于不同目的、遵循不同原则分别制定的，二者在资产与负债的计量标准、收入和费用的确认原则等诸方面存在一定的分歧，导致企业一定期间按照企业会计准则的要求确认的会计利润往往不等于按税法规定计算的应纳税所得额。这就产生了新的会计问题，称之为“所得税会计”，本内容将在中级财务会计中介绍。我们简述下其基本内容，不作为介绍重点。

会计利润和应纳税所得额之间的差异按性质分为永久性差异和暂时性差异两个类型。永久性差异是指某一会计期间，由于会计准则和税法在计算收益、费用或损失时的口径不同，所产生的税前会计利润与应纳税所得额之间的差异。暂时性差异是指资产、负债的账面价值与其计税基础不同产生的差异，该差异的存在将影响未来期间的应纳税所得额。

所得税的会计处理方法包括应付税款法和纳税影响会计法，其中纳税影响会计法又有递延法和债务法之分，而债务法又具体分为利润表债务法和资产负债表债务法。我国现行企业会计准则，只允许采用资产负债表债务法进行所得税的会计处理。资产负债表债务法是从资产负债表出发，通过分析暂时性差异产生的原因及其性质，将其对未来所得税的影响分别确认为递延所得税负债和递延所得税资产，并在此基础上倒推出各期所得税费用的一种方法。因此，在资产负债表债务法下，利润表中的所得税费用是由当期所得税和递延所得税两部分构成。

第五节 利润及其分配

一、利润及其构成

（一）利润的概念

利润是指企业在一定会计期间的经营成果，包括收入减去费用后的金额、直接计入当期利润的利得和损失等。其中，直接计入当期利润的利得和损失，是指应当计入当期利润，最终会引起所有者权益发生增减变动的、与所有者投入资本或向所有者分配利润无关的利得或者损失。

收入减去费用后的金额反映的是企业日常活动的业绩，直接计入当期利润的利得和损失，反映的是企业非日常活动的业绩。企业应当严格划分收入和利得、费用和损失之间的界限，以更加准确地反映企业的经营业绩。

利润的确认，主要依赖于收入和费用以及直接计入当期利润的利得和损失的确认。利润金额的计量主要取决于收入和费用金额以及直接计入当期利润的利得和损失金额的计量。

（二）利润的构成

在利润表中，利润的金额分为营业利润、利润总额和净利润三个层次计算确定。

1. 营业利润

营业利润是指企业通过一定期间的日常活动取得的利润。营业利润的具体构成可用公式表示如下。

营业利润＝营业收入－营业成本－税金及附加－销售费用－管理费用－财务费用－信用减值损失－资产减值损失±公允价值变动净损益±投资收益±资产处置净损益

其中，营业收入是企业经营业务所实现的收入总额，包括主营业务收入和其他业务收入；营业成本是指企业经营业务所发生的实际成本总额，包括主营业务成本和其他业务成本；税金及附加是指企业经营业务应负担的税金及附加费用，如消费税、城市维护建设税、资源税、印花税等；资产处置净损益是指企业出售划分为持有待售的非流动资产（金融资产、长期股权投资和投资性房地产除外）或处置组（子公司和业务除外）时确认的处置利得或损失，以及处置（包括投资、非货币性资产交换、捐赠等）未划分为持有待售的固定资产、在建工程、无形资产等而发生的处置利得或损失。

2. 利润总额

利润总额是指企业一定期间的营业利润加上营业外收入减去营业外支出后的利润，即

利润总额＝营业利润＋营业外收入－营业外支出

其中，营业外收入和营业外支出，是指企业发生的与日常活动无直接关系的各项利得或损失。营业外收入与营业外支出，虽然与企业日常生产经营活动无直接关系，但站在企业主体的角度来看，二者同样是指经济利益的流入或流出，构成利润的一部分，对企业的盈亏状况，有着重要的影响。

3. 净利润

净利润是指企业一定期间的利润总额减去所得税费用后的金额，即：

净利润＝利润总额－所得税费用

其中，所得税费用是企业按照会计准则的规定确认的，应当从当期利润总额中扣除的当期所得税费用和递延所得税费用。

二、利润的结转与分配

（一）利润的结转

企业应设置“本年利润”科目，用于核算企业当期实现的净利润或发生的净亏损。会计期末，企业应将各损益类科目的余额转入“本年利润”科目，结平各损益类科目，这是结账分录的第一步。将收入类科目的余额转入“本年利润”科目时，应借记“主营业务收入”“其他业务

收入”等科目，贷记“本年利润”科目；将费用类科目的余额转入“本年利润”科目时，应借记“本年利润”科目，贷记“主营业务成本”“其他业务成本”等科目。期末结转损益类科目余额后，“本年利润”科目如为贷方余额反映期初至本期末累计实现的净利润；如为借方余额，反映期初至本期末累计发生的净亏损。

年度终了，企业应将收入和支出相抵后结出的余额，也就是“本年利润”科目余额，转入“利润分配——未分配利润”科目。如为净利润，借记“本年利润”科目，贷记“利润分配——未分配利润”科目，如为净亏损，借记“利润分配——未分配利润”科目，贷记“本年利润”科目，结转后“本年利润”科目应无余额。这是结账分录的第二步。

[例 9.8] 东华公司 2021 年度取得主营业务收入 5 000 万元，其他业务收入 1 800 万元，投资收益 800 万元，其他收益 120 万元，营业外收入 250 万元；发生主营总业务成本 3 500 万元，其他业务成本 1 400 万元，税金及附加 60 万元，销售费用 380 万元，管理费用 340 万元，财务费用 120 万元，资产减值损失 110 万元，信用减值损失 90 万元，公允价值变动净损失 100 万元，资产处置净损失 160 万元，营业外支出 210 万元；本年度确认的所得税费用为 520 万元。

要求：编制东华公司结转利润的会计分录。

[例题解答]

（1）2021 年 12 月 31 日，结转本年损益类科目余额的会计分录：

借：主营业务收入	50 000 000	
其他业务收入	18 000 000	
其他收益	1 200 000	
投资收益	8 000 000	
营业外收入	2 500 000	
贷：本年利润		79 700 000
借：本年利润	69 900 000	
贷：主营业务成本		35 000 000
其他业务成本		14 000 000
税金及附加		600 000
销售费用		3 800 000
管理费用		3 400 000
财务费用		1 200 000
公允价值变动损益		1 000 000
信用减值损失		900 000
资产减值损失		1 100 000
资产处置损益		1 600 000
营业外支出		2 100 000
所得税费用		5 200 000

（2）2021 年 12 月 31 日，结转本年净利润的会计分录：

借：本年利润	9 800 000	
贷：利润分配——未分配利润		9 800 000

（二）利润的分配

企业当期实现的净利润加上年初未分配利润或减去年初未弥补亏损后的余额为可供分配的利润。可供分配的利润一般按下列顺序分配。

（1）提取法定盈余公积，是指企业根据有关法律的规定，按照净利润的 10%提取的盈余公积，法定盈余公积累计金额超过注册资本的 50%以上时，可以不再提取。

（2）提取任意盈余公积，是指企业按照股东大会决议提取的盈余公积。

（3）应付现金股利或利润，是指企业按照利润分配方案分配给股东的现金股利，也包括非股份有限公司分配给投资者的利润。

（4）转作股本的股利，是指企业按照利润分配方案，以分派股票股利的形式转作股本的股利，也包括非股份有限公司以利润转增的资本。

企业应设置“利润分配”科目，核算利润的分配或亏损的弥补情况，以及历年积存的未分配利润或未弥补亏损。该科目还应当分别按提取法定盈余公积、提取任意盈余公积、应付现金股利或利润、转作股本的股利、盈余公积、补亏和未分配利润等进行明细核算。年度终了，企业应将“利润分配”科目所属其他明细科目余额转入“未分配利润”明细科目，这是结账分录的最后一步，这一步完成后，收入、费用、本年利润以及利润分配的其他明细科目余额都恢复到了零，只有“利润分配——未分配利润”这个明细科目有余额，这个余额表示企业累计实现的尚未分配的利润或者累计未弥补的亏损，在资产负债表的“未分配利润”中列示。

[例 9.9] 东华公司 2021 年度实现净利润 980 万元，按净利润的 10%提取法定盈余公积，按净利润的 15%提取任意盈余公积，向股东分派现金股利 350 万元。

要求：编制东华公司结转利润的会计分录。

[例题解答]

（1）提取盈余公积的会计分录：

借：利润分配——提取法定盈余公积　　980 000
　　　　　　——提取任意盈余公积　　1 470 000
　贷：盈余公积——提取法定盈余公积　　980 000
　　　　　　　——提取任意盈余公积　　1 470 000

（2）分配现金股利的会计分录：

借：利润分配——应付现金股利　　3 500 000
　贷：应付股利　　3 500 000

（3）结转“利润分配”科目所属其他明细科目余额的会计分录：

借：利润分配——未分配利润　　5 950 000
　贷：利润分配——提取法定盈余公积　　980 000
　　　　　　　——提取任意盈余公积　　1 470 000
　　　　　　　——应付现金股利　　3 500 000

将利润形成和结转核算的账户设置及其记录方法如图 9-3 所示。

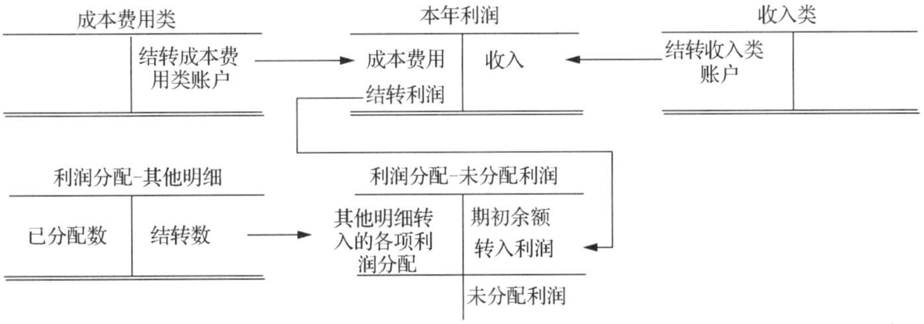

图 9-3　利润形成和结转核算的账户设置及其记录方法

管理延伸

1. 如何通过多步骤的利润计算分析企业的盈利能力？
2. 为什么会有制造费用？现行的分配制造费用方法的局限性体现在哪里？

关键词

生产成本；期间费用；本年利润；利润分配

思考题

1. 简述成本与费用的联系和区别。
2. 生产成本和期间费用有何区别？
3. 如何确定完工产品的生产成本？
4. 利润分配的具体内容构成有哪些？

自测题

一、单项选择题

1. 下列项目中不应计入期间费用的是（　　）。
   A. 建造厂房支出　　B. 广告费支出
   C. 短期借款利息支出　　D. 董事会会费
2. 以下账户期末肯定没有余额的是（　　）。
   A. 应收账款　　B. 生产成本　　C. 制造费用　　D. 盈余公积
3. 在下列各项中，属于制造费用内容的是（　　）。
   A. 企业管理部门人员的工资及福利费　　B. 企业管理部门固定资产的折旧费和修理费
   C. 生产车间管理人员的工资及福利费　　D. 产品销售部门人员的工资及福利费
4. 当企业生产完工的产品验收入库后，生产成本构成了（　　）。
   A. 产品生产费用　　B. 库存商品成本　　C. 材料采购成本　　D. 主营业务成本
5. 企业的法定盈余公积应当按照（　　）。
   A. 当期营业利润的10%提取　　B. 当期利润总额的10%提取
   C. 当期净利润的10%提取　　D. 当期可供分配利润的10%提取
6. 企业于会计期末结账时，“营业外收入”科目应当转入（　　）。
   A. “本年利润”科目的借方　　B. “本年利润”科目的贷方
   C. “利润分配”科目的借方　　D. “利润分配”科目的贷方
7. 年末结账后，“利润分配”账户的贷方余额表示（　　）。
   A. 本年实现的利润总额　　B. 本年实现的净利润额
   C. 本年利润分配总额　　D. 历年累计的未分配利润额

二、多项选择题

1. 工业企业产品生产成本一般由（　　）构成。

A. 直接材料　　B. 直接人工　　C. 制造费用　　D. 管理费用

2. 在下面的各种说法中，关于成本与费用区别的正确说法有（　　）。

A. 费用一般与一定的会计期间相联系　B. 成本一般与一定的成本核算对象相联系

C. 成本是已经对象化了的费用　D. 当期的成本不一定等于当期的费用

3. 下列项目中，影响营业利润项目的有（　　）。

A. 其他业务收入　B. 管理费用　C. 主营业务收入　D. 营业外收入

4. 在下列账户中，用于企业产品生产成本核算的账户有（　　）。

A. "生产成本"账户　B. "应付账款"账户

C. "预收账款"账户　D. "制造费用"账户

5. 在下列费用中，发生后可直接计入成本核算对象的有（　　）。

A. 直接材料　　B. 直接人工　　C. 管理费用　　D. 制造费用

6. 企业一定期间发生的下列损益中，影响利润总额的有（　　）。

A. 税金及附加　B. 公允价值变动净损益

C. 营业外收入　D. 营业外支出

三、判断题

1. 企业当期产生的成本应当等于当期发生的费用。（　　）

2. 在一定的范围内，成本与费用之间可以相互转化。（　　）

3. "财务费用"账户核算企业为筹集生产经营所需资金等而发生的筹资费用。（　　）

4. 销售费用是指企业在销售商品和材料、提供劳务的过程中发生的各种费用，也包括销售商品本身的成本，即主营业务成本。（　　）

5. 企业发生的期间费用直接确认为当期费用，即计入当期损益。（　　）

6. 营业利润是指营业收入扣减营业成本和税金及附加后的差额。（　　）

7. 利润总额不仅仅指营业利润，还包括营业外收支净额。（　　）

四、计算与账务处理题

1. 2021 年 10 月，鸿运公司将生产车间本月发生的制造费用 33 600 元以生产工人工资为标准分配计入 A、B 两种产品的生产成本，A 产品的生产工人工资为 65 000 元，B 产品的生产工人工资为 47 000 元。

要求：计算 A、B 两种产品应分配的制造费用，并编制结转制造费用的分录。

2. 2021 年 11 月，鸿运公司将本月完工的 A 产品 200 件验收入库，本月 A 产品发生的生产费用为 76 000 元，月初在产品为 32 000 元。

要求：计算 A 产品的成本，并编制验收入库的会计分录。

3. 2021 年 11 月，鸿运公司发生管理费用 28 000 元，销售费用 24 000 元，财务费用 18 000 元。

要求：编制管理费用、销售费用、财务费用结转到本年利润的会计分录。

4. 2021 年年末，鸿运公司实现年度净利润 780 万元。

要求：编制鸿运公司结转净利润的会计分录。

5. 2021 年年末，鸿运公司按净利润（780 万元）的 10%提取法定盈余公积。

要求：编制鸿运公司计提法定盈余公积的会计分录。

五、综合练习

1. 凯达公司本月发生如下经济业务：

（1）公司编制的本月"发出材料汇总表"汇总结果如下：生产 A 产品耗用材料 60 000 元，生产 B 产品耗用材料 55 000 元，车间一般性材料消耗 2 000 元。

（2）公司计算出本月应付各类人员的工资数额为：生产 A 产品工人工资 25 000 元，生产 B

产品工人工资 15 000 元，生产车间管理人员工资 6 000 元。

（3）公司按各类人员实际发生的工资支出计算相应福利费（工资数额的 14%）。

（4）公司用银行存款支付本月生产车间水电费 1 200 元。

（5）月末，公司用银行存款支付生产车间本月用于固定资产修理的费用 400 元。

（6）月末，公司计提本月生产车间固定资产折旧 2 000 元。

（7）月末，公司将生产车间本月发生的制造费用以生产工人工资为分配标准分配计入 A、B 两种产品的生产成本。

要求：根据所给资料计算有关数字并编制会计分录。

2. 凯达公司 2021 年度取得主营业务收入 12 000 万元，其他业务收入 2 000 万元，投资净收益 300 万元，营业外收入 700 万元；发生主营业务成本 7 000 万元，其他业务成本 1 000 万元，税金及附加 100 万元，销售费用 500 万元，管理费用 300 万元，财务费用 80 万元，资产减值损失 100 万元，公允价值变动净损失 120 万元，营业外支出 200 万元；所得税率 25%（以利润总额的 25%计算所得税）。假设本年实现的净利润按 10%提取盈余公积金，向股东分派现金股利 400 万。

要求：根据所给资料计算有关数字并编制会计分录：（1）计算利润总额、所得税和净利润；（2）结转各种收入和费用损失；（3）结转净利润；（4）分配利润；（5）结转“利润分配”其他明细科目的余额。

第十章

综合案例与会计报表

引言

2015 年乐视网实现营业收入 130.17 亿元，同比增长 91%，归属于上市公司股东的净利润为 5.73 亿元，同比增长 57%。光鲜的营业收入与净利润背后，乐视网的财务数据存在种种反常。透视净利润的形成过程，不难发现乐视网有着极低的营业利润率，而政府补助、负数的所得税费用以及巨额亏损的少数股东损益使乐视净利润得到美化。2017 年 4 月，乐视网发布公告称，公司收到北京证监局送达的《行政处罚决定书》，因公司 2007 年至 2016 年连续十年财务造假等，北京证监局对公司合计罚款 2.4 亿元。

对一个企业的了解，我们往往是从阅读其会计报表开始的，会计报表是否真实、客观反映了企业的财务状况和经营成果，需要报表阅读者运用专业的知识去判断。为此，我们需要了解会计报表的编制过程，以更好地理解其会计信息。

学习目标

1. 掌握账簿的设置与登记；
2. 掌握试算平衡表的编制；
3. 掌握报表的性质与编制方法。

第一节 综合案例

我们通过介绍一个较大的案例，对东华公司发生的主要经济业务活动填制会计分录、登记账户、试算平衡以及编制报表。本节先完成填制会计分录、登记账户、试算平衡的工作，下一节完成三张会计报表的编制工作。

一、案例资料

[例 10.1] 东华公司为增值税一般纳税人，增值税税率为 13%，所得税税率为 25%。该公司 2020 年 12 月 31 日的资产负债表（简表，见表 10-1）和 2021 年全年的主要经济活动如下。

表 10-1　资产负债表

编制单位：东华公司　　2020 年 12 月 31 日　　单位：元

资产	年末余额	负债和所有者权益	年末余额
流动资产：		流动负债：	
货币资金	180 558 000	短期借款	135 000 000
交易性金融资产		应付票据	
应收票据		应付账款	183 000 000
应收账款	120 000 000	应付职工薪酬	16 000 000

续表

资产	年末余额	负债和所有者权益	年末余额
减：坏账准备	（600 000）	应交税费	
其他应收款	530 000	应付利息	
存货	364 000 000	其他应付款	560 000
其他流动资产		其他流动负债	
流动资产合计	664 488 000	流动负债合计	334 560 000
非流动资产：		非流动负债：	
其他债权投资		长期借款	290 000 000
债权投资		应付债券	
长期股权投资		预计负债	
固定资产	780 000 000	递延所得税负债	
减：累计折旧	（170 000 000）	非流动负债合计	290 000 000
工程物资	23 000 000	负债合计	624 560 000
在建工程	43 400 000	所有者权益：	
无形资产		股本（每股面值 1 元）	100 000 000
长期待摊费用		资本公积	250 000 000
递延所得税资产		盈余公积	150 000 000
非流动资产合计	676 400 000	未分配利润	216 328 000
		所有者权益合计	716 328 000
资产总计	1 340 888 000	负债和所有者权益总计	1 340 888 000

表中货币资金 180 558 000 元由库存现金 55 000 元、银行存款 175 503 000 元和其他货币资金 5 000 000 元组成。存货 364 000 000 元由原材料 125 000 000 元、产成品 226 000 000 元和半成品 13 000 000 元组成。

东华公司 2021 年全年发生的经济业务如下。

（1）2020 年东华公司实现净利润 8 000 万元，董事会提出的利润分配方案经过股东大会批准通过，按净利润的 10%和 15%提取法定盈余公积和分配现金股利，股利已支付。

（2）2021 年 1 月 1 日发行 5 年期债券用于工程建设（工程建设期为 2021 年 1 月 1 日至 2022 年 12 月 31 日），票面利率 6%，面值 2 000 万元，发行价格为 2 000 元，款项已收到并存入银行。利息每年支付一次，本金到期偿还。

（3）购买生产经营使用的原材料，增值税专用发票上注明的价款为 4 000 万元，增值税税率 13%，款项尚未支付。

（4）购买不需要安装的生产用设备一台，取得的增值税专用发票上注明的价款为 500 万元，增值税税额为 65 万元，款项已付。

（5）10 月 1 日，购买 A 公司股票作为短期理财投资，支付的购买价款为 600 万元。

（6）工程领用工程物资 1 500 万元，生产领用原材料 12 000 万元。

（7）本期销售产品实现收入 3 亿元，增值税税率 13%，该批商品成本为 2.2 亿元。款项已收并存入银行。本期提供劳务实现收入 5 000 万元，增值税税率 6%。款项尚未收到。

（8）本年水电气等费用支出为 2 200 万元，其中生产部门、车间管理部门、工程建造和行政管理部门应负担的比例为 1 000 万元、200 万元、600 万元和 400 万元，已通过银行转账支付。

（9）结算本年应付职工薪酬 1.2 亿元。其中，生产部门、车间管理部门、在建工程、行政管理部门和销售部门分别为 5 000 万元、1 000 万元、4 000 万元、1 200 万元和 800 万元，同时按 10%、12%和 8%分别计提医疗保险费、养老保险费和住房公积金，另按职工工资总额的 2%和 1.5%计提工会经费和职工教育经费。

（10）本期收回应收账款 8 000 万元，归还应付账款 1 亿元、短期借款 6 000 万元、长期借款 13 000 万元。

（11）本期共支付借款利息 3 800 万元，其中 1 800 万元为工程专用借款利息。

（12）本期支付应付工资 1.1 亿元，其中在建工程人员工资 4 000 万元。

（13）计提 2021 年 1 月 1 日发行的债券利息，10 月 1 日购买的股票期末市价为 620 万元。

（14）计提固定资产折旧，会计上使用直线法，本年计提 5 200 万元，其中生产部门 3 000 万元，车间管理部门 700 万元，工程部门 1 000 万元，行政管理部门 500 万元。税法允许的折旧方法和折旧年限与会计规定相同。

（15）本年发生一笔坏账 20 万元，年末按应收账款约的 5‰计提坏账准备。

（16）出售一台闲置的设备，原价 1 200 万元，累计折旧 900 万元，出售价款为 250 万元，开具的增值税专用发票上注明增值税额 32.5 万元，价款和增值税已收到并存入银行。

（17）期末在产品完工率 80%，结转完工产品的成本。

（18）本年以银行存款支付广告宣传等销售费用 600 万元。

（19）计算本期的所得税费用。所得税的核算采用简化方法，按照会计利润的 25%计算确认。缴纳本期的增值税和所得税费用。

（20）结转本年利润。

要求：对东华公司 2021 年上述主要经济业务编制会计分类、登记账户和编制试算平衡表。

二、编制会计分录

		借方	贷方
（1）a	借：利润分配——提取法定盈余公积	8 000 000	
	——应付现金股利	12 000 000	
	贷：盈余公积		8 000 000
	应付股利		12 000 000
（1）b	借：利润分配——未分配利润	20 000 000	
	贷：利润分配——提取法定盈余公积		8 000 000
	——应付现金股利		12 000 000
（1）c	借：应付股利	12 000 000	
	贷：银行存款		12 000 000
（2）	借：银行存款	20 000 000	
	贷：应付债券——面值		20 000 000
（3）	借：原材料	40 000 000	
	应交税费——应交增值税（进项税额）	5 200 000	
	贷：应付账款		45 200 000
（4）	借：固定资产	5 000 000	
	应交税费——应交增值税（进项税额）	650 000	
	贷：银行存款		5 650 000
（5）	借：交易性金融资产——A 股票（成本）	6 000 000	
	贷：银行存款		6 000 000

（6）a 借：在建工程 15 000 000
贷：工程物资 15 000 000

（6）b 借：生产成本 120 000 000
贷：原材料 120 000 000

（7）a 借：银行存款 339 000 000
贷：主营业务收入 300 000 000
应交税费——应交增值税（销项税额） 39 000 000

（7）b 借：主营业务成本 220 000 000
贷：库存商品 220 000 000

（7）c 借：应收账款 53 000 000
贷：其他业务收入 50 000 000
应交税费——应交增值税（销项税额） 3 000 000

（8） 借：生产成本 10 000 000
制造费用 2 000 000
在建工程 6 000 000
管理费用 4 000 000
贷：银行存款 22 000 000

（9） 借：生产成本 66 750 000
制造费用 13 350 000
在建工程 53 400 000
管理费用 16 020 000
销售费用 10 680 000
贷：应付职工薪酬 160 200 000

（10）a 借：银行存款 80 000 000
贷：应收账款 80 000 000

（10）b 借：应付账款 100 000 000
贷：银行存款 100 000 000

（10）c 借：短期借款 60 000 000
贷：银行存款 60 000 000

（10）d 借：长期借款 130 000 000
贷：银行存款 130 000 000

（11） 借：在建工程 18 000 000
财务费用 20 000 000
贷：银行存款 38 000 000

（12） 借：应付职工薪酬 110 000 000
贷：银行存款 110 000 000

（13）a 借：在建工程 1 200 000
贷：应付利息 1 200 000

（13）b 借：交易性金融资产——A 股票（公允价值变动）200 000
贷：公允价值变动损益 200 000

（14）	借：制造费用	37 000 000	
	在建工程	10 000 000	
	管理费用	5 000 000	
	贷：累计折旧		52 000 000
（15）a	借：坏账准备	200 000	
	贷：应收账款		200 000
（15）b	借：信用减值损失	64 000	
	贷：坏账准备		64 000
（16）a	借：固定资产清理	3 000 000	
	累计折旧	9 000 000	
	贷：固定资产		12 000 000
（16）b	借：银行存款	2 825 000	
	贷：固定资产清理		2 500 000
	应交税费——应交增值税（销项税额）		325 000
（16）c	借：资产处置损益	500 000	
	贷：固定资产清理		500 000
（17）a	借：生产成本	52 350 000	
	贷：制造费用		52 350 000
（17）b	借：库存商品	209 680 000	
	贷：生产成本		209 680 000
（18）	借：销售费用	6 000 000	
	贷：银行存款		6 000 000
（19）a	借：所得税费用	16 984 000	
	贷：应交税费——应交所得税		16 984 000
（19）b	借：应交税费——应交增值税（已交税金）	36 475 000	
	——应交所得税	16 984 000	
	贷：银行存款		53 459 000
（20）a	借：主营业务收入	300 000 000	
	其他业务收入	50 000 000	
	公允价值变动损益	200 000	
	贷：本年利润		350 200 000
（20）b	借：本年利润	299 248 000	
	贷：主营业务成本		220 000 000
	销售费用		16 680 000
	管理费用		25 020 000
	财务费用		20 000 000
	信用减值损失		64 000
	资产处置损失		500 000
	所得税费用		16 984 000
（20）c	借：本年利润	50 952 000	
	贷：利润分配——未分配利润		50 952 000

三、登记账户

库存现金

期初余额	55 000		
本期发生额	0	0	
期末余额	55 000		

其他货币资金

期初余额	5 000 000		
本期发生额	0	0	
期末余额	5 000 000		

应收账款

期初余额	120 000 000		
（7）c	53 000 000	80 000 000	（10）a
		200 000	（15）a
本期发生额	53 000 000	80 200 000	
期末余额	92 800 000		

银行存款

期初余额	175 503 000		
（2）	20 000 000	12 000 000	（1）c
（7）a	339 000 000	5 650 000	（4）
（10）a	80 000 000	6 000 000	（5）
（16）b	2 825 000	22 000 000	（8）
		100 000 000	（10）b
		60 000 000	（10）c
		130 000 000	（10）d
		38 000 000	（11）
		110 000 000	（12）
		6 000 000	（18）
		53 459 000	（19）b
本期发生额	441 825 000	543 109 000	
期末余额	74 219 000		

坏账准备

期初余额		600 000	
（15）a	200 000	64 000	（15）b
本期发生额	200 000	64 000	
期末余额		464 000	

其他应收款

期初余额	530 000		
本期发生额	0	0	
期末余额	530 000		

原材料

期初余额	125 000 000		
（3）	40 000 000	120 000 000	（6）b
本期发生额	40 000 000	120 000 000	
期末余额	45 000 000		

库存商品

期初余额	226 000 000		
（17）b	209 680 000	220 000 000	（7）b
本期发生额	209 680 000	220 000 000	
期末余额	215 680 000		

生产成本

期初余额	13 000 000		
（6）b	120 000 000	209 680 000	（17）b
（8）	10 000 000		
（9）	66 750 000		
（17）a	52 350 000		
本期发生额	249 100 000	209 680 000	
期末余额	52 420 000		

交易性金融资产

期初余额			
（5）	6 000 000		
（13）b	200 000		
本期发生额	6 200 000	0	
期末余额	6 200 000		

固定资产

期初余额	780 000 000		
（4）	5 000 000	12 000 000	（16）a
本期发生额	5 000 000	12 000 000	
期末余额	773 000 000		

累计折旧

期初余额		170 000 000	
（16）a	9 000 000	52 000 000	（14）
本期发生额	9 000 000	52 000 000	
期末余额		213 000 000	

工程物资

期初余额	23 000 000		
		15 000 000	（6）a
本期发生额	0	15 000 000	
期末余额	8 000 000		

在建工程

期初余额	43 400 000	
（6）a	15 000 000	
（8）	6 000 000	
（9）	53 400 000	
（11）	18 000 000	
（13）a	1 200 000	
（14）	10 000 000	
本期发生额	103 600 000	0
期末余额	147 000 000	

短期借款

期初余额		135 000 000
（10）c	60 000 000	
本期发生额	60 000 000	
期末余额		75 000 000

应付账款

期初余额		183 000 000	
（10）b	100 000 000	45 200 000	（3）
本期发生额	100 000 000	45 200 000	
期末余额		128 200 000	

应付职工薪酬

期初余额		16 000 000	
（12）	110 000 000	160 200 000	（9）
本期发生额	110 000 000	160 200 000	
期末余额		66 200 000	

应交税费——应交增值税

期初余额			
（3）	5 200 000	39 000 000	（7）a
（4）	650 000	3 000 000	（7）c
（19）b	36 475 000	325 000	（16）b
本期发生额	42 325 000	42 325 000	

应交税费——应交所得税

期初余额			
（19）b	16 984 000	16 984 000	（19）a
本期发生额	16 984 000	16 984 000	

应付利息

期初余额			
		1 200 000	（13）a
本期发生额	0	1 200 000	
期末余额		1 200 000	

其他应付款

期初余额		560 000
本期发生额	0	0
期末余额		560 000

长期借款

期初余额		290 000 000
（10）d	130 000 000	
本期发生额	130 000 000	0
期末余额		160 000 000

应付股利

期初余额			
（1）c	12 000 000	12 000 000	（1）a
本期发生额	12 000 000	12 000 000	

股本

期初余额		100 000 000
本期发生额	0	0
期末余额		100 000 000

资本公积

期初余额		250 000 000
本期发生额	0	0
期末余额		250 000 000

盈余公积

期初余额		150 000 000	
		8 000 000	（1）a
本期发生额	0	8 000 000	
期末余额		158 000 000	

利润分配——未分配利润

期初余额		216 328 000	
（1）b	20 000 000	50 952 000	（20）c
本期发生额	20 000 000	50 952 000	
期末余额		247 280 000	

制造费用

期初余额			
（8）	2 000 000	52 350 000	（17）a
（9）	13 350 000		
（14）	37 000 000		
本期发生额	52 350 000	52 350 000	

固定资产清理

期初余额			
（16）a	3 000 000	2 500 000	（16）b
		500 000	（16）c
本期发生额	3 000 000	3 000 000	

应付债券

期初余额			
		20 000 000	（2）
本期发生额	0	20 000 000	
期末余额		20 000 000	

主营业务收入

期初余额			
（20）b	300 000 000	300 000 000	（7）a
本期发生额	300 000 000	300 000 000	

主营业务成本

期初余额			
（7）b	220 000 000	220 000 000	（20）b
本期发生额	220 000 000	220 000 000	

其他业务收入

期初余额			
（20）b	50 000 000	50 000 000	（7）c
本期发生额	50 000 000	50 000 000	

销售费用

期初余额			
（9）	10 680 000	16 680 000	（20）b
（18）	6 000 000		
本期发生额	16 680 000	16 680 000	

管理费用

期初余额			
（8）	4 000 000	25 020 000	（20）b
（9）	16 020 000		
（14）	5 000 000		
本期发生额	25 020 000	25 020 000	

财务费用

期初余额			
（10）	20 000 000	20 000 000	（20）b
本期发生额	20 000 000	20 000 000	

信用减值损失

期初余额			
（15）b	64 000	64 000	（20）b
本期发生额	64 000	64 000	

公允价值变动损益

期初余额			
（20）a	200 000	200 000	（13）b
本期发生额	200 000	200 000	

资产处置损益

期初余额			
（16）c	500 000	500 000	（20）b
本期发生额	500 000	500 000	

所得税费用

期初余额			
（19）a	16 984 000	16 984 000	（20）b
本期发生额	16 984 000	16 984 000	

本年利润

期初余额			
（20）b	299 248 000	350 200 000	（20）a
（20）c	50 952 000		
本期发生额	350 200 000	350 200 000	

利润分配——提取法定盈余公积

期初余额			
（1）a	8 000 000	8 000 000	（1）b
本期发生额	8 000 000	8 000 000	

利润分配——应付现金股利

期初余额			
（1）a	12 000 000	12 000 000	（1）b
本期发生额	12 000 000	12 000 000	

四、编制试算平衡表

根据上述各账户余额，编制东华公司试算平衡表，如表 10-2 所示。

表 10-2　　试算平衡表

编制单位：东华公司　　2021 年 12 月 31 日　　单位：元

项目	借方余额	贷方余额
库存现金	55 000	
银行存款	74 219 000	
其他货币资金	5 000 000	
交易性金融资产	6 200 000	
应收账款	92 800 000	
坏账准备		464 000
其他应收款	530 000	
原材料	45 000 000	
库存商品	215 680 000	
生产成本	52 420 000	
工程物资	8 000 000	
在建工程	147 000 000	
固定资产	773 000 000	
累计折旧		213 000 000
短期借款		75 000 000
应付账款		128 200 000
应付职工薪酬		66 200 000
应付利息		1 200 000
其他应付款		560 000
长期借款		160 000 000
应付债券		20 000 000
股本		100 000 000
资本公积		250 000 000
盈余公积		158 000 000
未分配利润		247 280 000
合计	1 419 904 000	1 419 904 000

第二节　会计报表

一、资产负债表

资产负债表是反映企业在某一特定日期（资产负债表日）财务状况的会计报表。资产负债表提供了企业某一特定日期的资产总额及其结构，表明企业拥有或控制的资源以及资源的分布情况；可以提供企业的负债总额及其结构，反映企业的偿债能力；可以提供所有者所拥有的权益情况，反映企业的资本保值、增值的能力及对负债的保障程度。

通过上节的试算结果，我们可以编制东华公司 2021 年 12 月 31 日的资产负债表，见表 10-3，大部分的会计报表项目与会计账户（一级账户）的期末余额相对应，需要调整的项目说明有：货币资金由库存现金、银行存款和其他货币资金相加得到；存货由原材料、产成品、在产品（生产成本）相加得到；应收账款可以先列示总额再减去坏账准备，或直接以净额列示；固定资产可以先列示原值再减去累计折旧，或直接以净额列示。

表 10-3　　资产负债表

编制单位：东华公司　　2021 年 12 月 31 日　　单位：元

资产	年末余额	年初余额	负债和所有者权益	年末余额	年初余额
流动资产：			流动负债：		
货币资金	79 274 000	180 558 000	短期借款	75 000 000	135 000 000
交易性金融资产	6 200 000		应付票据		
应收票据			应付账款	128 200 000	183 000 000
应收账款	92 800 000	120 000 000	应付职工薪酬	66 200 000	16 000 000
减：坏账准备	（464 000）	（600 000）	应交税费		
其他应收款	530 000	530 000	应付利息	1 200 000	
存货	313 100 000	364 000 000	其他应付款	560 000	560 000
其他流动资产			其他流动负债		
流动资产合计	491 440 000	664 488 000	流动负债合计	271 160 000	334 560 000
非流动资产：			非流动负债：		
其他债权投资			长期借款	160 000 000	290 000 000
债权投资			应付债券	20 000 000	
长期股权投资			预计负债		
固定资产	773 000 000	780 000 000	递延所得税负债		
减：累计折旧	（213 000 000）	（170 000 000）	非流动负债合计	180 000 000	290 000 000
工程物资	8 000 000	23 000 000	负债合计	451 160 000	624 560 000
在建工程	147 000 000	43 400 000	所有者权益：		
无形资产			股本（每股面值 1 元）	100 000 000	100 000 000
长期待摊费用			资本公积	250 000 000	250 000 000
递延所得税资产			盈余公积	158 000 000	150 000 000
非流动资产合计	715 000 000	676 400 000	未分配利润	247 280 000	216 328 000
			所有者权益合计	755 280 000	716 328 000
资产总计	1 206 440 000	1 340 888 000	负债和所有者权益总计	1 206 440 000	1 340 888 000

二、利润表

我们也可以编制东华公司 2021 年的利润表，见表 10-4。利润表是反映企业一定期间经营成果的会计报表。利润表是以会计损益类账户本期发生额为基础编制的。利润表通常分为单步式利润表和多步式利润表。多步式利润表可以提供更多的信息。我国企业应提供多步式利润表。

表 10-4　　利润表

编制单位：东华公司　　2021 年度　　单位：元

项目	本年金额	上年金额
一、营业收入	350 000 000	
减：营业成本	220 000 000	
销售费用	16 680 000	
管理费用	25 020 000	
财务费用	20 000 000	
信用减值损失	64 000	
加：公允价值变动收益	200 000	
投资收益	0	
资产处置收益	（500 000）	

续表

项目	本年金额	上年金额
二、营业利润	67 936 000	
加：营业外收入	0	
减：营业外支出	0	
三、利润总额	67 936 000	
减：所得税费用	16 984 000	
四、净利润	50 952 000	
五、基本每股收益（元/股）	0.509 5	

三、现金流量表

现金流量表是反映企业一定会计期间现金和现金等价物流入和流出的会计报表。编制现金流量表的主要目的是为报表使用者提供企业一定会计期间现金和现金等价物流入和流出的信息，便于报表使用者了解和评价企业获取现金和现金等价物的能力。现金流量表中的现金概念是广义的现金，指现金及现金等价物，具体包括库存现金、银行存款、其他货币资金和现金等价物等。现金等价物是指企业持有的期限短、流动性强、易于转换为已知金额的现金、价值变动风险很小的投资，如在证券市场上购买的三个月内到期的短期债券可视为现金等价物。

现金流量表可以反映现金与非现金各个项目之间的增减变动。按照企业发生的经济业务性质，将一定时期内产生的现金流量分为经营活动、投资活动和筹资活动的现金流入和流出情况，现金流量表编制的基础是收付实现制。

我国现行的现金流量表分为主表和附注两个部分，主表按直接法表达经营活动产生的现金流量、同时揭示投资活动和筹资活动的现金流量，附注按间接法重新计算与表达经营活动现金流量以及不涉及现金的重大投资和筹资活动。

按直接法编制的现金流量表中，各项目的内容如下。

（一）经营活动产生的现金流量

（1）销售商品、提供劳务收到的现金，为本期或前期销售商品、提供劳务收回的现金，包括向购买者收取的增值税销项税额。

（2）收到的税费返还，包括收到的所得税、增值税等返还款。

（3）收到的其他与经营活动有关的现金，是指除上述项目外收到的其他与经营活动有关的现金，如罚款收入、经营租赁固定资产收到的租金收入、个人赔款等。

（4）购买商品、接受劳务支付的现金，包括为本期或前期购买存货支付的现金和支付的增值税进项税额。

（5）支付给职工以及为职工支付的现金，包括实际支付给职工的工资、社会保险费等，但支付给工程人员的公司社保、社会保险费等在购建固定资产、无形资产和其他长期资产支付的现金项目中反映。

（6）支付的各项税费，为本期实际支付和预交的所得税、增值税等。

（7）支付的其他与经营活动有关的现金，是指除上述项目外支付的其他与经营活动有关的现金，如罚款支出、业务招待费、保险费等。

（二）投资活动产生的现金流量

（1）收回投资收到的现金，包括出售股票投资、债券投资等收到的现金。

（2）取得投资收益收到的现金，反映股票投资收到的股利收入和债券利息收入。

（3）处置固定资产、无形资产和其他长期资产收到的现金净额，指处置固定资产、无形资产和其他长期资产收到的收入净额。

（4）购建固定资产、无形资产和其他长期资产支付的现金，包括企业购买、建造固定资产，取得无形资产，或其他长期资产支付的现金，包括为购建长期资产支付的增值税和工程及相关人员的工资和社会保险费等。

（5）投资支付的现金，是指进行股票和债券投资实际支付的现金，如企业购买债券中所含的利息以及溢价或折价金额，均按实际支付的金额反映，包括支付的佣金和手续费等现金支出。

企业购买股票和债券时，实际支付的价款中包含已宣告但尚未领取的现金股利或已到付息期但尚未领取的债券利息，在“支付的其他与投资活动有关的现金项目”中列示。

（6）支付的其他与投资活动有关的现金，是指除以上各项目外支付的其他与投资活动有关的现金。

（三）筹资活动产生的现金流量

（1）吸收投资收到的现金，是指发行股票和债券收到的款项。

（2）取得借款收到的现金，是指举借各种短期、长期借款而收到的现金。

（3）收到的其他与筹资活动有关的现金，是指除上述项目外收到的其他与筹资活动有关的现金。

（4）偿还债务支付的现金，是指本期偿还各类债务的本金支付的现金。

（5）分配股利、利润和偿付利息支付的现金，是指企业实际支付的利润、现金股利、借款利息等。包括购建固定资产、无形资产和其他长期资产而发生的借款利息资本化部分。

（6）支付的其他与筹资活动有关的现金，是指除上述项目外支付的其他与筹资活动有关的现金。

因为现金流量表要素不受到我们账户体系的直接支持，所以直接法下现金流量表的各个项目的填写需要通过分析“现金及现金等价物”的借贷方发生额填列。如果企业在信息系统的初始设置时，在相关账户设置了三类活动的现金流量的明细核算，那么期末也可以从系统中自动生成现金流量表。东华公司现金流量表见表 10-5。

表 10-5　　现金流量表

编制单位：东华公司　　2021 年度　　单位：元

项目	分析填列	本期金额
一、经营活动产生的现金流量		
销售商品、提供劳务收到的现金	（7）a　339 000 000 （10）a　80 000 000	419 000 000
收到的税费返还		
收到的其他与经营活动有关的现金	（16）b　325 000	325 000
经营活动现金流入小计		419 325 000
购买商品、接受劳务支付的现金	（8）　12 000 000 （10）　100 000 000	112 000 000
支付给职工以及为职工支付的现金	（12）　70 000 000	70 000 000
支付的各项税费	（4）　650 000 （19）b　53 459 000	54 109 000
支付其他与经营活动有关的现金	（8）　4 000 000 （18）　6 000 000	10 000 000
经营活动现金流出小计		246 109 000
经营活动产生的现金流量净额		173 216 000
二、投资活动产生的现金流量		
收回投资收到的现金		

续表

项目	分析填列	本期金额
取得投资收益收到的现金		
处置固定资产、无形资产和其他长期资产收到的现金净额	(16) b 2 500 000	2 500 000
处置子公司及其他营业单位收到的现金净额		
收到其他与投资活动有关的现金		
投资活动现金流入小计		2 500 000
购建固定资产、无形资产和其他长期资产支付的现金	(4) 5 000 000 (8) 6 000 000 (12) 40 000 000	51 000 000
投资支付的现金	(5) 6 000 000	6 000 000
取得子公司及其他营业单位支付的现金净额		
支付的其他与投资活动有关的现金		
投资活动现金流出小计		57 000 000
投资活动产生的现金流量净额		(54 500 000)
三、筹资活动产生的现金流量		
吸收投资收到的现金	(2) 20 000 000	20 000 000
取得借款收到的现金		
收到的其他与筹资活动有关的现金		
筹资活动现金流入小计		20 000 000
偿还债务支付的现金	(10) 190 000 000	190 000 000
分配股利、利润或偿付利息支付的现金	(1) 12 000 000 (11) 38 000 000	50 000 000
支付的其他与筹资活动有关的现金		
筹资活动现金流出小计		240 000 000
筹资活动产生的现金流量净额		(220 000 000)
四、汇率变动对现金及现金等价物的影响		0
五、现金及现金等价物净增加额		(101 284 000)
加：期初现金及现金等价物余额		180 558 000
六、期末现金及现金等价物余额		79 274 000

关键词

资产负债表；利润表；现金流量表

思考题

1. 简述资产负债表、利润表和现金流量表三类报表之间的关系。
2. 利润表按多步式编制的优点是什么？
3. 现金流量表的内容有哪些？

自测题

一、单项选择题

1. 依照我国的企业会计准则，资产负债表采用的格式为（ ）。
   A. 单步报告式　B. 多步报告式　C. 账户式　D. 混合式

2. 按照会计报表反映的经济内容分类，资产负债表属于（　　）。

A. 财务状况报表　B. 经营成果表　C. 对外报表　D. 月报

3. 以“收入-费用=利润”这一会计等式作为编制依据的财务报表是（　　）。

A. 资产负债表　B. 利润表

C. 所有者权益变动表　D. 现金流量表

4. 现金流量表的编制基础是（　　）。

A. 权责发生制　B. 收付实现制　C. 间接法　D. 直接法

5. 下列能引起现金流量净额发生变动的业务是（　　）。

A. 将现金存入银行　B. 用一台设备清偿 50 万元的债务

C. 用现金购买 1 个月到期的债券　D. 用现金支付购买材料款

二、多项选择题

1. 在资产负债表中，流动资产项目包括（　　）。

A. 无形资产　B. 交易性金融资产　C. 应收账款　D. 存货

2. 资产负债表中的“存货”项目是根据有关账户的期末余额的合计数减去其备抵账户期末余额后的金额填列，这些账户包括（　　）。

A. 库存商品　B. 原材料　C. 生产成本　D. 工程物资

3. 利润表的格式主要有（　　）两种。

A. 多步式利润表　B. 单步式利润表　C. 账户式　D. 报告式

4. 现金流量表中的“现金”包括（　　）。

A. 库存现金　B. 随时可支取的存款

C. 现金等价物　D. 到期才能支取的定期存款

5. 现金等价物应具备的特点有（　　）。

A. 期限短　B. 流动性强

C. 价值变动风险小　D. 易于转换为已知金额的现金

6. 在利润表中，“营业收入”项目是根据一些账户发生额的合计数填列的，这些账户包括（　　）。

A. 主营业务收入　B. 投资收益　C. 营业外收入　D. 其他业务收入

7. 在企业的下列报表中，属于对外报表的有（　　）。

A. 资产负债表　B. 所有者权益变动表

C. 利润表　D. 现金流量表

三、判断题

1. 企业对外提供的财务报表必须合法、真实和公允。（　　）

2. 资产负债表是反映企业一定会计期间财务状况的报表。（　　）

3. 利润表中的净利润是所有者权益的一个组成部分，具体体现在资产负债表下所有者权益的资本公积之中。（　　）

4. 在编制利润表时，对于“投资收益”项目，应根据“投资收益”账户的发生额分析填列，如果是投资损失，以负号填列。（　　）

5. 现金流量表是反映企业现金流入和现金流出的会计报表，是企业必须对外提供的会计报表之一。（　　）

附录

《会计学》试题（一）

一、单项选择题（下面每小题的备选答案中，只有一个符合题意的正确答案。本类题共 10 题，每小题 1 分，共 10 分。）

1. 在编制资产负债表时，将投资人个人资产和企业资产放在一起，违反了（　　）。
A. 会计主体假设　B. 真实性原则　C. 持续经营假设　D. 可比性原则

2. 借贷记账法下，所有者权益类账户的结构是（　　）。
A. 增加记借方，减少记贷方，余额在贷方
B. 增加记借方，减少记贷方，余额在借方
C. 增加记贷方，减少记借方，余额在贷方
D. 增加记贷方，减少记借方，余额在借方

3. 导致权责发生制产生，以及预计等会计处理方法运用的基本前提或原则是（　　）。
A. 谨慎性原则　B. 历史成本原则　C. 会计分期　D. 货币计量

4. 从银行提现 2 500 元，记账凭证错将金额记为 5 200 元。应采用的更正方法是（　　）。
A. 补充登记法　B. 红字更正法　C. 划线更正法　D. 以上方法都可以

5. 会计循环的顺序是（　　）。
A. 填制和审核凭证→编制会计报表→登记账簿
B. 编制会计报表→登记账簿→填制和审核凭证
C. 填制和审核凭证→登记账簿→编制会计报表
D. 登记账簿→填制和审核凭证→编制会计报表

6. 企业购入一批股票作为交易性金融资产核算，其中包含的已宣告但是尚未发放的股利应记入（　　）账户。
A. 应收股利　B. 投资收益　C. 营业外收入　D. 应收利息

7. 某工业企业本期发生的以下支出中，不应计入“销售费用”的有（　　）。
A. 广告费和展览费　B. 售后服务网点工作人员的工资
C. 销售商品过程中发生的运输费　D. 企业研究开发费

8. 企业计提到期一次还本付息的长期借款的利息支出，应贷记的账户是（　　）。
A. 财务费用　B. 应付利息　C. 长期借款　D. 在建工程

9. 产品成本项目中不应包括的是（　　）。
A. 制造费用　B. 直接材料　C. 直接人工　D. 管理费用

10. 下列经济业务中，会引起一项资产减少，而另一项资产增加的经济业务是（　　）。
A. 赊购材料　B. 以银行存款购买固定资产
C. 有人投资　D. 以银行存款偿还前欠货款

二、多项选择题（下面每小题的备选答案中，有两个或两个以上符合题意的正确答案。本类题共 10 题，每小题 2 分，共 20 分。）

1．下列各项中，属于“其他货币资金”科目核算内容的有（　　）。

A．银行存款　B．存出投资款　C．外埠存款　D．银行汇票存款

2．资产的计量属性有（　　）。

A．历史成本　B．重置成本　C．现值　D．公允价值

3．下列属于期间费用的有（　　）。

A．制造费用　B．管理费用　C．财务费用　D．销售费用

4．下列属于企业资产的项目有（　　）。

A．预付账款　B．应收账款　C．预收账款　D．其他应收款

5．下列账户年末结账后无余额的有（　　）。

A．制造费用　B．税金及附加　C．生产成本　D．应交税费

6．下列支出属于营业外支出的有（　　）。

A．非常损失　B．投资损失　C．捐赠支出　D．罚款支出

7．企业利润分配项目包括（　　）。

A．提取法定盈余公积　B．提取任意盈余公积

C．交所得税　D．分配现金股利

8．现金流量表中的“现金”包括（　　）。

A．到期才能支取的定期存款　B．随时可支取的存款

C．现金等价物　D．库存现金

9．下列支出不属于资本性支出的有（　　）。

A．支付职工工资　B．支付当月水电费

C．支付本季度房租　D．支付固定资产买价

10．对账的内容包括（　　）。

A．账证核对　B．账表核对　C．账账核对　D．账实核对

三、判断题（每题 1 分，共 10 分。你认为正确的用“√”号表示；错误的用“×”号表示。）

1．账户记录试算不平衡，说明记账肯定有错误。（　　）

2．总账账簿的外表形式是三栏式。（　　）

3．存货的入账价值包括采购成本、采购过程中的费用、增值税等。（　　）

4．盈余公积可用于弥补以后年度的亏损或补充资本。（　　）

5．假定某厂当月投产的产品当月全部完工并销售，若该月设备漏提折旧则只影响该月末资产负债表中资产总计，不影响该月损益表中利润总额。（　　）

6．在权责发生制下，对收入和费用的确认，是以“应收应付”为标准的。（　　）

7．企业内部研发阶段发生的研发费用，应于发生时计入无形资产账户。（　　）

8．利润表是反映企业特定日期财务成果的会计报表。（　　）

9．对于发行债券的企业而言，债券折价的实质是为以后按票面利率少付利息而预先付出的代价。（　　）

10．收入能够导致企业所有者权益增加，但导致所有者权益增加的并不一定都是收入。（　　）

四、简答题（共 2 题，每题 10 分，共 20 分）

1．简述长期股权投资后续计量的两种处理方法。

2．简述费用与成本的联系与区别。

五、计算及账务处理题（共 4 小题，共 40 分。需要计算的，应列出计算过程；如有小数，保留两位小数，两位小数后四舍五入。）

1．某公司为一般纳税人，本月购进原材料所取得的增值税专用发票上注明的材料价款为 20 000 000 元，增值税进项税额为 2 600 000 元，已用银行存款支付。同期，该企业销售产品收入为 30 000 000 元，增值税销项税额为 3 900 000 元，收到不带息的商业承兑汇票。下月初，缴纳应缴的增值税。

要求：编制以下分录：（1）购买材料；（2）销售产品；（3）缴纳增值税；（4）票据到期收到款项。（10 分）

2．某公司一生产用设备原始价值为 600 000 元，预计净残值率 6%，预计使用寿命为 5 年。

要求：（1）采用平均年限法计算每年的折旧；（2）采用年数总和法计算每年的折旧；（3）编制第一年计提折旧（采用年数总和法）的会计分录。（8 分）

3．某公司于 2021 年 1 月 1 日发行两年期债券，债券的面值为 1 000 000 元，年利率 12%，每年付息一次，到期一次还本。但市场利率为 10%，故按溢价 1 034 700 元发行债券。

要求：编制以下分录：（1）发行债券；（2）每年年末计提利息摊销溢价；（3）支付利息；（4）到期一次还本。（10 分）

4．某公司 2021 年度取得主营业务收入 6 000 万元，其他业务收入 2 000 万元，投资收益 800 万元，营业外收入 200 万元；发生主营业务成本 4 000 万元，其他业务成本 1 500 万元，税金及附加 100 万元，销售费用 600 万元，管理费用 400 万元，财务费用 200 万元，资产减值损失 100 万元，公允价值变动净损失 100 万元，资产处置损失 100 万元，营业外支出 100 万元；本年度确认的所得税费用为 600 万元。

要求：编制以下分录：（1）结转各种收入；（2）结转各种费用、成本；（3）结转净利润；（4）分配利润（假设本年实现的净利润按 10%提取盈余公积金，向股东分派现金股利 450 万）；（5）将“利润分配”有关明细科目的余额转入“未分配利润”明细科目。（12 分）

《会计学》试题（二）

一、单项选择题（下面每小题的备选答案中，只有一个符合题意的正确答案。本类题共 10 题，每小题 1 分，共 10 分。）

1．会计的基本职能是（　　）。

A．控制与监督　　B．核算与监督　　C．预测与核算　　D．控制与分析

2．会计科目是对（　　）的具体内容进行分类核算的类目。

A．经济业务　　B．会计账户　　C．会计分录　　D．会计要素

3．以下属于原始凭证的是（　　）。

A．收款凭证　　B．购货发票　　C．转账凭证　　D．银行存款余额调节表

4．“未分配利润”贷方余额表示的是（　　）。

A．全年实现的税前利润　　B．历年累计的未分配利润

C．全年发生的亏损　　D．历年累计的未弥补亏损

5．以下账户期末一定没有余额的是（　　）。

A．应收账款　　B．应付账款　　C．生产成本　　D．制造费用

6．月初企业资产总额为 100 万元，本月负债净增加 3 万元，所有者权益净增加 5 万元，期末总资产是（　　）。

A．108　　B．105　　C．103　　D．100

7．对各项财产的增减变化，根据会计凭证连续记载并随时结出余额的制度是（　　）。

A．实地盘存制度　B．应收应付制　　C．永续盘存制　　D．实收实付制

8．企业购入债券作为以摊余成本计量的债权投资，该债券的初始入账金额应为（　　）。

A．债券面值　　B．债券面值加相关交易费用

C．债券公允价值　　D．债券公允价值加相关交易费用

9．企业对应付的银行承兑汇票，如果到期不能足额付款，在会计处理上应将其转作（　　）。

A．应付账款　　B．预付账款　　C．短期借款　　D．其他应付款

10．资产负债表，属于企业的主要会计报表，它总括反映（　　）。

A．特定时期财务状况的报表　　B．特定日期财务状况的报表

C．一定时期经营成果的报表　　D．一定日期业务状况的报表

二、多项选择题（下面每小题的备选答案中，有两个或两个以上符合题意的正确答案。本类题共 10 题，每小题 2 分，共 20 分。）

1．下列经济业务中，引起会计等式左右两方同时发生增减变化的有（　　）。

A．资本公积转增资本　　B．收到应收款存入银行

C．借款存入银行　　D．投资者投入无形资产

2．总分类账和明细分类账的登记要遵循（　　）入账。

A．同时期　　B．同个人　　C．同方向　　D．同金额

3．存货包括（　　）。

A．原材料　　B．在产品　　C．库存商品　　D．低值易耗品

4．长期股权投资采用权益法核算，应当调整股权投资账面价值的情况有（　　）。

A．被投资方获得利润　　B．被投资方发生亏损

C．被投资方宣告分配现金股利　　D．被投资方确认其他综合收益

5. 企业计算固定资产折旧的方法主要有（　　）。

A. 年限平均法　B. 工作量法　C. 年数总和法　D. 双倍余额递减法

6. 以下属于流动负债的有（　　）。

A. 应付账款　B. 应交税费　C. 应付职工薪酬　D. 应付债券

7. 下列事件中，会导致所有者权益总额发生变化的有（　　）。

A. 接受投资者投入资本　B. 实际发放现金股利

C. 提取盈余公积　D. 实现净利润

8. 在下列账户中，用于企业产品生产成本核算的账户有（　　）。

A.“生产成本”账户　B.“制造费用”账户

C.“预收账款”账户　D.“应付账款”账户

9. 在计算营业利润时，不涉及下列哪些项目（　　）。

A. 资产减值损失　B. 投资收益　C. 营业外支出　D. 所得税费用

10. 利润表的格式主要有（　　）两种。

A. 多步式利润表　B. 单步式利润表　C. 账户式　D. 报告式

三、判断题（每题 1 分，共 10 分。你认为正确的用“√”号表示；错误的用“×”号表示。）

1. 所有账户的期末余额=期初余额+本期借方发生额-本期贷方发生额。（　　）

2. 法律主体必定是会计主体，会计主体也必定是法律主体。（　　）

3. 记账凭证的内容中应包括会计分录。（　　）

4. 会计科目与会计账户是同义词，两者没有区别。（　　）

5. 物价下跌时，先进先出法下计算出的利润最高。（　　）

6. 所有折旧方法都要考虑固定资产的预计净残值。（　　）

7. 资产负债表日，无论交易性金融资产的公允价值大于还是小于账面价值，其差额均计入当期损益。（　　）

8. 长期借款所发生的借款利息必须全部资本化。（　　）

9. 利润表中的“营业成本”项目是指“主营业务成本”。（　　）

10. 现金流量表是反映企业现金流入和现金流出的会计报表，是企业必须对外提供的会计报表之一。（　　）

四、简答题（共 2 题，每题 10 分，共 20 分）

1. 比较收付实现制与权责发生制的异同。

2. 一般纳税人应交增值税的金额如何确定？如何进行会计核算？

五、计算及账务处理题（共 4 小题，共 40 分。需要计算的，应列出计算过程；如有小数，保留两位小数，两位小数后四舍五入。）

1. 甲公司于 2021 年 2 月 10 日购入乙公司股票 20 万股作为交易性金融资产。每股购入价 5 元，另支付相关税费 0.8 万元。2021 年 3 月 20 日乙公司宣告分配现金股利，每股 0.4 元。甲公司于 2021 年 4 月 10 日收到应得现金股利。2021 年 6 月 30 日该批股票的市价为 110 万元。2021 年 8 月 10 日甲公司将乙公司股票对外转让得款 112 万元。

要求：编制如下会计分录：（1）甲公司购入股票；（2）乙公司宣告分配现金股利；（3）甲公司收到应得现金股利；（4）甲公司金融资产的期末计量；（5）甲公司出售股票。（10 分）

2. 甲公司采用备抵法核算坏账损失，并按年末应收账款余额的 5‰计提坏账准备。第一年提取坏账准备时，应收账款年末余额为 6 000 000 元；第二年发生了坏账损失 12 000 元，其中 A 单位 5 000 元，B 单位 7 000 元，年末应收账款为 5 600 000 元；第三年，已冲销的上年 B 单位应收账款 7 000 元又收回，期末应收账款 6 600 000 元。

要求：编制甲公司与坏账准备有关的会计分录。（12 分）

3．甲公司 2021 年 1 月 1 日向银行借入 3 年期资金 4 000 万元用于建造一条生产线（建设期为 3 年），借款年利率 7%，每年年底支付利息，三年期满后一次还清本金。

要求：编制甲公司如下会计分录：（1）取得借款；（2）每年年末支付利息；（3）到期归还本金。（8 分）

4．甲公司本月发生如下经济业务。

（1）本月“发出材料汇总表”汇总结果如下：生产 A 产品耗用材料 300 000 元，生产 B 产品耗用材料 280 000 元，车间一般性材料消耗 20 000 元。

（2）本月应付各类人员的工资数额为：生产 A 产品工人工资 220 000 元，生产 B 产品工人工资 180 000 元，生产车间管理人员工资 40 000 元。

（3）用银行存款支付本月生产车间水电费 6 000 元、固定资产修理费用 1 000 元。

（4）计提本月生产车间固定资产折旧 9 000 元。

（5）将生产车间本月发生的制造费用以生产工人工资为分配标准分配计入 A、B 两种产品的生产成本。

要求：根据所给资料计算有关数字并编制会计分录。（1）领用材料；（2）发生人工费用；（3）支付水电费和修理费用；（4）计提固定资产折旧；（5）分配制造费用。（10 分）